政府环境审计理论与方法研究

吴 琼　赵学涛 等　著

中国环境出版集团・北京

图书在版编目（CIP）数据

政府环境审计理论与方法研究/吴琼等著. —北京：中国环境出版集团，2020.12

ISBN 978-7-5111-4531-4

Ⅰ. ①政… Ⅱ. ①吴… Ⅲ. ①环境管理—政府审计—研究—中国 Ⅳ. ①F239.44

中国版本图书馆 CIP 数据核字（2020）第 251382 号

出 版 人 武德凯
责任编辑 李卫民
责任校对 任 丽
封面设计 岳 帅

出版发行 中国环境出版集团
（100062 北京市东城区广渠门内大街 16 号）
网 址：http：//www.cesp.com.cn
电子邮箱：bjgl@cesp.com.cn
联系电话：010-67112765（编辑管理部）
发行热线：010-67125803，010-67113405（传真）

印 刷 北京建宏印刷有限公司
经 销 各地新华书店
版 次 2020 年 12 月第 1 版
印 次 2020 年 12 月第 1 次印刷
开 本 787×960 1/16
印 张 18.25
字 数 300 千字
定 价 55.00 元

丛书编委会

序

我国的环境管理正面临日趋严峻的挑战，进入“十二五”以来，雾霾天气、地下水污染、饮用水水源污染、土壤污染等环境问题频繁发生，群众反映强烈，社会极其关注，环境保护已经成为我国经济社会发展过程中面临的一个突出问题。党和政府高度重视环境保护：在执政理念方面，将环境保护摆在十分重要的位置，先后提出了可持续发展、科学发展的要求，党的十八大又提出建设生态文明的目标；在管理依据方面，建立了较为完备的环境保护政策、法规和标准体系；在行政管理方面，2008 年国家环境保护总局升格为环境保护部，2018 年环境保护部改组为生态环境部，进一步加大了对环境保护的统筹协调力度。同时，打好污染防治攻坚战，是党的十九大提出的我国全面建成小康社会决胜阶段的三大战役之一。党的十九大明确提出“加快生态文明体制改革”“着力解决突出环境问题”，对大气、水和土壤污染治理，固体废物处理和健全监管体制等内容提出了指导性要求，将环保改革的重要性推上了更高层次。但是，为什么目前的环境形势依然严峻？这里有几个方面的原因：一是当前地方政府绩效考核体系仍然以 GDP 为主；二是地方政府本就有增加本级财政收入的内在需求；三是环境影响本就具有外部性与滞启性的特征。所以，没有自上而下的强有力的调控纠偏措施，就难以有效遏制地方政府基于本地利益需求的盲目发展冲动。因此，扭转经济社会发展中“唯 GDP”的错误发展理念，强化各项环境保护政策和措施的实施效果，关键是要建立一套科学的绩效管理制度，全面落实各类主体的环境保护责任。正如习近平总书记所言：“只有实行最严格的制度、最严密的法治，才能为生态文明建设提供可靠保障。要建立责任追究制度，对那些不顾生态环境盲目决策、造成严重后果的人，必须追究其责任，而且应该终身追究。”

鉴于此，解决环境问题，关键是要通过制度创新，将资源消耗、环境损害和生态效益等纳入目前的经济社会发展评价体系。从国际实践看，发达国家和地区普遍是通过建立环境绩效评估和绩效审计制度确保各类责任主体生态环境保护责任的落实。党的十八大提出要将资源消耗、环境损害、生态效益等纳入现行的经济社会发展评价体系，建立体现生态文明要求的目标体系、考核办法、奖惩机制。中共十八届三中全会又进一步提出了建立系统完整的生态文明制度体系，对领导干部实行自然资源资产离任审计，建立生态环境损害责任终身追究制的最新要求。这些要求的根本目的就是通过制度创新，建立一整套反映资源消耗、环境损害和生态效益的绩效考核评价体系，推动各级政府和党政领导干部发展观念转型，进而推动我国的经济社会发展转型，实现中华民族永续发展。

国际上早在 20 世纪七八十年代就开始了对环境绩效评估和环境审计的探索，适今为止，二者已经发展成为成熟有效的绩效管理工具并在多个国家得到应用。美国、荷兰、加拿大等发达国家均已建立了环境审计制度，并将其作为衡量政府履责成效的重要工具，由具备高度独立性的机构实施，充分发挥了审计监督作用，有力推动了相关国家的可持续发展。我国尽管对上述两项工作的研究开展较早，但两项制度建设仍处于探索和试点阶段，尚未形成一整套操作规范、技术指南和管理规定。从实施层面看，在上述领域我国仍面临下述挑战：

一是立法层面缺乏上位法规范，目前实施的《中华人民共和国环境保护法》《中华人民共和国审计法》等法律均没有对开展环境绩效评估和环境审计做出明确要求，两项制度的实施缺乏法律依据。

二是在体制机制层面，环境绩效评估和环境审计两项制度实施均涉及不同的部门，绩效评估和审计首先面临的问题是如何明确各部门责任。目前无论是在立法还是操作上，均没有对各部门责任进行明确划分，造成评估和审计结果无法追责，两项制度的权威性自然无法体现。从环境审计实施来看，审计部门的经济责任审计和环境履责审计没有完全区分，环境责任审计工作目前尚属空白。在实施主体、运行机制尚未明确的情况下开展两项工作显然是“纸上谈兵”。

三是在理论和技术层面，目前尚未形成一套能够支撑上述两项制度实施的技术指南和操作规程。目前已经开展的工作大部分局限于某一具体的领域、行业或者区域，缺乏整合，无法对在全国建立这样一套绩效管理制度形成有效支撑。同时，由于环境绩效评估和环境审计的可操作性强，具体实施中涉及的知识结构复杂，需要跨学科、跨行业和跨部门专家参与，实际操作存在困难。

四是实践层面，尽管我国在绩效评估方面已经开展了一些试点工作，如 2007 年我国参加了经济合作与发展组织（OECD）绩效评估工作，对我国“十一五”期间的环境绩效进行了评估，但该项评估完成后，环境保护部门停止了进一步的试点工作。此后相关的绩效评估均由高校或研究机构开展，试点工作比较分散，难以形成全国经验，无法对管理制度的形成提供强有力的支撑。

生态环境部环境规划院自2006年以来一直开展与环境绩效评估有关的工作，先后参加了OECD环境绩效评估、亚洲开发银行大湄公河流域绩效评估、美国耶鲁大学和哥伦比亚大学环境绩效指数研究、亚洲开发银行宜居城市指标体系研究、上市公司环境绩效评估等项目，建立了绩效评估方法体系并将之用于国家级、省级、城市和行业的绩效评估工作，在绩效评估理论方法探索及试点实践方面有一定积累。从环境审计的角度而言，生态环境部环境规划院依托环境经济核算，先后开展了环境会计核算指南编制及试点、环境审计评价指标体系的建立与应用、政府环境审计制度框架研究等工作。本套丛书以探索建立我国环境绩效管理制度为目标，选取环境绩效评估和环境审计两大领域的研究成果汇集而成。本套丛书从理论、方法、实践三个方面对与环境绩效评估和环境审计相关的知识进行了梳理，希望能够为开展相关研究的同人提供参考。

本套丛书的主要结论是研究单位根据相关分析得出，不代表管理部门的意见。丛书编委会会持续开展环境绩效评估和环境审计相关研究，相关成果也会不断以出版物或研究报告的形式向社会公布。由于成书仓促，疏漏之处敬请批评指正。

丛书编委会

2018年5月

前　言

全面推动环境治理转型，切实保障人民群众健康和生活质量，为子孙后代留下生存发展空间现已经成为我国经济社会发展领域的重要挑战和任务。党的十八大提出要将资源消耗、环境损害、生态效益等纳入现行的经济社会发展评价体系，建立体现生态文明要求的目标体系、考核办法、奖惩机制。党的十八届三中全会又进一步提出了建立系统完整的生态文明制度体系，对领导干部实行自然资源资产离任审计，建立生态环境损害责任终身追究制的要求。党中央、国务院围绕生态文明建设提出的新制度建设需求，基本目的是要建立一整套自上而下的纠偏机制，扭转现行经济社会发展过程中重数量轻质量、重速度轻效益，以牺牲资源环境换经济增长的不当做法，以制度建设规范和引导地方政府和党政领导干部科学施政。

治污先治官。政府环境审计是落实各级政府环境责任，督促各项环境保护政策落实的有效抓手。《中华人民共和国环境保护法》第二十六条规定，国家实行环境保护目标责任制和考核评价制度。县级以上人民政府应当将环境保护目标完成情况纳入对本级人民政府负有环境保护监督管理职责的部门及其负责人和下级人民政府及其负责人的考核内容，作为对其考核评价的重要依据。考核结果应当向社会公开。第二十七条要求，县级以上人民政府应当每年向本级人民代表大会或者人民代表大会常务委员会报告环境状况和环境保护目标完成情况，对发生的重大环境事件应当及时向本级人民代表大会常务委员会报告，依法接受监督。一些地方政府和干部没有把党中央、国务院有关环境保护的要求落实到位，生态环境保护部门在各级政府综合发展决策中处于从属和被动地位，无法在重大项目立项的早期阶段参与决策。要改变这种现状，有必要通过政府环境审计制度实施，扭转各级领导干部的思想认识，切实落实各级政府环境质量保护责任。因此，实行政府环境审计也是全面落实《环境保护法》政府环境保护责任制的重要手段。

推动政府环境审计制度发展，对于加快我国现代环境治理体系和环境管理转型，提升环境保护工作的效果和效率具有重要意义。当前，我国环境治理进入转型期，迫切需要建立一种强有力的、能够见到实际效果的、公开透明的管理手段，切实改变环境污染和生态退化形势，树立生态环境保护部门和我国政府负责任、有实力、有信心解决好环境问题的良好形象。

政府环境审计是针对各级政府环境质量保护责任，从全生命周期角度运用审计学方法，对环境立法、规划、政策和项目的实施情况进行鉴证，也是对地方政府环境质量保护责任的履行情况进行全面系统的监控和评估。从这个意义上讲，政府环境审计对于环境保护工作的促进作用更全面。应该从强化环境管理的角度，将政府环境审计制度的建立和实施作为一项重要的环境管理制度加以推进，以化解当前的环保困境，解决各项环境保护政策不落实或难以落实到位的问题。

我国当前政府环境审计制度实施在体制机制、技术支撑保障、机构和能力建设等方面尚面临诸多困境，本书重点围绕政府环境审计实施的四大问题：谁来实施审计、审计什么、如何审计、审计结果如何使用开展研究，提出了关于我国政府环境审计制度基本框架的建议，并以兰州市为试点，开展了试点审计工作。最后，针对如何建立并实施政府环境审计制度提出了建议。

全书分为五篇12章，第1章由彭菲撰写，第2章由周颖撰写，第4章由南京大学李明辉等撰写，第3、5章由赵学涛撰写，第6、11、12章由吴琼撰写，第7章由朱法华撰写，第8章由刘涛撰写，第9章由何捷撰写，第10章由张战胜撰写，附录部分由吴琼整理，全书由吴琼负责统稿和审校，在此向本书成稿过程中的全体参与人员表示衷心的感谢。在本书出版过程中，中国环境出版集团李卫民编辑提出了许多建议，在此一并致谢。

著者

2020年8月

目 录

第三篇　我国政府环境审计体系研究

第一篇

政府环境审计理论研究

1　国际政府环境审计发展背景与趋势

1.1　发展背景

20 世纪 60 年代以前，发达国家以最大限度地追逐企业经济利润作为经济行为的最高纲领，忽视了社会和公众的利益，造成环境质量日益恶化，最终制约和阻碍了经济的持续发展[1]。20 世纪 70 年代开始，世界各地发生了许多大灾难，给人类社会、环境和财产造成了巨大的损失。许多国家开始意识到经济活动会对环境造成危害并采取治理措施、保护环境以实现长期的、可持续的发展[2]。

首先是美国，随后，英国等欧洲国家及澳大利亚、新西兰等国，陆续对环境保护的压力作出反应，制定了环境保护的相关法律。1969 年美国颁布了《国家环境政策法》（*National Environmental Policy Act*），规定设立国家环境质量委员会（Council on Environmental Quality，CEQ），明确政府对环境承担责任[3]。1970 年美国通过《清洁空气法》（*Clean Air Act*），并成立了美国环境保护局（Environmental Protection Agency，EPA）[4]。荷兰自 1972 年发布有关环境的《紧急政策文件》起，制定了大量的有关环境方面的法律、政策。早在 1970 年，澳大利亚维多利亚州就制定和颁布了《环境保护法》（*Environment Protection Act*）[5]。

1972 年联合国在瑞典首都斯德哥尔摩召开了人类环境会议，会议发表的《人类环境宣言》呼吁各国政府和人民为全体人民和他们的子孙后代的利益做出共同的努力，要求公民和团体以及企业和各级政府机关承担责任[6]。《人类环境宣言》在承认人类环境权利的同时也明确规定："人类负有保护和改善这一代和将来的世世代代的环境的庄严责任。"人类环境会议的举行和联合国环境规划署的成立，在促进全球环境保护行动和促进审计真正进入环境保护与管理领域留下了深刻一笔[7]。

迫于政府法律法规的制约、环境污染惩罚力度的加大和环境保护的压力，美国、加拿大、欧洲等的企业管理当局也意识到环境问题给企业带来的风险与压力，开始应用会计计量形式确认其对环境的影响，并且出于降低环境风险的需要，很多企业自发地制订独立的内部环境审计计划，由内部审计师开展环境审计。

政府环境审计的出现相对要晚于企业环境审计。美国是最早推行政府环境审计的国家。1969 年，美国审计署（General Accounting Office，GAO）组织开展水体污染项目审计；1970 年，根据《清洁空气法》开始开展对大气污染项目的审计[8]。20 世纪 80 年代开始，日益严重的环境问题促进了政府环境审计的发展，政府环境审计扩展到欧洲，并逐步成为政府环境管理与保护的最有效工具之一，很快在政府审计中占据了重要地位。例如，加拿大联邦审计署以及其他一些国家的最高审计机关根据议会的要求开展了环境审计：加拿大联邦审计长每年向国会提交一本独立的“绿色报告”[9]；20 世纪 80 年代，欧洲引入政府环境审计。作为政府环境管理与保护的最有效工具之一，政府环境审计很快在各项审计中占据重要地位[10]。荷兰审计法院正式将环境事项列入审计研究发展计划，审计法院开展的所有审计工作都有义务在可行的情况下对环境事项进行检查[11]；在英国，环境审计被认为是在“资源稀缺的情况下解决问题的最好方法之一”[12]。

20 世纪 90 年代以后，“可持续发展”理念得到全球的共识，政府环境审计在世界各国得到迅速发展，并成为世界大多数发达国家审计机关的一项重要职责。

1992 年在巴西里约热内卢召开的联合国环境与发展大会通过了《里约环境与发展宣言》（*Rio Declaration on Environment and Development*）和《21 世纪议程》（*The 21 Century Agenda*）[13]等决议，第一次把“可持续发展”由理论和概念推向行动。同时，世界审计组织（The International Organization of Supreme Audit Institutions，INTOSAI）成立了环境审计工作委员会（Working Group on Environmental Auditing，WGEA）①，致力于鼓励并积极帮助各国最高审计机关对

① 目前，WGEA 包括 74 个成员，分为 7 个区域性工作组：非洲审计组织（AFROSAI），阿拉伯国家审计组织（ARABOSAI），亚洲审计组织（ASOSAI），加勒比海地区审计组织（CAROSAI），欧洲审计组织（EUROSAI），拉丁美洲审计组织（OLACEFS），南太平洋地区审计组织（SPASAI）。美国和加拿大不直接隶属于以上区域性组织。

环境审计问题和项目进行审计[14]。

1993 年 7 月，欧洲共同体对其成员国提出建立环境审计制度的要求。1995 年 9 月，INTOSAI 在开罗召开第十五届大会，发表以“环境审计”为第一主题的《开罗宣言》[11]。《开罗宣言》明确指出：“鉴于有关保护和改善环境问题的重要性，国际审计组织鼓励各国最高审计机关在行使其审计职责时，对环境问题进行考虑。”《开罗宣言》认为环境审计主要应该关注环境、自然资源和可持续发展问题，主要内容包括：① 环境财务审计；② 环境合规性审计；③ 环境绩效审计[15]。1999 年后，非洲审计组织、阿拉伯国家审计组织、亚洲审计组织、加勒比海地区审计组织、欧洲审计组织、拉丁美洲审计组织和南太平洋地区审计组织相继成立，各个区域的环境审计发展以及区域间的环境审计合作得到大力发展[16-18]。

环境审计得到迅速发展的另一重要因素在于 20 世纪 90 年代以来环境质量标准认证体系在世界范围内的飞速发展。目前，全球范围内重要的环境质量标准认证主要包括国际质量标准 ISO 14000 系列 3 个标准、欧洲环境管理和审计体系（Environment Management and Audit System，EMAS）和英国质量标准 7750（BS7750）等[19]。1992 年，英国标准协会（The British Standards Institute）制定提出了 BS7750 质量标准，是世界上第一部系统的环境认证标准[2]。国际标准化组织（International Organization for Standardization，ISO）于 1993 年 10 月成立了环境管理技术委员会（ISO/TC207），正式开展环境管理体系和措施方面的标准化工作，并制定出 ISO 14000 系列环境管理系统标准，以及 ISO19011 环境管理系统审计标准，用于规范各国政府、企业以及社会团体等各种组织的环境行为，促进全球环境保护工作的开展。其中，直接与环境审计方面有关的标准有三个：ISO 14010——《环境审核指南——通用原则》；ISO 14011——《环境审核指南——审核程序：环境管理体系审核》；ISO 14012——《环境审核指南——环境审核员资格要求》，且该指南成为世界各国的通用指南。EMAS 于 1993 年开始实施，其最初是针对特定行业的强制性环境管理和审计规则，是评估、报告和促进企业和其他组织环境行为的一个管理工具。它比 ISO 14001 更为严格，重点是适用于公司层面的环境管理规则。这些标准认证的制定和实施对世界范围内环境审计的发展起到了积极的推动作用。1996 年，ISO 14000 系列标准引入英国后，BS7750 即废止。

1.2 发展趋势

进入21世纪后，环境审计在世界各国得到普遍重视和发展，环境审计主题范围、领域、内容等也在不断扩展。2010—2013年，世界各国最高审计机关开展的环境审计项目已超过3 500项[2]。开展过环境审计的最高审计机关比例由1989—1993年的42%提高到2006—2009年的78%[20]，再提高至2015—2017年的90%[21]，已经翻了一番。2018年WGEA开展的第9次问卷调查结果还显示，回复问卷调查的近半最高审计机关表示他们国家未来几年的环境审计项目将会增加、四分之三的最高审计机关表示合规审计一直是他们关注的重点[21]。未来环境审计将向以下七个方面发展：

—— 环境审计主题范围不断扩展。世界各国最高审计机关的环境审计涉及水、固体废弃物、生物多样性、气候变化应对、矿产资源、森林与林业资源、渔业资源、可持续能源、土地的使用和管理等，基本覆盖了所有重要的生态环境领域。此外，近几年可持续发展问题的审计也是环境审计关注的重点。2018年WGEA开展的第9次问卷调查显示：2015—2017年各国最高审计机关开展最多的前三项环境事项分别是废水处理，城市、固体和无害废物及饮用水，环境质量和产品供给；与此同时，他们认为最重要的前三项是保护区和自然公园，可持续发展和一般废物。第9次问卷调查结果显示，“你所在最高审计机关是否已启动或者完成专门针对本国可持续发展进程的审计”这一问题，回答“是”的比重已达68.33%，可持续发展审计比例不断提高[21]。2021年即将召开的第20届INTOSAI WGEA年会主题为“再议循环经济”，继可持续发展以后，循环经济等即将成为当今和未来环境审计发展的另一重要主题[22]。

—— 环境审计的类型不断丰富。大多国家最高审计机关实施的环境审计以绩效审计为主，或是在开展环境审计时综合运用环境财务审计、环境合规性审计和环境绩效审计中的两种或者所有三种。2018年开展的第9次问卷调查显示：2018年即将实施的三大环境类型审计项目数量较2015年均有所下降，但数量最多的仍然是绩效审计，83%的最高审计机关实施了环境绩效审计。此外，调查结果显示，各国最高审计机关正在进行环境领域事前审计探索，有60%的受访者称本国开展了如预算执行前审计等新尝试[21]。

—— 环境审计的内容不断充实。20 世纪早期，政府环境审计工作集中于财务审计。20 世纪 80 年代及 90 年代后，很多国家开始把绩效审计运用于环境领域，环境绩效审计关注的内容涉及环境法规政策制定的合理性及有效性评估、环境法规政策的落实情况、环境政策的潜在影响评价以及环境管理体系认证；对环境管理部门的审计；对环境工程项目的合法性、合规性与绩效审计以及对环境工程项目的环境影响评价审计等，尤其是对环境政策的评估成为政府环境审计关注的重点。例如，在美国，2004 年美国审计署正式更名为美国政府责任署（Government Accountability Office，GAO），目前项目评估、政策分析等与政府责任相关的内容占其工作量的 85%，环境政策制定的合理性、环境政策的潜在影响评价成为政府环境审计关注的重点。加拿大联邦审计署对部门是否在环境战略要求下，对政策制定提供足够的环境信息进行评价。英国审计署对政府管理环境影响进行评价，对从政策制定初期到政策实施全过程的可持续发展情况开展评估。还有很多国家就现行立法是否能够覆盖所有环境问题向最高审计机关咨询，或要求最高审计机关对于环境治理措施的履行情况进行检查。此外，一些国家的最高审计机关已开始关注国家可持续发展战略的制定和实施、地球峰会承诺的履行等。在审计的方式上，一些最高审计机关还开展了事前审计，即在费用支出发生前进行审计。各国最高审计机关近年来所开展的各类环境审计，涉及可持续发展承诺的履行情况，包含经济、社会、体制等多方面因素，审计的复杂性超过了单纯的环境审计[21]。

—— 环境审计国际合作不断增强。20 世纪 90 年代的后半段，最高审计机关之间加强了环境审计方面的合作。跨界环境问题一般是合作审计首先关注的题材。第一个由最高审计机关开展的合作审计是波兰和白俄罗斯完成的。当前，国际合作审计已逐步扩展到关注跨界环境问题、国际环境协议和全球共有的环境问题，并且在欧洲、非洲、亚洲等多个区域的区域性环境合作审计也有不同程度的发展。例如，2004 年，丹麦、爱沙尼亚、芬兰、拉脱维亚、立陶宛、波兰、俄罗斯和瑞典八国的最高审计机关对《赫尔辛基协定》开展了平行审计，审计检查了各国执行协议的程度，8 个国家出具了联合审计报告[21]。2012 年 WGEA 开展的第七次问卷调查显示：2009 年以来，66%的各国最高审计机关开展过国际环境审计合作；2009

年以来，各国最高审计机关审计过的国际环境协议（条约）及审计过该协议（或条约）的最高审计机关占世界各国最高审计机关总数的比例为：《京都议定书》（*The Kyoto Protocol*）（31%），《联合国气候变化框架公约》（*United Nations Framework Convention on Climate Change*，UNFCCC）（26%），《生物多样性公约》（*Convention on Biological Diversity*，CBD）（13%），《控制危险废物越境转移及其处置巴塞尔公约》（*Basel Convention on the Control of Transboundary Movements of Hazardous Wastes and Their Disposal*）（11%），《关于特别是作为水禽栖息地的国际重要湿地公约》（*Convention on Wetlands of International Importance Especially as Waterfowl Habitat*）（8%），《国际防止船舶造成污染公约》（*International Convention for the Prevention of Pollution from Ships*，MARPOL）（8%），《濒危野生动植物种国际贸易公约》（*Convention on International Trade in Endangered Species of Wild Fauna and Flora*，CITES）（6%）。此外，被审计的协议还包括：《赫尔辛基公约》（*Helsinki Convention*），《保护东北大西洋海洋环境公约》（*Convention for the Protection of the Marine Environment of the North-East Atlantic*），《蒙特利尔议定书》（*Montreal Protocol on Substances that Deplete the Ozone Layer*），《联合国防治荒漠化公约》（*United Nations Convention to Combat Desertification*，UNCCD）等[16,21,23-25]等。在国际环境审计合作中，审计人员能够通过开展平行审计、协作审计和联合审计等方式增强开展环境审计的能力。

—— 环境审计指南不断完善。2001 年，WGEA 向各成员国印发了《从环境视角进行审计活动的指南》（以下简称《指南》）。《指南》主要包括 INTOSAI 审计准则在环境审计中的运用、环境审计实务与方法以及建立环境审计技术标准的框架等内容。《指南》还重点阐述了环境绩效审计五个方面的内容：一是对政府执行环境法规情况的审计；二是对政府环境项目的经济效益进行的审计；三是对政府其他项目的环境影响进行的审计；四是对环境管理系统的审计；五是对计划的环境政策和环境项目进行的评估。《指南》为各国最高审计机关开展环境审计提供了指导，促进了各国政府环境审计制度的发展。2004 年以后，WGEA 又先后发布了水、生物多样性、废物管理、矿产资源、林业资源、渔业资源、可持续能源、气候变化应对、土地的使用和管理审计等 9 个审计指南；并为世界各国最高审计机关提供了 10 多份环境审计研究资料[26]。

——环境审计的能力不断提高。第 9 次问卷调查结果显示，环境审计在组织机构、人才队伍和专业培训方面都有较大提升。超过一半的成员国已成立单独部门或机构全职负责环境审计。在审计专业队伍方面，2015—2017 年，平均 1 个环境审计项目投入了 7 名审计人员，超过 1/4 的审计人员具有环境或相关专业背景。多国对本国环境审计人员开展了环境审计专业培训[21]。

——环境审计的影响不断扩大。第 9 次问卷调查结果显示，72%的成员选择开展跟踪审计用以评估环境审计的影响。这些跟踪审计结果通常都在网上公开以便利益相关者能够随时查询[21]。

2 国内政府环境审计现状与存在的问题

2.1 发展历程

我国审计机关从成立初期就开始了对资源环境审计的探索，这一阶段虽尚未明确提出“资源环境审计”的概念，但已经围绕各类环境保护资金和项目展开了审计尝试。如 1985 年和 1993 年，审计署两次对 20 个城市开展环境保护补助资金和排污费收支情况的审计。1998 年，为适应经济社会发展的需要，审计署成立了农业与资源环保审计司，同时在省、市级地方审计机关成立了相应的农业与环保审计处（科）[24]。至此，审计机关被明确赋予环境审计的职能，环境审计开始引起我国审计机关的广泛关注。1999 年，审计署组织了扶持贫困地区经济发展资金、天然林保护工程资金、国债环保项目资金审计。2000 年以来，审计署又先后开展了对天然林保护专项资金的审计和 46 个重点城市排污费征、管、用情况的审计，对环境审计进行了有益的探索，在促进资源合理开发利用、遏制生态环境恶化和保障经济社会健康可持续发展等方面发挥了积极作用[27]。2003 年，审计署成立了环境审计协调领导机构，组织各专业审计从资源环境视角开展相关行业审计，资源环境审计由此呈现出多元化的态势，并逐渐成为一项综合性、系统性的工作[28]。审计的领域从环境资金审计，逐步拓展到土地资源、矿产资源、天然林资源、水环境、大气污染防治、工程建设环保审计等。

近几年来，随着社会各界对环境问题的高度重视，环境审计在我国面临着前所未有的发展机遇。环境审计尤其是环境绩效审计在政府审计中的地位及比重不断提高，内涵和领域也不断拓展，审计范围、审计方式等方面越来越呈现出不同于其他专业审计的个性化特征[29]。2008 年，审计署组织对“三河三湖”水污染防治资金、环渤海地区水污染防治以及41户中央企业节能减排专项审计调查等环境项目开展审计调查；2009年，审计署组织对103个县农村饮水安全工作开展审计调查；2010年审计署组织20个省（区、市）开展有关企业节能减排情况的审计调查、黄河流域水污染防治和水资源保护专项资金的审计调查等，这些环境审计项目综合运用了财务审计、合规性审计和绩效审计，尤其侧重对环境治理绩效的关注，大力保障和促进了国家生态环境的发展。此外，审计署还积极开展对通过世界银行、亚洲开发银行、全球环境基金和政府双边合作等渠道引入资金的环境保护项目审计，加强与联合国环境规划署、开发计划署和国际金融机构的合作，在生态保护、环境法制、环境管理、全球环境监测等方面取得了实质性进展[16]。

在审计法规与政策、制度等方面，《审计署2008至2012年审计工作发展规划》明确将资源环境审计作为六大重要审计类型之一予以强化，并提出着力构建符合我国国情的资源环境审计模式，2012年初步建立了资源环境审计评价体系[30]。2009年我国审计署发布了《关于加强资源环境审计工作的意见》（以下简称《意见》），《意见》指出："逐步将审计范围从土地资源和水环境审计扩展到海洋资源、森林资源、矿产资源、大气污染防治、生态环境建设、土壤污染防治、固体废物和生物多样性等领域。"《意见》明确资源环境审计工作包括三项主要任务：检查资源环保政策法规的贯彻执行和战略规划的实施情况，检查资源环保资金的征收、分配、使用和管理情况，检查资源环境相关项目的建设和运营效果等；要突出三项重点，包括在土地、矿产、森林、水等重要资源的开发利用管理和保护治理方面，在水、大气、土壤、固体废物等污染防治方面，在重点生态建设工程和生态脆弱地区生态保护方面[31]。

2010年，中共中央办公厅、国务院办公厅印发的《党政主要领导干部和国有企业领导人员经济责任审计规定》明确把环境效益的履行情况纳入领导干部经济责任审计的内容[32]。

2011年6月30日，审计署发布《审计署"十二五"审计工作发展规划》，要求以促进贯彻落实节约资源和保护环境的基本国策为目标，检查国家资源环境政策法规贯彻落实、资金分配管理使用和资源环保工程项目的建设运营情况，维护资源环境安全，发挥审计在资源管理与环境保护中的积极作用，推动生态文明建设[33]。

2012 年，党的十八大报告《坚定不移沿着中国特色社会主义道路前进 为全面建成小康社会而奋斗》提出："建设生态文明，是关系人民福祉、关乎民族未来的长远大计"，对大力推进生态文明建设作出战略部署[34]。

2013 年 11 月 12 日，党的十八届三中全会审议通过的《中共中央关于全面深化改革若干重大问题的决定》提出，要探索编制自然资源资产负债表，对领导干部实行自然资源资产离任审计，建立生态环境损害责任终身追究制[35]。

将资源环境审计和党政主要领导干部经济责任审计联系起来，强化了资源环境审计的作用，提升了环境审计的历史地位。2015 年 4 月 25 日，中共中央、国务院发布的《中共中央 国务院关于加快推进生态文明建设的意见》提出，探索编制自然资源资产负债表，对领导干部实行自然资源资产和环境责任离任审计[36]。

2015 年 11 月 10 日，中共中央办公厅、国务院办公厅印发的《开展领导干部自然资源资产离任审计试点方案》明确提出，审计涉及的重点领域包括土地资源、水资源、森林资源以及矿山生态环境治理、大气污染防治等领域[37]。

2016 年全国环境保护工作会议上提出的环境保护十大重点工作内容——深入落实各项改革措施中提到：强化环保督政，制定党政领导干部生态环境损害责任追究的配套制度和措施，推进编制自然资源资产负债表和自然资源资产离任审计试点[38]。

当前，在我国，所有生态环境领域以及应纳入审计监督视野的各种自然资源都必须纳入环境审计中来。

2.2 存在的问题

目前，环境审计制度实施的问题主要体现在立法、体制、机制、技术和制度保障等多个层面，其中立法、体制和机制是制约环境审计制度实施的主要障碍。

一是从立法层面看，无论是领导干部自然资源资产离任审计还是政府环境审计制度实施，均面临法律依据不足的问题。在我国的《审计法》与各类资源法和《环境保护法》中，均没有对开展领导干部自然资源资产离任审计及政府环境审计做出明确规定。因此，无论是审计署还是生态环境保护部门，均没有开展环境审计的充足的立法依据。

二是从体制层面看，目前我国财政资金审计主要由审计署实施，各部委建立有内部审计机构协助审计署开展工作。但在政府环境审计领域，包括对领导干部自然资源资产离任审计，尚未有明确审计主体。虽然国务院已经明确审计署作为此项制度改革的牵头单位，但从实施层面看，各级审计机构尚缺乏开展环境审计的充分的知识和行动能力。尤其是环境领域涉及范围非常广泛，专业性强，对审计人员的要求非常高，单靠每年挂一漏万的重点审计，对环境保护工作起不到实质性推动作用。因此，必须创新体制，从顶层设计上解决环境审计制度建设问题。

三是从机制设计上，必须厘清目前实施的绩效考核和环境审计工作的关系，协调处理好各项工作之间的关系。从环保部门内部看，现行的考核（包括各类创建活动）侧重点和目的不一，名目繁多的考核导致地方政府疲于应付，无法从整体上对各级政府环境保护责任落实起到督促作用，由于对考核结果缺乏强力有效的后督察手段，部分考核手段没有发挥应有的推动性作用。从内容上看，除了财务审计外，绩效审计和绩效考核的方法并没有大的差异，且环境审计重点解决的是考核/审计结果的权威性和效果问题，着重点在责任落实。因此，环境审计制度的建立能够直接或间接强化各类考核手段的作用效果。

四是在实施技术保障层面，环境审计尤其是绩效审计涉及不同的要素、行业和领域，技术性非常强，需要制定统一的审计准则和配套的技术方法体系，以指导和支撑环境审计工作开展。同时，环境审计还需要解决机构和人员能力问题。没有一支专业的审计队伍，建立环境审计制度就是一句空话。

五是在制度对接运用方面，环境审计制度的实施需要科学、规范并具有法律意义的账簿记录和统计监测数据的支持，在结果应用上更需要人事管理和党内外监督部门的配合，以强化审计结果的客观性和工作开展的权威性。

3 环境审计与政府环境审计

3.1 环境审计的由来

《中华人民共和国审计法实施条例》第 2 条对审计所下的定义是："审计是审计机关依法独立检查被审计单位的会计凭证、会计账簿、会计报表以及其他与财政收支、财务收支有关的资料和资产，监督财政收支、财务收支真实、合法和效益的行为。"[39]我国审计理论和实务工作者普遍认为，审计是由专职机构和人员，对被审计单位的财政、财务收支及其他经济活动的真实性、合法性和效益性进行审查和评价的独立性经济监督活动。[40-48]这个定义准确地说明了审计的本质，审计的主体、客体，审计的基本工作方式和主要目标。

审计是一项具有独立性的经济监督活动，独立性是审计区别于其他经济监督的特征；审计的基本职能是监督，而且是经济监督，是以第三者身份所实施的监督。审计的主体是从事审计工作的专职机构或专职的人员，是独立的第三者，如国家审计机关、会计师事务所及其人员。审计的对象是被审计单位的财政、财务收支及其他经济活动，这就是说审计对象不仅包括会计信息及其所反映的财政、财务收支活动，还包括其他经济信息及其所反映的其他经济活动。审计的基本工作方式是审查和评价，即搜集证据、查明事实、对照标准、做出好坏优劣的判断。审计不仅要审查和评价会计资料及其反映的财政、财务收支的真实性和合法性，还要审查和评价有关经济活动的效益性。

综合国内外环境审计概念的提出和发展过程来看，环境审计产生的根本目的在于推动可持续发展，扭转工业化和城市化过程中人类的过度索取对自然资源和环境带来的破坏[19,25,28]。因此，推动可持续发展是环境审计的根本性目的，可持续发展不仅要求我们在追求经济发展的同时，兼顾社会的发展（包括政治、文化、道德伦理等），还要求注重代际利益，在发展的同时不损害后代人发展的基础——自然资源和环境，要在经济发展过程中提高对自然资源和环境的保护，提升包括自然资源在内的各类资本的使用效率[49-50]。从这个意义上讲，开展环境审计工作不仅仅是评价各级政府和各类产污主体财政资金使用的合法合规性，更为重要的是，通过评价各类主体各类活动的效果效益性，推动经济社会以一种更加健康和可持续的方式运行。这是环境审计区别于一般审计的最重要特征，也是开展环境审计工作、编写环境审计报告和提出环境审计结论的根本出发点。当然，可持续发展是环境审计的一个宏观目标，政府环境审计的本质落脚点在各级政府的受托环境责任，确保受托环境责任合法合规履行是其最基本的目标，政府环境审计的重点是各级政府环境履责的合法合规性以及环境履责的效果和效率，直接目的是改善政府行为、优化环境决策，最终目的是推动环境保护和质量改善，保障可持续发展[51]。

3.2 环境审计的概念

综合国内外环境审计研究发现，不同机构和学者的出发点不同，对环境审计的主体、目的、对象等认识也有较大差异，反映在对环境审计的定义上也有较大差异。以下是部分国际机构对环境审计的定义：

（1）国际内部审计师协会（IIA）的定义是：环境审计是环境管理系统的一个组成部分，是政府、企业等组织环境管理、控制与监督的手段，通过环境审计的实施来确保经营活动符合有关规章和内部政策[1]。

（2）国际商会从内部审计角度提出，环境审计是环境管理的工具，它是对与环境有关的组织、管理和设备等业绩进行系统的、有说服力的、客观的估价，以及对环境管理和控制、有关环境规范方面的政策进行鉴证的手段，最终达到保护环境的目的[1]。

（3）世界银行将环境审计领域分为合规性审计、责任审计、环境管理系统审计、环境报告审计和其他专门审计五类。在这五个类别的审计内容中，很难找到一项完全归属我国传统审计范畴的类型。

（4）国际会计师联合会（IFAC）提出了五种审计类型[52]，也只有合规性审计（环境资金适用方面）、环境财务报告审计和环境管理系统组织的财务活动及其报告审计属于经济审计范畴，对场所污染的评价、对拟投资项目的环境影响评价和环境应有关注的审核均不能由传统意义上的审计组织和人员完成，也不属于直接的经济审计范畴。

（5）美国环境保护局认为，环境审计是由会计师事务所或其他法定机构开展的、对适用于环境要求的有关业务经营及活动所进行的系统的、有证据的、定期的、客观的检查[53]。

环境审计在我国出现的时间不长，我国学者从不同角度剖析了环境审计的内涵和外延。游珍对环境审计的概念进行了比较研究，系统梳理了陈思维、杨树滋、陈淑芳、高方露、陈正兴等有关专家、学者关于环境审计的概念和范围定义，提出环境审计是一种对环境信息进行监督、评价和鉴证的活动[54]。艾世伦在系统梳理相关研究进展的基础上指出，环境审计是由独立或相对独立的审计组织和人员实施的、依法对政府机关或企事业单位的各类公务或经济活动的环境影响进行检查、评估和鉴证的过程，旨在评估相关行为是否符合环境保护和可持续发展要求，并确定或解除环境责任的审计监督活动[55]。

由于各成员国对环境审计有不同的定义，世界审计组织第十五届大会在《开罗宣言》中制定了一个框架，对环境审计的内涵做了原则性规定：①环境审计与最高审计机关执行的其他审计无根本区别；②环境审计的主要内容包括财务审计、合规性审计和绩效审计；③在环境审计定义中，可持续发展不应处于独立地位，只有当可持续发展作为被审事项目标的一个单独部分时，成员国才可将它作为标准加以使用[11]。

从世界审计组织对环境审计内涵的原则性规定来看，它强调的是环境审计与一般审计的共性和个性特征，从一般意义上讲，环境审计具备一般审计的所有特征，区别在于一般审计如果涉及与环境相关的事项，则应考虑环境问题的特殊性，从而在具体的审计内容和方法上有所变化[56-57]。从这个意义上讲，环境审计是披露审计对象的资源环境状况及环境经济责任鉴证的特殊审计，是环境科学与审计实务交叉渗透而形成的一门审计工作实际应用学科。环境审计与传统审计的区别标志为：环境审计是针对突出的自然资源、环境问题的真实性、合法性的监督；

是披露自然资源、环境管理合法性及环境效益真实性的鉴证审计；是集资源、环境信息披露及环境效益鉴证于一体的特殊目的审计。从这个意义上讲，环境审计是将自然资源、环境保护纳入审计范围，对传统审计进行的“绿化”，已然成为审计的新发展方向。

通过以上对环境审计概念的分析可以看出，与传统审计相比，环境审计具有如下特征：

（1）就审计主体而言，从事环境审计的人员，不仅要具有审计、财务会计等方面的知识，更需要具备环境学和工程学等方面的知识，以保证审计鉴证结果的科学性和可靠性。

（2）就审计对象而言，其核心是依照有关法律法规确定的受托环境责任。更具体地讲，审计对象的受托环境责任主体既包括环境管理责任、环境管理活动，也涉及环境管理的生产经营活动。

（3）就审计目标而言，环境审计是对被审计单位的环境管理及其经济活动的真实性、合法性和效益性进行审查，评价环境管理责任，以维护国家环保政策、法规，改善经营环境管理，提高经济效益和环境效益，达到宏观和微观双向调控的目的。

（4）就审计所涉及的影响面而言，环境审计相对于传统审计要大得多。当被审计单位在财政、财务收支方面出现不真实合法的情况时，它所带来的负面影响只是地区性的，对人类的生存也无太大影响。而当被审计单位在环境管理方面出现违规现象时，不仅会给其生产经营环境及周边地区的环境造成污染，其辐射面还将间接危及全球人类的生存环境，有时这种危害的后果是无法弥补的。因此，开展环境审计是改善生产、生活环境，造福子孙后代的一件大事。

由此，结合我国国情，可以将环境审计定义为：环境审计是国家审计机关、内部审计机构和社会审计组织依法对各级政府和各类产污主体受托环境责任履行的合法、合规性和效果、效率，运用审计学方法和工具进行鉴证的过程。

环境审计目标直接反映了环境审计的本质要求和精神，体现了环境审计的基本职能，是构成政府环境审计理论结构的基石。同时，它界定了审计人员执行环境审计工作的责任范围，直接影响审计人员计划和实施审计程序的性质、时间和范围，决定了审计人员如何发表审计意见。环境审计目标是环境审计活动的出发点和归宿，对环境审计实践活动和理论研究起着重要的导向作用。

3.3 政府环境审计的特征

国外政府环境审计的定义经历了从无到有、从框架到解释的发展过程。2003年，WGEA 组织的第 4 次全球性调查中，将环境审计范围扩大到覆盖所有审计类型，财务报表审计、合规性审计和绩效审计中存在的环境问题得以明确，进一步强化了环境审计的定义。在第 8 次调查中，搭建起以财务审计、合规性审计和绩效审计为主要范畴，以审计独立性为前提，面向环境事项评估并发布审计意见的环境审计概念框架[25]。

政府环境审计可以从两个层面理解：一方面，是从环境审计实施主体的角度进行定义，即由政府开展的环境审计；另一方面，即从环境审计实施对象的角度考虑，政府环境审计是对政府环境履责的审计[58]。本研究重点是通过环境审计制度和方法研究，建立一种自上而下的纠偏机制，通过环境责任履责监督评价，提升环境保护工作的效果和效率。

国内学者对于政府环境审计的理论研究集中在三大方向：一是可持续发展理论，认为政府环境审计是实现环境、经济和社会可持续发展的一种协调管理工具；二是公共受托责任理论，认为由于政府承担公共受托责任、生态环境保护具有外部性、市场失灵在所难免，故需对政府和领导干部任期内的环境保护履责情况进行审计；三是利益相关者理论，认为政府作为共同治理环境的利益相关者，需履行和承担保护生态环境义务，故需开展环境审计[59]。

因此，本书将政府环境审计的概念界定为对政府环境履责的审计，即由国家审计机关、内部审计机构和社会审计组织依法对各级政府受托环境责任履行的合法、合规性和效果、效率，运用审计学方法和工具进行鉴证的过程。

从发展应用上来看，政府环境审计具有如下特征：

（1）政府环境审计具有较强的目的性。一般性审计的主要目的是对国家财政收支的真实、合法和效益进行审计监督，维护国家财政经济秩序，提高财政资金使用效益，促进廉政建设。一般性环境审计的主要目的是对各类受托环境责任主体的环境责任履行状况进行鉴证，最终目的是保护和改善环境质量。而政府环境审计的重点是各级政府环境履责的合法、合规性以及环境履责的效果和效率，直接目的是改善政府行为，优化环境决策，最终目的是推动环境保护和质量改善，保障可持续发展。

（2）政府环境审计具有强烈的行政性特征。政府环境审计工作的组织、结果认证、报告发布、结果反馈和后督办等均需要国家行政机关主导，以确保审计过程的合法性、科学性和审计结果的客观性、权威性。尽管随着环境审计事务的拓展和政府行政体制改革步伐的加快，未来会有更多的社会性组织甚至国际组织加入审计队伍，但最终审计结果认证及后督办仍将具有强烈的行政性特征。

（3）政府环境审计工作的效果依赖于审计实施主体的独立性。保障审计机构的相对独立性，是确保审计过程和审计结果客观公正的基本前提。目前在经济社会发展和资源环境保护等方面所建立的考核评价体系的一个显著特征是，评价实施均由政府主导，评价机构的独立性和权限不足，公众对考核评价结果的认同度较低，造成许多考核往往流于形式。如果没有一整套相对独立的审计机构及配套的制度安排，政府环境审计工作开展的独立性得不到法律保障，则政府环境审计工作也会同其他考核评价工具一样，不能产生实际效果。

第二篇

政府环境审计框架研究

4　国际环境审计制度框架研究

4.1　WGEA 在世界各国最高审计机关环境审计中的作用

1992 年 INTOSAI 成立 WGEA 之后，共有五任主席国，分别是荷兰（1992—2001 年）、加拿大（2002—2007 年）、爱沙尼亚（2008—2012 年）、印度尼西亚（2013—2016 年）和芬兰（2017 年至今）[17]。目前 WGEA 已成为 INTOSAI 最大的一个工作组。WGEA 致力于鼓励并帮助各国最高审计机关对环境问题和环境项目进行审计，促进加强世界各国最高审计机关之间在环境审计的信息、理念、工作经验等方面的交流。WGEA 成立后，从 1993 年起，大约每隔 3 年对 INTOSAI 各成员国进行问卷调查，了解各国最高审计机关环境审计的发展状况、存在的问题，据以制订后续工作计划。截至 2020 年，WGEA 共进行了 9 次全球性调查[25]。为了引导努力方向，WGEA 依照世界审计组织的规程，每 3 年制订一个工作计划，并在每 3 年举行一次的世界审计组织大会上，通过这一工作计划。

INTOSAI 是比较权威的世界范围的审计组织，INTOSAI 下成立的 WGEA 对各国的环境审计工作影响很大，其倡导和鼓励的环境审计工作对较落后的国家有重要的指导意义，在世界各国最高审计机关的环境审计中发挥着协调和沟通纽带的重要作用。成立 20 多年来，WGEA 经历了深刻的变化，取得了许多成就[17-18,21-22,60-61]。主要包括：

（1）在七个地区性的区域环境审计委员会中，开展紧密的环境审计合作。

（2）在 WGEA 官网发布制定 24 个有关环境审计方面的指导性指南和研究资料，包括：

①基础性研究类：《从环境的视角开展审计活动的指南（2001）》《环境审计与

合规性审计（2004）》《国际环境协定的审计（2001）》《环境审计的发展和趋势（2007）》《多边环境协议（MEAs）遵守情况审计基础（2010）》。

②可持续发展类：《可持续发展：最高审计机关的职责（2004）》《可持续发展国际峰会：最高审计机关审计指南（2007）》《可持续发展报告：概念、框架和最高审计机关作用（2013）》。

③环境专题类：《自然资源核算（1998）》《废弃物管理审计（2004）》《水环境审计（2004）》《生物多样性审计（2007）》《矿产资源审计（2010）》《林业资源审计（2010）》《可持续渔业资源审计（2010）》《可持续能源审计（2010）》《气候变化应对审计（2010）》《土地的使用和管理审计（2013）》。

④合作审计类：《最高审计机关如何就国际环境协定开展合作审计（1998）》《最高审计机关合作审计要点与案例（2007）》。

此外，2013 年 WGEA 还发布了《旅游对野生动物保护的影响》《与基础设施建设相关的环境问题》《环境资料（数据）：最高审计机关的资源和选择》《环境和自然资源管理中的欺诈和腐败问题审计指南》《水环境审计：最高审计机关的经验案例和方法工具》等研究学习资料。

（3）为世界各国最高审计机关开展多种环境审计培训班，建立起环境审计培训模块，如生物多样性、气候变化、森林、矿物等培训，与世界审计组织培训发展委员会联合准备 2 周的环境审计培训课程并在世界各个审计组织中进行了培训；制订有关森林环境绩效审计方面的跨地区合作计划，寻求全球环境审计培训的合作伙伴并提供培训课程。

（4）针对世界审计组织成员进行了 9 次环境审计调查。

（5）通过参加地球峰会、《联合国气候变化框架公约》缔约方会议、“里约+20”会议，与 UNEP 发展合作关系，促进其他国际组织对 WGEA 的了解。

（6）发布最高审计机关国际准则（International Standards of Supreme Audit Institutions，ISSAI）。提出了《从环境的角度开展审计工作指南》（ISSAI 5110）、《环境审计与合规审计》（ISSAI 5120）、《关于最高审计机关开展的可持续发展审计的概念、框架和作用》（ISSAI 5130）和《最高审计机关对国际环境协议的合作审计》（ISSAI 5140）四项具体环境审计指南。对环境审计背景、环境审计计划、审计程序设计、财务与合规审计、环境审计报告、可持续发展审计、合作审计等提出了具体内容[25]。

（7）提供政府环境审计实践参考。定期召开成员国大会，在线分享各成员国环境审计相关资料，促进世界和区域范围政府环境审计合作与发展。

4.2 欧盟审计院开展的环境审计

欧盟审计院是欧洲联盟主要下设机构之一，主要职责是审计欧盟及其所属机构的账务以及财政收支[62]。欧共体成立早期，环境政策并不在共同体政策的管辖范围。到 20 世纪 60 年代末，环境政策一直被认为是成员国国内政策，由各成员国自主制定并实施。70 年代以来，随着经济的迅速发展和环境的不断恶化，环境问题逐渐显露，保护和治理环境逐渐成为成员国政府并最终成为欧盟的一项重要政策内容。1975 年 7 月，欧共体签署《布鲁塞尔条约》，决定设立审计院，作为欧共体的一个辅助机构。1977 年 10 月开始运行，总部在卢森堡。1991 年 12 月的《马斯特里赫特条约》使欧共体审计院成为欧洲共同体（European Community）的一个组织。1997 年 10 月的《阿姆斯特丹条约》承认欧盟审计院是欧盟的一个组织。

欧盟审计院由来自每个成员国的成员组成。欧盟审计院和成员国的最高审计组织（Supreme Audit Institutions，SAIs）在维持各自独立的同时加强合作。目前的欧盟成员国已发展为 27 个，各个成员国均接受欧盟环境方面法律的约束。

自 1972 年巴黎峰会首次提出在欧共体内部形成共同环境保护政策框架后，欧洲共同体（1993 年后为欧盟）先后制定了六个环境行动规划，颁布实施了《单一欧洲法》《阿姆斯特丹条约》《里斯本条约》《尼斯条约》《欧盟宪法条约》等环境法律文件。进入 21 世纪以后，欧盟的专项环境法律文件迅速发展，数量已达到 700 余件，涵盖了包括水污染防治、大气污染防治、土壤污染防治、气候变化控制、废物管理、产品环境品质管理、生物资源保护利用与生物多样性保护、动物福利、环境责任、公众知情参与和诉讼等几乎所有环境保护与治理领域[63]。另外，欧盟审计院还可以对接受欧盟援助的非成员国进行审计。

欧盟审计院在自然资源管理与环境领域中实施的审计，主要集中于欧盟向欧盟成员国、候任国及部分非欧盟成员国提供的各种用以环境治理的资金的审计以及共同农业基金方面的审计。欧盟环境法律与政策落实的资金，大都源自欧盟结构基金和共同农业基金。欧盟审计院在审计这些资金或基金的同时，也会涉及对环境保护项目的政策有效性及其实施情况，以及环境保护项目的效益、效果和效率的评估。例如，对共同农业政策改革、关键控制系统的功能、重大政策和计划进行检查，对于共同农业政策领域中罚款和制裁制度的有效性进行审计，对欧盟委员会和成员国双方保护渔业资源的监管与执法体系的效果进行审计，对污水项目的结构性政策开支进行审计。

在欧盟审计院开展的环境保护项目审计中，欧盟审计院一般会实地走访欧盟委员会的有关部门，并到受资助国家进行现场考察，查看受资助的环境保护项目实施情况。

此外，欧盟审计院不仅热衷于加强与欧洲各国最高审计机关的合作，还积极为欧洲审计组织（EUROSAI）和 INTOSAI 的工作做出贡献，包括在 EUROSAI 培训委员会和 WGEA 都有欧盟审计院的代表。

4.3 国际上主要典型国家的环境审计

4.3.1 美国的环境审计

美国实施环境审计的主体部门集中于美国政府责任署和美国环境保护局 [1]。

4.3.1.1 美国环境保护局推动下的环境审计和企业环境审计

美国环境保护局是联邦一级的权力机构。20 世纪 80 年代起，美国环境保护局开始鼓励企业使用环境审计作为公司管理的工具，自愿进行环境审计。美国环境保护局并未专门针对环境绩效审计进行研究，其贡献主要为环境管理系统审计（Environmental Management System Auditing，EMSA）[64]。美国环境保护局主要是采用倡导和积极鼓励环境审计的策略，以推动公司和政府机关发展审计规划，通过交流信息来协助公司开展环境审计，通过设立研究课题来修正环境审计的原则等。美国环境保护局虽然将环境审计的主体定位于环境机关或其他联邦机关，但又将环境管理系统的审计定位为一个改进不足的方法，亦具有内部审计的职能[19]。

美国在环境问题上不但立法严格，而且执法力度和深度加大。1988 年，美国环保局内部设置了刑事处罚办公室，对环境犯罪具有刑事调查权，美国环境保护局的刑事调查员具有法律执行权力，可以动用武力执行调查、批准逮捕环境犯罪者，由此加大了美国环境保护局对环境法律问题的执法与处罚力度。例如，美国环境保护局将个人和公司的环境案件作为刑事案件移送司法部门提起公诉，并执行监禁和罚金。这种“谁污染，谁负责”的严厉法律和严格的执法使得企业面临由环境污染而引起的法律责任和经济负担。面对这种局面，企业不得不严加考虑“环境成本”和“环境负债”。因此，清洁生产审计（Cleaner Production Audit，CPA）应运而生[65]。例如，由于美国关于环境保护的法律法规特别完善，一旦违反就会受到严厉的处罚，美国环境保护局半强制性地要求企业开展环境审计，只有当它认为企业没有开展必要的环境审计或者所提供的资料不充分时，它才对企业进行全面的环境审计。

20 世纪 80 年代，美国联邦政府制订了超级基金计划（Super-Fund Program），对无主污染的土地进行环境审计和清理处理[24]。进而在 80 年代制定的《综合环境反应、赔偿和责任法》等环境法律的支持下，形成了房地产交易环境审计（或称污染现场环境审计）（Property Transfer Audit，PTA），即在房地产交易之前进行房地产环境审计，以确定其环境负债和污染治理方案以及治理预算，由房地产主负责处理[24]。此外，美国环境审计还包括对废弃物在处置、贮存和清理过程中有关的环境风险和环境负债进行审计的处置、贮存和清理机构审计（Treat，Store and Dispose Facility Audit，TSD 设施审计）和对企业在生产产品过程中有关的环境风险和环境负债进行审计的产品审计等[67]。

4.3.1.2 美国政府责任署实施的环境审计

美国国家各级审计机关主要依据联邦成文法和各个州的法律进行环境审计。早在 1969 年，美国审计署就对水污染控制项目进行了审计[68]，同年美国颁布了《国家环境政策法》，该法规定设立国家环境质量委员会，政府对环境承担责任，并明确说明政府承担责任的目的是包括“国家能够履行作为子孙后代的环境受托保管人的责任”在内的七大目的。该法律的实施，明确了政府受托环境责任，也为美国审计署实施环境审计提供了依据。1970 年，美国审计署又根据《清洁空气法》开展了对大气污染项目的审计。1978 年，美国审计署设立自然资源利用与环境保护司，内设环境资金审计处和环境绩效审计处，作为专门的环境审计机构实施广泛的环境审计。

美国审计署环境审计监督对象是联邦政府部门，目的是为国会提供依据，促进国会有效地监督联邦政府，以期使政府管理和监督部门能够利用审计信息改善相关政策规划、计划的运营绩效，降低成本，促进科学决策，承担公众环境责任，进一步促进完善环保法案和法规。

环境审计类型包括合规性审计、财务审计和绩效审计三种，并且以绩效审计为主。审计方法上注重数量分析和决策模型研究。在环境审计的范围上，早期空气污染和气候变化审计列在美国环境审计的第一位，20 世纪 90 年代后，美国环境审计几乎涉及所有的环境领域。

在环境审计的内容上，美国环境审计关注环保资金使用的效果；评估相关法律法规、政策执行效果；评估联邦环境治理项目的投入与效果，检查环保项目的成本和支出情况；评估全球化和国际化环境问题、可持续发展战略问题等，以及美国采取的应对策略的效果。2004 年，美国审计署正式更名为美国政府责任署后，政府审计由财务审计转变为项目评估、政策分析，占 GAO 工作量的近 85%。在环境审计领域，审核政策制定的合理性、环境政策的潜在影响也成为美国政府环境审计关注的重点[69]。

此外，由于环境保护和管理具有很强的专业性，而环境治理效果往往具有外溢性，不易取得量化证据和作出审计判断，因此对审计的专业能力要求更高。美国审计署的环境审计人员主要由会计师、科技专家、项目评估师、公共政策专家等人员组成。美国审计署多方面增强了审计的专业化，如将专家意见、专业标准、国际协议引入审计标准；聘请科技专家、项目评估师、公共政策专家等一大批专业化人才作为项目顾问或者直接参加审计项目等。

4.3.2 荷兰的环境审计

4.3.2.1 荷兰的企业内部和社会组织环境审计

在荷兰经济构成中，石油化工和园艺农业占很大比重，这两大支柱产业容易给环境带来严重污染。以政府强制环境审计为主、社会组织自主环境审计为辅是荷兰环境审计的一大鲜明特点。为有效地治理企业内部的环境污染问题，从而从源头上解决国家环境问题，荷兰的环境保护法规定政府环境保护职责和公众环境保护义务共存。1989 年政府制定的《环境管理条例》规定企业对于环境保护负有独立的责任。在荷兰国家环境政策计划（National Environmental Policy Plan，NEPP）中，环境管理的主要原则强调了企业自主环境审计的重要性。此外，荷兰环保部门一方面通过各种措施鼓励企业建立国际环境管理体系，另一方面，通过严格的环境执法和加大环境问题违规的处罚力度，促进企业重视和治理环境保护问题。在这种情况下，荷兰的许多企业都建立了内部环境审计机制，内部审计部门都把环境审计作为一项重要的审计内容列入审计计划。例如，荷兰壳牌石油公司每三年更新一次企业环境战略规划。荷兰的传统生产企业洛科威岩棉（ROCKWOOL）公司，取得了环境管理体系认证书，建立了环境管理体系[70]。在内部审计师的选拔上规定内部审计师不但要懂财务会计，还要懂得环境审计的知识。内审部门环境审计的重点放在过程管理上，以有效预防危害环境的因素，降低环境污染的风险，减少潜在的环境治理支出。

4.3.2.2　荷兰的政府环境审计

荷兰的政府环境审计工作开展较早。自 1972 年荷兰发布有关环境的《紧急政策文件》起，制定了大量的有关环境方面的法律、政策。1989 年，荷兰政府在 1987 年世界环境与发展委员会发表的《我们共同的未来》的基础上制定了《国家环境政策规划》中长期战略计划[11]，该计划规定了环境领域大部分的一般性标准，审计人员可以参照有关标准评价审计结果并得出审计结论。企业要通过建立相应的环境审计制度开展自主环境审计。

荷兰审计法院（High Council of state）是实施荷兰国家环境审计的主体机构，作为独立的国家最高机关与议会上院和下院、政府及廉政委员会三个机构并列 [71]。作为国家最高审计机关的荷兰审计法院在国家环境审计中起着不可替代的作用。1990 年，荷兰审计法院将环境政策审计列为重要审计内容，正式将环境事项列入审计研究发展计划，此后审计院开展的所有审计工作都有义务在可行的情况下对环境事项进行检查。在选择新的审计内容时，所有部门都应该首要考虑环境等重要审计内容。

荷兰审计法院最主要的审计对象是中央政府部门，包括中央政府13个部门的23个政府机构以及森林、供水、公共设施等公共管理部门，主要是调查和评价这些部门、机构的能量节约、内部环境管理和降低流动性等情况[11]。在环境审计人员专业队伍的建设上，荷兰审计法院注重对审计人员的培训，并根据所缺专业技术人才，合理招聘和吸收多种专业背景（包括公共管理、社会学、法律、政治科学、经济、会计、环境和工程学）的人员。

在环境审计涉及的范围上，荷兰审计法院关注的环境问题涉及多个方面，包括水污染、土壤污染、大气污染、废弃物、噪声、农业和渔业、自然资源和生物多样性的减少、气候变化、对自然资源的过度开发、对健康的威胁和物理环境的退化等。尤其是对气候变化政策（主要涉及温室气体排放）的审计，成为荷兰环境审计的重点与特色[72-73]。

在审计的内容上，除了一般的审计外，政府环境责任、环境法规政策等的制定与执行是荷兰审计法院关注的重点，投入的审计力量较大，审计的形式、类型多样，并强调对个人的问责。尤其是1993年《环境管理法》出台后，更是将环境审计的重点放在了政府的综合环境管理、环境政策、环境许可和审批上，确立了综合环境审计的模式。《环境管理法》要求荷兰审计法院必须对政府决策进行环境政策法规执行和环境规划方面的审计。《环境管理法》规定，任何可能对环境造成破坏和污染的活动都必须经过相关政府机关的批准，在此批准过程中，必须进行环境影响评价和环境污染预防审计。《环境管理法》还规定了环境许可制度和相应的环境许可审计制度[5]。

荷兰审计法院的环境审计中，环境绩效审计占了绝对多数，并且环境问题是环境绩效审计计划的六项主题之一。政府环境审计中环境绩效审计的内容非常广泛，侧重对项目的相关政策进行审计，包括环境项目目标表述的灵活性，政策实施中项目目标的完成、责任主体及其合作情况，项目实施的结果是否有效，是否获得了更好的“经济性、效率性和效果性”，并要说明哪些目标没有达到及其原因。

荷兰审计法院在审计中很重视与相关部门的沟通。当然，环境绩效审计过程中会涉及很多相关行业的业务知识，荷兰的办法是根据需要适当聘请相关专家，但不宜过多外聘专家，也不需要全过程外聘专家。

此外，荷兰审计法院在世界审计组织中也发挥了积极的作用，曾于1992—

2001 年担任 WGEA 主席国，并起草制定了《关于最高审计机关如何在国际环境协议审计方面进行合作的指南》《环境审计前景工作指南》《自然资源会计》等重要文件手册。在加大区域合作环境审计方面，1998—2002 年，主要组织了对国际海洋环境保护公约的审计。例如，荷兰、波兰、挪威、土耳其等 8 个国家的最高审计机关联合开展了对《国际防止船舶造成污染公约》的审计；1999 年，荷兰审计法院开展了对《关于特别是作为水禽栖息地的国际重要湿地公约》遵守情况的审计。荷兰审计法院还积极参加了针对《生物多样性公约》《蒙特利尔议定书》《联合国防治荒漠化公约》等国际环境协定的国际联合审计活动[5]。此外，荷兰审计法院还依据欧盟相关环境保护指令和协定的要求，在欧盟范围内积极开展区域合作环境审计[5]。

总之，荷兰的环境审计由政府环境审计与企业、社会组织自主环境审计有机结合，并有明确的分工并协调配合，扩大了传统环境审计的内容与领域。近年来，随着环境问题的全球化，荷兰环境审计也开始强调政府环境审计向社会组织自主环境审计转变，进行跨部门多领域的联合环境审计[68]。

4.3.3 加拿大的环境审计

4.3.3.1 加拿大的企业内部与社会环境审计

在加拿大，形成了国家审计机关审计、政府部门内部审计和社会审计相互支持配合的“三位一体”的环境审计主体。环境审计机构主要由联邦审计署（Office of the Auditor General，OAG）、环境审计师协会（Canadian Environmental Auditing Association，CEAA）与特许会计师协会（Canadian Institute of Chartered Accountants，CICA）组成[64,74]。CEAA 作为联邦机构，主要职责是向政府提供必要的环境审计信息并做出相关决定。其具体职责与我国生态环境部审计与项目监督办公室类似，包括进行环境评估和环境审计宣传活动、研究环境评估的实践与开发理论、鼓励社会公众参与环境保护的审计活动等。CICA 的主要职责是制定全国会计、审计等方面的政策法规，工作重点是建立相关的制度准则[75]。社会环境审计人员要具有专门的环境审计师资格认证，受到所属协会加拿大环境职业组织（Environmental Careers Organization，ECO）的统一管理。这些资格认证主要有环境专家/环境审计师（Environmental Professionals/Compliance Environmental Auditor，EP/CEA）、环境专家/环境管理系统资深审计员（Environmental Professionals/Environmental Management Systems Lead Auditor，EP/EMSLA）等。

近年来，社会审计中注册环境审计师、注册会计师在环境审计中扮演着越来越重要的角色[76]。加拿大社会中介、咨询公司或环境审计师通常受雇于企业或政府，以第三方的身份参与企业的环境管理，为企业提供环境咨询服务，承担环境管理体系认证（ISO 14001）、废弃物审计、场所评估、经营符合性评估等方面的工作。加拿大政府部门专项环境审计一般通过招标方式交由社会中介机构实施。注册环境审计师或注册会计师要严格执行国际内部审计师协会制定的内部审计标准。例如，在林业资源可持续发展方面，加拿大林业企业主要遵循加拿大标准协会（Canadian Standards Association，CSA）、森林管理委员会（Forest Stewardship Council，FSC）、可持续林业倡议（Sustainable Forestry Initiative，SFI）等三个认证标准。这三个标准协会都会雇佣环境审计师作为第三方对企业进行审计，以确信企业达到了标准要求。加拿大环境管理系统审计在环境管理体系中发挥着重要的作用，既是议会监督政府环境保护工作情况的重要手段，也对企业加强环境管理起到了重要促进作用[77]。

加拿大企业普遍具有较强的环境意识，加拿大在实施环境保护战略后，企业也开始重视起安全、健康和环境保护问题，环境保护和可持续发展观念贯穿于企业的管理体系。加拿大 80%以上的企业都已严格执行了环境管理系统。审计人员一般是按照 ISO 14010 和 ISO 14011 所确定的原则和审计程序检查企业环境政策的制定、环保目标是否符合 ISO 14001 的标准。加拿大还规定企业每年都要将其年度环境报告提交政府环保部门进行审查，审查之后还要向公司股东和相关利益方进行公告。在加拿大特许会计师协会的主导下，企业环境成本与负债的确认、环境支出的费用化和资本化、环境承诺与会计政策披露等环境信息确认、计量和披露均得到了规范和发展。以安桥（Enbridge）公司的环境管理政策为例，安桥公司是北美地区最大的油气管道输送企业，而石油天然气行业是容易造成资源浪费和环境污染的部门。该公司基于环境法律法规制定自身的环境保护政策和指标，以控制企业运行对环境的影响。除此之外，该公司还主动采取环境培训、内部环境监察、外部审计与监察、规范性管理等方式，监督环境政策的实施[78]。此外，加拿大的环境审计咨询业务开展得非常活跃，水准很高，且审计软件也很成熟。例如，GREENWARE 公司为环境管理体系审计咨询开发了环境管理体系评估、环境管理执行、环境管理审计三套审计软件。环境审计人员了解了公司的环境政策，调查取证后，利用此软件即可自动生成一份审计报告。

加拿大联邦、省、市三级政府都有相关的环境管理部门，根据各自的职能设置，履行各自的环保管理职能，而且各个政府部门大都设立内部审计机构，以加强部门的内部控制和风险管理。开展内部审计目的是为加强部门内部控制和风险管理提供建议，同时协助国家审计机关开展工作。如阿尔伯塔省可持续资源发展部（Alberta Sustainable Resource Development Department，ASRDD）会对该省 21 个协议林业公司进行年度的审计监督，以确保该省林业资源的可持续发展。此外，加拿大各级政府的环境管理部门通过合规性保障系统，即教育、防范和强制执行三种方式有机联系，提高企业环境责任意识、规范环境管理制度、改善企业环境行为。

4.3.3.2 加拿大的政府环境审计

加拿大是世界上较早开展政府环境审计的国家之一。20 世纪 80 年代，OAG 开始涉足环境保护领域，1987 年曾对路易斯湖区环境保护项目等开展了 15 个专项审计。20 世纪 90 年代初，OAG 开始在绩效审计项目中加强环境因素考虑。1992 年，国会要求联邦政府各部门制定“加拿大绿色环境规划”，并要求联邦审计署对“加拿大绿色环境规划”的执行情况进行审计。1993 年，OAG 开始独立于行政部门和立法机构，成为国会系列机构之一，实行典型的立法模式的审计制度，并开始全方位履行资源环境审计的职能。

由于公众对环境保护和可持续发展的要求不断提高，1995 年 12 月，加拿大修改了《审计长法》（*Auditor General Act*），要求联邦相应部门的机构实施可持续发展战略，直属国会的审计署中设立 1 名环境和可持续发展专员，下设一个环境和可持续发展专员办公室，审核各部门的可持续发展战略，并报议会审定[76]。《审计长法》修正案还要求 OAG 在向议会作报告的内容中包含环境保护方面的信息，授权审计长接受社会公众有关环境和可持续发展问题的咨询。《审计长法》还规定，1997 年开始，自然资源部等 29 个联邦政府部门和机构必须准备可持续发展战略

（SDS），并上报众议院，并且要求每隔 3 年修订一次。这些战略构成政府推进可持续发展的关键要素。《审计长法》修正案使环境审计成为 OAG 的一项法律职责，同时为环境审计（环境咨询和评估）的开展提供了法律依据，大大促进了 OAG 环境资源和可持续发展审计的发展，审计领域和范围不断扩大。

OAG 在 1997 年先后把水资源利用、大西洋渔业及海洋资源利用、农业和种植业的环境保护、太平洋鲑鱼管理状况等都列为环境审计的项目。环境审计主题范围包括污染场所审计、有害物质及特殊废弃物审计、水资源监测审计、气候影响对策审计、《渔业法案》《加拿大环境评价法》等法律执行情况审计、气体排放管理审计、化学品管理审计、臭氧层变薄审计，以及重大资金项目、大型能源项目的审计等。加拿大联邦审计署环境和可持续发展专员办公室还对国会特别关注的领域如国际环境承诺、北极区环境问题等进行研究。

OAG 环境和可持续发展专员办公室的审计人员专业构成多样，具有环境、生态、生物、能源、城市规划、会计、公共管理、工程技术和法律等各种专业背景。环境审计监督的对象主要是加拿大联邦、省、市三级政府相关的环境管理部门。在必要的时候，会聘请包括法律方面和各个相关专业领域的专家。例如，有毒物质的审核中，就需要聘请毒物方面的专家。加拿大有许多环境方面的社会组织，专门提供法律咨询或相关业务咨询服务，为审核聘请专家提供了市场支持。

在审计内容上，OAG 对环境问题的监督，更多的是站在客观角度对政府各部门保护环境过程中的职能履行情况进行检查评估，对政府或各部门制定的环境政策、可持续发展规划、制度的落实和实施情况以及环境影响评价（如释放物质到自然环境中，对空气、水体、土地、动物栖息地的改变和污染）、环境管理体系认证等进行检查评估，据此形成的审计报告定期提交给议会。此外，加拿大的环境审计侧重于向可持续发展和环境问题的咨询和评估方面发展。2008 年，国会通过《联邦可持续发展法》，加拿大联邦审计署环境和可持续发展专员办公室增加了有关检查联邦政府部门可持续发展战略草案、每年度向国会报告联邦政府履行可持续发展战略的情况、两年一次向国会报告评估联邦政府在防止气候变化方面采取的措施和评估政府年度发展报告的公允性等 4 项具体责任。

加拿大环境审计具有广泛的公众参与、完善的标准体系和各级机关合作三大特点。在加拿大，《加拿大环境保护法》《加拿大环境影响评估法》等法律对公众参与都有明确规定。不管是在政策制定、环境评估阶段，还是到项目执行阶段，公众参与都发挥了重要作用。例如，2001年埃德蒙顿电力公司（EPCOR）准备在埃德蒙顿建设一个煤炭发电厂，环境组织与该公司就环境影响进行了听证。公司在听证会上自愿承诺该煤炭发电厂CO_2的排放量不超过天然气或者火力发电的电厂项目，因此该承诺被当作项目审批通过的一项先决条件。由于该公司一直未实现该环境目标，2010年公司申请修改当时提出的关于CO_2排放量的承诺，当年出席听证会的环境组织对其进行了反驳，因此该公司的电厂项目立项最终被否决[77]。比较完善的《环境管理体系审计标准》（ISO19011）和《合规性审计标准》（CSAZ 773—03）[79]，为环境审计工作的开展奠定了基础。此外，加拿大各级政府在环境问题上都扮演着很重要的角色，各级政府审计机关之间的合作发挥了重要作用。2005年9月，在安大略省召开的“环境审计：通过管理和问责促进可持续发展”研讨会上，加拿大成立了由加拿大联邦、省和市级审计机关联合内部审计组织组成的“环境审计体系”。作为一个非正式组织，其在促进各级审计机关分享环境审计信息、建议和专业知识，促进各级审计人员的交流，促进各级审计机关的合作等方面发挥了重要作用。

加拿大环境审计的业务类型也比较广泛，除在传统的财务审计、合规性审计和绩效审计过程中对环境问题关注之外，主要是资源环境的绩效审计和审计调查，重点检查联邦政府可持续发展的执行情况、监督政府对公众环境诉求的响应和实施，以及开展政府年度工作审计评估。

在国际环境审计方面，2001—2007年，加拿大联邦审计署担任WGEA主席，推动了资源环境审计在国际上的发展。加拿大结合联邦审计署自身的资源环境审计实践，出版了许多很有价值的文献，后者代表了国际环境审计的水准和方向。

4.3.4 英国的环境审计

4.3.4.1 英国企业与社会环境审计

在企业与社会环境审计领域，1992年，英国标准协会制定了全球第一个环境管理体系标准 BS7750[19]。1993年欧盟发布了环境管理体系标准，即“环境管理和审计体系”（Environment Management and Audit System，EMAS）之后，英国及各地方政府纷纷采纳环境管理体系（Environmental Management Systems，EMS），甚至私营部门也采纳这一体系。就私营部门而言，环境管理体系是其全面管理系统的组成部分。1992 年 8 月，英国成立环境审核员注册协会（The Environmental Auditors Registration Association，EARA）。该协会是一个独立的、非营利性质的机构，专门从事环境审核员的专业技能标准的制定工作，它是国际上第一个环境审核员注册机构。EMS 和 EMAS 的颁布和实施，以及 EARA 的推动作用，促使议会制定政策时考虑环境因素，转变了企业的经营哲学，促进了英国企业内部与社会环境审计不断发展，因为组织如采用一定的环境会计方法或者环境管理监督体系就要按规定进行内部和外部的环境审计。而英国政府环境审计对有效地发挥 EMS 的作用和 EMS 的改进也极为重要[12,80]。

4.3.4.2 英国国家审计署与地方审计机关的环境审计

英国国家审计署（National Audit Office）设有专门的环境审计委员会。环境审计委员会隶属于英国下议院，专门负责评估政府部门及非政府公共团体的政策和项目对环境保护及可持续性发展所发挥的作用，根据各部门所制定的目标对这些部门开展绩效审计，并将审计情况向议会报告。

英国环境审计主要涵盖 10 个领域：大气污染和气候变化、空气质量、生物多样性、林业、土壤、洪水及沿海保护、废物处理、淡水环境、水的供应、海洋环境等，而大气污染和气候变化列在第一位。

国家环境审计委员会（National Environmental Audit Committee）主要的工作重点在两大方向：第一是对环保状态进行持续跟进，准确评估现状，如国家审计署报告对英国空气污染的历史趋势、现状和当前存在的主要问题进行揭示。第二是将重点放在一些具体的环保政策、措施上，包括了解政府在提高环保税的比例、增加污染者的支付方面取得的进展；查看环保政策的遵从成本以及既定目标的达成情况；评估政府各类政策、措施在应对环境挑战及实现经济和社会可持续发展方面的贡献，评价政策措施的连贯性和实施效果。

英国环境审计特别重视借助英国环保部门的专业机器和专业数据，同时还聘请专家参与审计项目。以低碳审计为例，英国政府对由碳排放而引起的环境变化非常重视。如为应对经济问题，英国政府出台了一整套财政刺激计划，在 2008

年的预算前报告（PBRs）中，大约1/6被赋予了特定的环境保护目标，其中，政府将安排好各项政策和投资，在三年中带动低碳部门500亿英镑的投资，支持低碳型的经济复苏。英国的碳审计主要分能源及燃气消耗、交通和运输、采购、废弃物和水的利用5个领域进行审计和评估。国家环境审计委员会在低碳审计中的目标主要是关注低碳政策、法规和制度制定过程的科学性，实施过程的适当性和遵循性；中央、地方政府和企业低碳责任履行的效果；低碳产品补助资金使用的效率与效果；低碳财税减免的符合性、真实性和效果。低碳审计的内容非常丰富，几乎囊括了当前与低碳经济有关的所有内容，主要包括调研政府的低碳转变计划、政策提案；研究新政策或现行政策的不足；检验财政刺激措施的环保开支方案和结果；检验气候变化问题和公共服务协议的目标及所采用的统计方法；检验法规及重要政策提案的制定与执行情况。英国政府为了处理好碳排放引起的环境变化问题，采取了一系列与低碳经济有关的措施，这些措施均需要大量的政府支出与政府补贴，按照规定这部分资金使用的真实性、合法性和效益性也在政府低碳审计的监督范围内。

此外，英国的地方审计机关环境审计开展得也较早，在英国的环境审计中发挥了很重要的作用。关于在地方政府层次实施环境审计的最早证据来自大都会政府协会（Association of Metropolitan Authorities）的一份文件，名为《面向未来：环境为先》，该文件第一次提出对地方政府政策的审计要包含环境政策方面的审计。这份文件将环境审计定义为“评价地方环境现状、影响环境的因素及其对政府政策的影响的一种方法。环境审计可用于评价地方环境政策和实务”。1989年地球的朋友（Friends of the Earth，FOE）协会在其章程中拟定了地方政府应实施的环境审计框架。之后，随着《地方政府环境实务》的发布，环境审计成为正式的术语[23]。1991年，地方政府管理委员会（Local Government Management Board，LGMB）提出并公布了环境审计的两个原则，一个是对地方环境进行评估的原则；另一个是对政策影响环境的方面进行评估的原则，包括对政府目标、政策、服务、程序的评估以及它们对环境影响的评估，而且将环境审计与独立鉴证相关联。

4.3.5 德国的环境审计

德国目前建立了一套由国家审计、社会审计和企业内部审计相结合的资源环境审计体系，三者定位合理、分工明晰、互相配合、各有侧重[81]。

4.3.5.1 社会与企业内部环境审计

德国社会审计主要是经济审计学会通过环境认证师的工作来开展。社会审计负责对企业的水电气物以及产品、原料的环保技术进行审计，更侧重于检查企业是否建立了环保法规制度；检查各种耗能设施及产品、原料对环境产生的污染大小；检查企业内部环境保护管理体系。企业内部审计主要依据环境认证标准展开，具体包括 ISO 14001 和 EMAS 体系。德国的企业都十分重视环保工作，大部分企业自愿要求进行环境认证，在企业内部建立良好的环保审计机制，自觉地重视原料和产品的环保性、可降解性，节约原材料和能源，降低生产成本，树立良好的企业外部形象。德国企业普遍聘请外部专家，对环保措施及污染情况进行审计，并对审计结果颁发证书，予以公证。

此外，按照德国法律规定，如果企业排放达到一定量（如污水排放量大于 750 m^3/d），则企业内部必须要设置环保特派员岗位，并直接对首席执行官负责。环保特派员的主要职能是确立企业应遵循的现有的环保法律法规，寻找新技术、新方法改善产品以符合环保要求；向企业生产的各个环节提供环保咨询，充分发挥内部控制和监督作用，每年向首席执行官提交报告。

4.3.5.2 德国的政府环境审计

德国的政府环境审计侧重政府环保决策和措施的有效情况、环保预算执行和政府资助的环保项目的建设运营情况，主要是审计财政资金使用的合法效益情况。德国的环境审计项目，通常由联邦审计院或各州审计院分别组织[64]。1991 年联邦审计院环境审计处成立。德国联邦审计院实施政府环境审计，且有权对社会审计机构公布的环境审计内容进行复核，有权对污染严重的企业进行强制审计。德国联邦审计院对环保审计工作人员有着严格要求，在招聘人员的时候，对应聘人员在环境学、生态学、生物学等方面的专业与工作经历（5～10 年）要求较高，并且在工作过程中注重通过多种形式提高审计人员的业务知识及专业技能。此外，德国联邦审计院法律专业人员所占比重虽较高，但学工程技术和经济管理的审计人员比例也在不断提高。从环境审计的角度来说，联邦审计院的工作主要受到环境法、预算法的约束。德国的环境法是由数量繁多的单项法律所组成的。自 20 世纪 70 年代起，有关环境方面的法律大量产生。20 世纪 90 年代，环境部综合了各项环境法的主要内容，编制了一部统一的环境法典。环境法典为德国公民确立了环境保护的目标和标准，也是德国进行环境审计的主要依据。环境审计与其他领域一样，也采用了多种形式，包括：常规审计，即广泛了解被审单位在环境保护领域的预算执行和非预算资金管理的概况；项目审计，主要是对大中型环境保护投资或研究项目的审计；重点审计；横向审计；定向审计；跟踪审计；措施审计，即对行政机关的某项环保决策和措施的有效性进行审计。其中，项目审计和措施审计是德国环境审计的主要形式。环境审计的类型从常规合法合规性审计转向绩效审计，并成为联邦（州）环境审计的主流，且横向审计与跟踪审计也越来越得到重视。德国环境审计发展的另一趋势是环境咨询服务的分量越来越重。在管理部门作出决策前，环境咨询由联邦（州）审计院予以调查研究并提出建议[82]。

4.3.6　法国的环境审计

4.3.6.1　法国的内部和民间环境审计

内部审计基本是初级审计，对企业、公司项目投资的环境评价和评估报告多数是由内部审计完成的，社会、民众对初级审计报告结果产生歧义时，审计法院会聘请专家和民间审计机构进行复审来评判。法国的社会审计力量强大，行业管理以业界组织自我监控为主，对于审计师管理的一系列法律法规既保证了他们执业中的独立性，又防止了他们与被审计企业勾结舞弊[83]。社会环境审计人员必须获得“审计人员技术及能力标准”（ISO 19011）才能取得审计资质，大量的环境审计数据收集和审计分析均通过民间审计机构完成。法国的民间审计从审计准则的制定、职业考试和培训到纪律监督处置，在行业组织内部形成了一套严格完整的制度，有效地保证了民间审计工作的质量和信誉。

4.3.6.2　法国的政府环境审计

法国的国家审计体制是司法和行政并行，审计法院是国家最高审计机关，为独立于政府和议会的司法性机构。法国中央政府和地方政府在财政部门下设专门的内部审计机构，分别负责中央政府和地方政府的内部审计工作，这些审计机关具有一定的行政型政府审计的体制特征。审计法院的审计法官具有崇高的地位和很强的独立性，政府部门的审计地位和作用相对较弱，主要职责是贯彻落实中央政府的环境审计计划和任务，对内部审计部门和民间审计机构的环境审计报告进行复核和跟踪，环境审计结果引起的争议一般都由上一级审计法院进行裁决，最高法院具有终审权。审计法院每年向总统、国民议会和参议院提交审计报告，并在法国政府官方公报上刊登，促进社会监督[84]。

法国的环境保护和环境监控过去以环境质量的审核为主，随着经济的高速发展，环境保护重点关注的是可持续发展，以及绿色能源、核能污染、温室效应、资源分配和利用等环境问题，同时这些也成为法国环境审计的重点。环境审计注重评价环境治理和环境监控的措施与效果及其对社会经济发展产生的影响[84]。

法国国家环境审计在国家立法、政府环保政策的制定等方面发挥着积极重要作用。法国政府在制定环境保护政策、评估投资项目时，通过环境审计进行评估和修正。环境立法过程中，环境审计在不同层级政府信息传递过程中发挥了重要作用。环境审计报告甚至成为国际组织、民间团体、民众表达环境保护诉求、解决争议、达到平衡的策略和工具。例如，法国岩层气的开采问题引起了社会各界的普遍关注，岩层气的开采是否会导致生活用水的污染和地质岩层的破坏就通过环境审计和环境测评做出决策。通过审计报告的数据分析，最终法国制定出相关法律法规，禁止岩层气的开采。法国的环境审计坚持事前审计的原则。法国的环境审计具有监督、评价、鉴证和防护的功能[83]。

4.3.7 澳大利亚的环境审计

4.3.7.1 澳大利亚企业内部与社会环境审计

在对企业环境审计的要求方面，1997 年澳大利亚会计研究委员会颁布的《财务审计指南》明确指出：“在财务报告及其审计中要考虑到环境的因素。”要求私营企业、公司和政府公共部门在年度财务报告中真实地反映环保方面的开支和收益。且随着公众环保意识的增强，私营企业、公司或公共部门往往主动付费申请环保局对其生产环境进行检测或评价，聘请专家提出意见和建议，投入资金进行改造，并且企业已广泛采用包括经济利润、社会综合效益和环保三方面内容的“三条底线”报告，这使得澳大利亚成为最早采用这种报告方式的国家之一[85]。澳大利亚的基金会（如澳大利亚养老保险基金体系）、银行等金融机构及工商业非政府组织也采用环境会计制度（environment accounting system），对新建、已建企业的环境影响进行评估，即不单进行财务收支情况的审计，还将其资源消耗情况、环境污染状况纳入企业经济发展评估体系，以促使企业调整管理和生产工艺，尽可能减少环境污染和资源消耗。

4.3.7.2　澳大利亚国家审计署与维多利亚州的环境审计

澳大利亚是世界上最早出台环境保护法律的国家之一。早在 1970 年，维多利亚州就制定和颁布了《环境保护法》（*Environment Protection Act*）。之后，澳大利亚联邦先后出台了 50 多部环境法律法规，逐渐建立起十分完善的环境保护法律法规体系。在国家层面，既有《环境保护和生物多样性保护法案》《环境保护（拟议影响）法》等综合立法；也有《大堡礁海洋公园法》《海洋石油污染法》《大陆架（生物自然资源）法》《国家拨款（自然保育、土壤保育）法》《国家公园和野生生物保育法（1975）》《臭氧层保护法》《资源评价委员会法》和《全国环境保护委员会法》等专项立法；还有《清洁空气法规》《辐射控制法规》等 20 多部行政法规[15]。在州层面，涉及环境保护的法律法规多达百余部，维多利亚州出台了《环境保护法》、新南威尔士州出台了《环境犯罪和惩罚法》等几十部地方环境法规。1999 年《环境保护和生物多样性保护法案》516A 部分要求澳大利亚政府机构在其年度报告中详细阐述他们的环境绩效和对生态可持续发展的贡献。这些法律法规都在环境污染控制方面发挥了重要作用。

从环境审计的内容看，澳大利亚国家审计署（Australian National Audit Office，ANAO）负责对环境法律的执行情况进行审计并发布审计报告，对政府的环境保护政策及其执行情况进行评价，并提出相关建议；负责对重大环保项目的可行性投资方案、项目计划的审核；负责各州环保审计工作的统一组织、协调以及相关法律的监督执行。国家审计署环保审计侧重于全局性的、指导性的工作。地方审计机关如维多利亚州审计署、新南威尔士州审计署除完成国家审计署指定的环保审计项目外，主要是根据州政府的要求完成一部分环保审计项目。例如，2002 年

3 月，澳大利亚国家审计署对《环境保护和生物多样性保护法案》（EPBC 法案）中规定的按照该法案所进行的环境提交、评估与批准程序的质量及其及时性进行了审计，同时也对澳大利亚环境部（Environment Australia，EA）为确保该法案执行而采取的活动进行了检查和报告。审计的范围主要集中于 EA 在管理法案中的作用，也涉及国防部、运输和地区服务部、移民入境和多文化事务部、澳大利亚航空公司以及澳大利亚援助中心等部门，甚至涉及联邦政府自身对该法案的遵循执行情况。此外，澳大利亚国家审计署还负责检查并报告联邦政府及政府部门在年度报告中反映的环境保护措施绩效的质量，并对联邦政府和 EA 在执行 EPBC 法案方面进行整体评价[85]。

从环保审计的范围来看，澳大利亚的重要产业是矿产业，矿产业是极易对环境造成污染的产业，矿场是环保审计的重点项目。此外，环境审计范围还包括从水源、森林、河流、空气的治理项目到沥青、农药、化学品、城市垃圾处理项目，甚至具体到屠宰场、皮革厂，扩展到各个行业和社会的每个角落[85]。

在审计质量方面，澳大利亚的审计部门内部设立质量研究委员会，专门负责质量控制。澳大利亚的环境审计也通过引进“ISO 14000 系列环境管理系统”、“ISO 9002 国际质量认证体系”，对一系列执行程序、政策、标准、格式、实施途径等问题进行规划和界定。

环境学、生态学、生物学和工程等各类专业人才，大学和研究院的科学工作者都会受聘参与审计工作[86]。

维多利亚州审计署将其开展的环境审计归于效益审计范畴。州审计署没有单独的环境审计标准。被审计单位是使用公共资源的公共部门。项目立项时，审计署的战略计划部门会与环保部门进行正式和非正式的沟通，根据沟通结果和社会关注的焦点拟定环境审计项目，审计长最终决定审计哪些项目。审计人员遵照《澳大利亚审计和鉴证标准》的第 806 号《效益审计标准》和第 808 号《编制效益审计项目计划标准》开展环境审计。州审计署也外聘专家从事环境审计并向其支付费用。例如，州审计署 2004 年实施了对维多利亚州水交易情况的审计，目的是评估水交易管理制度是否完备，水务公司有关水交易的记录和管理工作是否可信，水资源是否得到了合理、有效利用。审计结论是需要加强行业管理，以形成高效、公开的水交易市场，并提出加强水资源管理、公开交易信息、加强水务公司内部控制和对交易实施监督等建议。

4.3.8 印度环境审计

印度于 1935 年成立了审计会计部，1950 年印度独立后，正式设立作为国家最高审计机关的主计审计长公署（The Comptroller and Audit General of India，CAG），直接隶属于国家立法机构，具有很强的独立性[74,87]。印度主计审计长公署于 1962 年开始在电力、灌溉、卫生和农业等领域开展国家绩效审计[88]。

在联合国哥本哈根环境和气候大会之后，2010 年 8 月，印度主计审计长公署对外颁布了环境审计指导性文件——《环境及气候变化审计指南》。该文件系统地阐述了印度官方关于资源环境审计的工作理念、法规依据、全球应对和实践方法，对国家环境及气候审计的有效开展起到了积极的作用。

印度主计审计长公署确定其资源环境审计范围涉及两个层面：一是宏观层面的五个领域，生物多样性、空气污染（如温室气体、飞尘、雾霾等）、废物管理、天气变化（如全国应对气候变化各项措施的执行情况等）、沿海区域管理（如沿海红树林、海堤、废水排放）等；二是微观层面的三类实体，即直接或间接对环境产生正面或负面影响的运营单位、能够制定或影响环境立法的组织机构、能够监控环境安全的组织机构等。

在资源环境审计的类型上，印度主计审计长公署在《环境及气候变化审计指南》中规定，凡执行资源环境项目审计时，均需执行财务收支审计、合规性审计和绩效审计三项程序，以确保能够全面衡量被审计对象对资源环境造成的直接和间接影响、对现有政策的落实等情况。其中，财务方面重点关注公共资金使用的效率及效果，同时关注与环境相关事项的对外披露、负债的计提等；合规方面重点关注被审计对象的经济运营行为是否符合印度遵循的国际条约协定，国家法律、法规所作环境要求的执行情况等；绩效方面重点关注投资项目的“经济、效率和效果”，即项目的环境绩效指标是否能客观反映其运营效果、项目的实际作用与其投入资金是否相称、现有法规是否切实具有环境保护的效力等[88]。

资源环境审计的具体内容主要体现在四个方面：一是对环境污染现状的评估。二是对政府环境政策和组织环境战略有效性的评估。其内容包括现有政策与国际国内标准的相符性、对环保行为的政策奖励、对污染行为的惩治性条款、对污染行为的打击力度等。三是对环境污染监管机制的评估。其内容包括监管资金来源及与工作的匹配度、监管工作日常执行对象、监管机制的建立、对监管发现问题的跟踪等。四是对环境污染监管质量的评估。其内容包括第三方独立机构对环保管理效果的评估结果、公众知晓度和参与度、监管人员的专业胜任能力等。在环境审计评价上，对不同环境区域采取“以定性评价为主，定量为辅”的审计评价方式[89]。

2011 年 3 月，印度主计审计长公署先后开展了两次全国性资源环境审计，即全国铁路环境管理情况的绩效审计和全国水资源污染情况的绩效审计。以 2010—2011 年印度主计审计长公署在联邦、省两个层面上开展的水污染审计为例，此次审计范围涵盖了印度 25 个省的 24 个受污染河段、22 个湖泊、116 个地块的 140 个项目。审计内容包括有关河流、湖泊和地下水污染的控制政策、规划、数据的充分性，具体污染治理项目的执行和监管情况等，并采取了很多审计创新性的方法，包括：在审计开始前，组织召开民间协会组织、环境部门专家、环境领域工作的代表和公司机构等利益相关者参加的环境审计会议；召开国际环境审计—水污染问题会议；在印度全国性及地方性的报纸上投放广告，收集社会公众对审计的意见和建议，帮助审计机关确定审计目标及编制绩效审计调查问卷。这两次审计所提的审计建议得到印度议会高度重视，也得到被审计单位——印度铁路委员会、环境及林业部门等管理当局的高度认同和整改采纳，并取得了良好效果。

4.3.9 日本环境审计

4.3.9.1 日本的社会与企业环境审计

在日本，环境审计的主体有政府部门、社会中介机构以及企业本身。但是实施环境审计较多的是以日本公认会计师协会为主的日本相关协会、职业团体和研究机构，也就是说日本的环境审计主体的主导是社会中介机构[64]。

日本社会与企业环境审计的发展首先得益于日本环境会计的发展。20 世纪 90 年代初，日本企业引进欧美各国环境管理经验，组建环境对策部，为企业环境会计开展构建了管理机构，并成为较早在经济管理中引进环境会计的国家。20 世纪 90 年代中期，日本企业广泛推广以 ISO 14000 系列认证为主的环境管理体系，从而提高了企业对环保活动和环境会计方面的关注与重视。20 世纪 90 年代后期开始，许多企业不断向投资者、利益相关者和一般消费者等发行企业环境报告书，公开环境经营状况，并把环境会计信息作为环境报告书的一部分，成为在国际上发行环境报告书方面最积极的国家。此外，以环境省为主的日本相关政府部门也纷纷开始制定与企业环境会计相关的准则、指南、制度、标准，不断加大推行企业环境会计的力度，使企业开展环境会计实务工作有章可循。

环境省早在 1997 年便开始实施环境会计项目计划，1999 年 3 月发布了《关于计算和公布环境成本的指导标准——旨在建立环境会计》，从此一些制造业公司开始实施环境会计，使 1999 年成为日本“环境会计元年”。1999 年以后，日本的环境管理及“环境会计”制度在企业中迅速普及，只用了十年时间便达到西方发达国家的环境管理水平。1999—2002 年，日本环境省先后颁布了 4 个环境会计指南及报告，构建了一个融合货币计量和实物计量于一体的完整的外部环境会计体系，从理论与实务上为企业提供了指导方针。2005 年 2 月又公布了《环境会计导则 2005 年版》[90]。

随着日本环境会计的快速发展，社会公众也要求企业环境会计信息披露同企业财务信息一样，具有合法性、公允性和一贯性。因此，产生了对于企业环境报告和相关的环境会计信息进行独立的监督、鉴证和评价的需求。为适应社会这一需要，以日本公认会计师协会为主的日本相关协会、职业团体和研究机构积极开展企业环境审计和第三者认证的调查研究及实施工作。2000 年 7 月，日本公认会计师协会公布了《环境报告保证业务指针》[91]。目前，在日本已有越来越多的企业要求独立的审计机关或独立的环境监督机关，对于包括环境会计信息的企业环境报告进行认证，以取得社会公众的认可，树立企业的环保形象，扩大环境经营成本。不少企业也对环境管理体系、环境业绩等制定了比较严格的内部审计制度。目前日本执行环境审查的重点包括：环境信息的正确性、报告内容的全面性、环境对策的适当性、环境工作的合法合规性。随着日本环境会计和环境报告书的普及，中介机构对于企业公布的环境报告和环境会计信息的准确性和真实性进行环境审计成为日本环境审计的主流做法。

4.3.9.2 日本政府环境审计

日本早在20世纪60年代，由于奉行“经济立国”战略，在经济高速增长的同时，大量工业废物、废水、烟尘等造成环境恶化，各种公害事件时有发生，日本一度成为世界闻名的“公害大国”。上述问题迫使日本政府重视环境治理与保护工作。1967年日本制定了《公害对策基本法》，之后又陆续制定了《大气污染防治法》《水质污染防治法》《噪声控制法》等法律，1971年，日本成立了国家环境厅，开始从立法层面以国家行政力量全面推进公害治理。20世纪90年代后，日本实施可持续发展战略，并相继制定了《环境基本法》《全球气候变暖对策推进法》等法律。尤其是1993年11月颁布的《环境基本法》，规定了日本政府的环境基本政策及这些政策在未来的发展方向和框架，同时阐明了国家、地区政府、经营者以及市民的责任。在以上法律的支撑下，日本的政府环境审计实施得以开展。依照《环境基本法》第15款规定，1994年12月，日本又制定了一套全面而长远的政府环境保护政策《基本环境计划》，至今已经修订了三次[90]。

日本的政府环境审计的实施主体是日本国家最高审计机关——成立于1880年的会计检察院（Board of Audit of Japan，BOAJ）。1947年日本颁布了《会计检察院法》，规定会计检察院独立于内阁、国会和天皇，成为世界上极少数几个独立型的政府审计体制国家[91]。日本会计检察院十分重视环境审计。自1999年以来，日本会计检察院每年制订并公告“基本审计政策”，且“环境保护”连续被列入检察院的审计政策范围之一，环境问题一直被定为审计的重点。2009年4月，会计检察院合并了一个部门和一个事务所，并成立了环境及区域发展审计科，环境审计的地位和职能被提升到了新的高度。日本《会计检察院法》第20（3）号条款规定“会计检察院应从精确度、规范性、经济性、功效性及有效性方面及其他有关审计的必要方面来执行其审计工作”。同样地，会计检察院也会从这些方面执行环境保护政策的审计工作。通常日本政府实施的环境审计以环境绩效审计类型为主，主要围绕政府重大环境投资项目开展工作。为了有效且高效地实施政府的环境保护总体政策，日本环境省将与全球环境保护、污染防治和保护、自然环境维护相关的费用汇总为环境保护费用。在2012财政年度，环境保护费用估计为15 390亿日元（折合184.93亿美元）。这些费用被归类到7个政策领域：全球环境保护，大气环境保护，水、土壤及土地环境保护，废弃物与回收措施，化学物质措施，自然环境保护和促进与自然的交互作用以及构成各种政策基础的政策。日本会计检察院围绕上述 7 个政策领域开展了资金资助的环境工程项目审计。

4.4　世界各国环境审计制度框架总体概括

从制度框架的角度讲，环境审计主要包括审计主体、审计实施机制与流程、审计类型和内容、审计的基本依据、审计结果应用以及与实施环境审计配套的制度和政策保障等基本内容。

4.4.1　环境审计的主体

4.4.1.1　政府审计部门

世界各国环境审计主体主要有政府审计部门、企业内部审计部门以及独立的社会审计机构。从世界范围来看，环境审计虽然源于企业内部，但就目前而言，环境审计的主体主要还是政府审计部门。但由于环境审计的专业性较强，有的国家如美国环境保护部门也会参与到环境审计的实施中。

由于资源环境具有公共产品的属性，对社会成员具有普遍性的影响，大部分国家都把资源环境的合理利用和保护作为重要的国家战略。而且，国外环境法律法规大都规定政府对环境问题承担重要责任，环境保护工作的主体都是政府及其部门，因此，在资源环境审计方面，政府审计部门应责无旁贷地承担起环境审计任务。因此，当前世界各国的政府审计、企业内部审计以及社会审计三种环境审计主体中，政府审计仍然占据主导主体地位。尤其是在 1995 年 INTOSAI 开罗会议后，各国的政府审计部门开展了越来越多的资源环境审计项目，并成为环境保护和环境管理必不可少的工具之一，在环境保护中占据非常重要的地位。亚洲各国的环境审计由于发展相对较晚，其推动主要依赖政府的力量，企业内部与社会审计在环境领域发挥的作用较小，因此，政府审计在环境审计中发挥着重大作用。

在政府审计主体中，大多数国家在国家（或联邦）审计署层面以及地方（州、省）审计机关都开展了不同层级的环境审计。根据 INTOSAI WEGA 的第七次调查结果，35%的最高审计机关设立有专门的环境审计部门。

4.4.1.2 内部审计和社会审计

从发达国家的环境审计实践看，内部审计和社会审计在环境审计中发挥了重要作用。并且，从理论研究的角度来讲，国外对环境审计研究的主体主要集中于会计职业界和内部审计师，对政府审计机关作为环境审计主体的研究则较少。

企业或其他组织的内部审计机构开展环境审计，主要目的是为本组织的管理和经营服务。随着时代的发展，内部审计机构开展的环境审计，已从最初的环境法合规性审计拓展到组织的环境管理系统评估检查、环境成本—收益评估等领域。社会审计组织则一般根据相关方委托，对企业等组织的环境事项进行审计，评价其环境资产负债计量和披露的公允性、环境管理系统的有效性及建设项目环境影响评估报告的科学性等内容。

在欧美，尤其是美国、加拿大、荷兰、德国、法国，除了政府审计主体在环境管理与保护中发挥重要作用之外，企业内部审计和社会审计主体在环境审计中也发挥了重要作用。在北美（如美国和加拿大），环境管理部门一直要求每个企业每年报告有毒物质的排放情况等环境状况，近年来还要求企业提供清洁生产环境审计报告，现在则要求提供环境管理体系（EMAS）认证资格书。加拿大还通过建立环境审计师协会（CEAA）、加拿大特许会计师协会（CICA），以及在联邦、省、市三级政府部门设立内部审计机构，使这些机构在环境审计中扮演越来越重要的角色。在欧洲，EMAS 的审核和审计规程要求加入规程的公司提供有广泛内容的年度环境状况报告，如有需要会提出精确地评估其各自的环境绩效的要求。这些要求都不断地促进了企业内部审计和社会审计在环境审计领域的产生和发展。企业内部审计和社会审计的环境审计团队，主要由环境、审计和工程方面的专家组成。在 2000 年以后，环境审计与报告成为环境管理系统的一个部分，注册会计师在环境审计业务领域中发挥的作用也越来越大。在有些国家如日本，环境审计的主体还有社会机构。

4.4.2 环境审计的类型与内容

4.4.2.1 环境审计的类型

从企业内部审计和社会审计主体来看，世界三大环境审计的类型包括房地产交易审计、清洁生产审计和环境管理体系审计。此外，汤姆森等认为，环境审计可分为遵循审计，环境管理系统审计，交易审计，处理、储存和处置设备审计，污染防范审计，环境负债审计，产品审计等。

1992 年，加拿大特许会计师协会（CICA）发布了“环境审计与会计职业界的作用”的研究报告，将环境审计分为四大类：环境咨询服务、场所评价、经营符合性评价、环境管理系统的评价[75]；并且，咨询服务在德国、法国等欧洲国家以及加拿大的环境审计中所占的比重越来越大。

国际内部审计师协会根据环境审计的目标不同，将环境审计主要分为以下几类：①合规性审计；②环境管理系统审计；③交易审计（应有关注审计）；④处理、贮存和处置机构审计（TSD 设施审计）；⑤污染预防审计；⑥应计环境负债审计（指对会计上确认、计量和报告的对已知环境问题估计的应计环境负债的合理性进行评估）；⑦产品审计[92-93]。

世界银行在其 1995 年发布的文件《环境评价资料更新》（*EA source-book update*）中，将环境审计分为以下几种类型：①合规性审计；②责任审计；③环境管理系统审计；④环境报告审计；⑤其他专门审计。

WGEA 发布的《从环境视角进行审计活动的指南》（2001），将环境绩效审计分为五种类型：①对环境法规制定（包括执行及效果）的审计；②对政府环境项目的经济、效率和效果的审计；③对政府其他项目的环境影响进行审计；④对环境管理系统的审计；⑤对计划的环境政策和项目进行评估。

从世界范围看，世界各国最高审计机关的环境审计，基本覆盖了 INTOSAI 在开罗会议上提出的三种类型，即环境财务审计、环境合规性审计和环境绩效审计。环境财务审计注重财务报表披露的环境资产和负债情况，在损益方面主要考虑环境收益或污染成本是否正确计量；对政府环保专项资金的审计在于检查资金的管理情况，包括分配、下拨、使用等环节，与传统财务审计的内容没有本质上的区别。合规性审计注重检查评价资源环境责任主体遵守执行国内和国际法律法规、政策、协议、制度的情况，确保相关的政府活动能够遵照有关的环境法律、法规。例如，检查评价政府及其部门、企业等单位是否遵守了相关的环境法律法规和内部制度，是否履行了保护环境、预防和减轻污染的法定义务；检查评价政府是否遵守了参加的环境国际协议（如《京都议定书》等）；检查评价政府资源环境监管部门是否按照相关法律法规对作用于资源环境的各种行为进行了监督。环境绩效审计检查评估环境责任主体履行环境义务、实现合理利用资源和保护环境目标过程的经济性、效果性和效率性，包括对被审计单位为促进经济性、效果性和有效性而采取的各项措施是否适当，环境治理的措施及有效性，环境工程项目的绩效等情况。此外，环境绩效审计还注重评价政府及相关部门的环境法律、法规、政策制度的有效性，以及政府环境政策制度、规划对环境的影响。

20 世纪 90 年代之后，环境绩效审计占据越来越重要的地位，并逐渐成为环境审计的主流。2012 年 WEGA 开展的第七次问卷调查显示：2009—2011 年实施环境绩效审计项目 1 010 个，75%的最高审计机关实施了环境绩效审计；并且有 94%的国家表示他们的最高审计机关在环境问题上实施绩效审计有明确的法律授权。

4.4.2.2 环境审计的内容

欧盟企业内部审计和社会审计中环境审计的内容主要是对执行 EMAS 的企业进行检查并对环境报告书进行认证，此外还要对环境管理系统进行审计。美国企业内部审计与社会审计侧重评价环境管理系统的效率，确认组织内部政策、程序和实务的遵循性，评估处置、贮存和清理有害物质的责任人的管理实务，确定已知的环境负债是否恰当确认和披露等。加拿大企业内部审计与社会审计主要检查企业环境政策的制定、环保目标是否符合 ISO 14001 的标准、环境管理系统认证、经营符合性评估、废弃物审计、污染场所评估、有害物质、特殊废弃物、环境政策执行情况、环境管理体系认证、环境影响评价等方面的工作。

纵观世界各国政府环境审计，主要的审计内容包括：与环境保护及治理相关的法律法规、政策制度制定的合理有效性情况；环境保护相关法律、法规、政策制度的执行情况及效果；环保资金筹集、管理和使用情况及绩效；关注政府环境治理项目的投入与效果，检查环保项目成本支出情况；以及对政府环境管理系统的审计，例如，可以决定对单个政府部门的整个环境管理系统进行审计，也可以围绕跨部门的一个或几个问题进行审计；此外，还涉及对负有环境保护和管理、监督职责的相关部门的履职情况的审计。尤其是在美国、加拿大、德国、荷兰等国家，评价政府的环境管理法规、政策、制度的合理有效性情况及其执行情况或目标完成情况，以及环境政策的影响等，已经成为环境审计的重点内容。此外，有关可持续发展的环境问题，如政府在可持续发展问题上的规划、应对措施等，也成了各国环境审计关注的重点内容。例如，荷兰将环境审计的重点放在了政府的综合环境管理、环境政策、环境许可和审批上，确立了综合环境审计的模式。加拿大联邦审计署对政府或各部门制定的环境政策、可持续发展规划、制度的落实和实施情况以及环境影响评价、环境管理体系认证等进行检查评估。法国政府在制定环境保护政策、评估投资项目对环境的影响时，需通过环境审计进行评判和修正。在美国，审核政策制定的合理性、环境政策的潜在影响也成为环境审计关注的重点。

4.4.3 环境审计对象与范围

在环境审计中，审计的对象也就是被审计单位，是对环境有显著影响和负有重要义务的环境责任主体。在 WGEA2001 年发布的《从环境视角进行审计活动的指南》中，对资源环境审计的对象做了比较全面的概括，主要将其划分为三类：直接或间接对环境产生影响的单位（不论这种影响是正面的还是负面的，如治理环境污染和污染环境）；有权制定或影响环境政策和法规的单位，包括国际性、全国性和地区性的单位；有权监督或控制其他部门环境行为的单位。

从世界各国环境审计的实践来看，政府环境审计涉及的审计对象也基本在这三类对象的范围内：

（1）直接或间接对环境产生影响的单位。如石化能源企业、需要进行污染物（废水、废气、废渣）排放的企业、医疗垃圾处理部门、生活垃圾处理厂、动植物自然保护区（管理运营者）、污水处理厂、森工企业（采伐和造林）等。政府审计部门一般不直接对企业（国有企业除外）进行环境审计，但内部审计机构和社会审计组织会接受委托对企业的环境事项进行审计。一些接受政府环保资金的私营企业，如实施环保工程项目建设的企业，也会成为政府审计部门的审计对象。

（2）有权制定或影响环境政策和法规的单位。这类对象主要是指制定环境政策和法规的一些政府主管部门。制定环境政策和法规的主体会有不同的层次。在一些国家，一些资源环境的政府主管部门制定环境政策。由于制定环境法律法规的立法部门具有最高的权威性，所以对其制定的环境法律法规，一般情况下不进行审计。

（3）有权监督或控制其他部门环境行为的单位。这类单位主要是指环境执法检查部门和环境违法处理部门。由于各国管理环境的具体体制和机制并不相同，在一些国家，第二类单位和第三类单位的界限并不十分清楚，有时甚至是重叠的。一些资源环境的政府主管部门，既制定环境政策和法规，也监督和管理企业的具体环境行为。审计组织对这类单位开展的审计，常集中在履职绩效的评估方面。

在环境审计的范围上，世界大部分国家的最高审计机关的环境审计涉及水、固体废物、自然资源和生物多样性、气候变化应对、矿产资源、森林与林业资源、渔业资源、可持续能源、土地的使用和管理以及可持续发展问题等，基本覆盖了所有重要的环境生态领域。除了上述领域之外，有些国家如荷兰在噪声、农业和渔业、对健康的威胁和物理环境的退化等方面，加拿大在臭氧层变薄、国际环境承诺、北极区环境问题等方面还开展了环境审计。

4.4.4 环境审计的实施机制和流程

在审计实施机制和流程上，环境审计和一般的财务收支审计没有太大的区别。

在世界各国的环境审计人员与机构保障机制上，2012 年 WGEA 开展的第七次问卷调查结果显示：有 35%的最高审计机关设立了独立的环境审计部门，大多数最高审计机关（占 71%）有超过 1%的审计人员专门从事环境审计工作；50%的最高审计机关有 1%～4%的员工参与和环境问题相关的审计，13%的最高审计机关有 5%～9%的员工参与和环境问题相关的审计，8%的最高审计机关有超过 10%的员工参与和环境问题相关的审计，而且调查显示，大部分国家的最高审计机关将在未来增加环境审计人员数量。在环境审计合作机制上，由于环境审计的专业性与复杂性，环境审计往往更加注重部门或地区之间的联合审计，以及利用环境专家的工作等。在审计组织方式上，有专门的环境审计或环境绩效审计调查，还在其他各种审计业务类型中关注环境问题。从审计实施方式上看，除了事后审计，还有事中审计、跟踪审计等，例如，荷兰重视开展跟踪审计以监督审计意见的采纳落实情况，开展多部门联合审计以在更广阔的范围内评价效益；加拿大积极推行跟踪审计，并建立了一套实地跟踪审计体系，审计长向议会报告某个审计发现事项两年后，要开展针对该审计发现事项的跟踪审计，并将结果报告给议会，便于彻底解决审计发现的问题。

环境审计的实施流程基本包括审前准备、现场实施、审计报告和跟踪审计（也叫审计整改检查）4 个典型过程。在审计准备阶段，主要包括界定审计目标、范围，选择环境审计评价标准，成立审计组，制订审计计划和方案，下发审计通知等。在现场实施审计阶段，包括召开审计会议（包括确定审计目标、方法等），确定要现场检查的场所，实施现场检查，编制审计底稿，与员工的见面会，审计复核，审计意见反馈。审计报告阶段包括最终审计评价，起草并提交审计报告初稿给管理层批准，讨论建议，准备和提交最终审计报告。跟踪审计主要是督促被审计单位和其他有关单位根据审计结果进行整改。

4.4.5 环境审计的基本依据

4.4.5.1 法律法规层面的依据

1. 世界各国典型环境法律

20 世纪 60 年代以来，随着环境问题在许多国家日益尖锐化，为适应国家加强环境保护工作的需要，环境法律法规迅速地发展起来。目前，西方发达国家环境审计的法律法规体系比较完备健全，既有综合的环境法律法规，也有专项环境法律法规，且都配套形成较为完整的体系，使政府环境审计的开展有法可依、有章可循。

美国 1969 年制定了《国家环境政策法》，1970 年制订了《清洁空气法》，并于 1977 年、1979 年两次进行修改；还制定了各种法案，如 1980 年制定的《综合环境反应、赔偿和责任法》、1986 年的《优先补偿基金与重新授权法案》以及 1990 年的《净化大气环境法》[94]。就各种环境法规来说，美国有《清洁水法》《资源保护和回收法》《濒危物种保护法》《紧急计划与社区知情权法》《安全饮水法》《海洋保护、研究与庇护所法》《露天采矿控制与恢复法》《噪声控制法》《深海港口法》

《边缘大陆架法》《能源和政策保护法》《预防船舶污染法》《公共土地法》《海洋热能保护法》《能源资源开发法》等上百种各类环境法规，涵盖空气、水、海洋、能源等各个方面。此外，美国环境保护局针对违法行为设置了严格的行政、民事和刑事处罚条款[95]。

荷兰在 20 世纪 60—80 年代针对水源、土壤和噪声污染等具体环境问题制定了一批单独的环境法规，如《地表水污染法》（1969）、《废弃物法》（1977）、《噪声侵权妨害法》（1979）、《土地净化法》（1982）等。20 世纪 80 年代后，荷兰政府提出了“环境管理”的理念，制定了综合性的《环境管理法》（*Environmental Management Act*，EMA）。此后，又制定了国家环境政策规划以确定环境保护的目标，并制定了《环境管理条例》以规定环境保护责任[96]。

加拿大联邦议会制定的环保法律主要是《加拿大环境保护法》（*Canadian Environmental Protection Act*，CEPA），这也是目前加拿大环境保护方面最基本的一部法律。该法案是加拿大最基础的环境保护政策，在行政、公众参与、收集信息、污染防治、控制有毒物质、生物技术产品、控制污染和管理废物、环境紧急情况有关事项、政府运作和联邦原住民土地、执法、其他事宜、相应修订、废除、衔接办法等 14 个方面规定了相关内容。除此之外，还有《加拿大环境影响评估法》《有害生物控制产品法》《加拿大航运法》《北极水域污染防治法》《危险货物运输法》《渔业污染防治法》《候鸟公约法（1994）》《加拿大野生动物保护法》《受威胁物种法》《核安全和控制法》等。加拿大各省根据宪法的授权，根据本省的需要制定自己的环境法律法规。例如，阿尔伯塔省制定的环境保护方面的法律法规有《公共土地法》《林业法》《环境保护和改善条例》《水法》《多种石油和天然气法》《矿业和矿物法》《气候变化和排放管理条例》《信息自由和隐私保护条例》等。加拿大环境立法的特点是注重可操作性、加大惩罚力度以及重视公众参与。加拿大环境保护法律对企业的环保责任规定明确，违法处罚力度较大。企业不但要对生产过程中的污染负责，也要对商品消费过程中的污染负责。对污染企业，不但在经济上重罚，还要追究污染企业主要负责人的法律责任。加拿大在环境立法方面很强调公众参与。例如，《加拿大环境保护法》规定了环境影响评价的公众参与制度，要求公众参与环境影响评价标准的预审、制定和执行全过程。

英国在环境污染治理中的立法比较早。早在 1863 年，英国议会就通过了第一个《工业发展环境法》(《碱业法》)，以控制路布兰制碱工艺所产生的毒气。11 年后议会颁布了第二个《工业发展环境法》(《碱业及化学工厂法》)，第一次制定了法定的氯化氢的最高排放量。自此，英国先后制定并颁布了一批环境方法和法律法规，如《公共卫生（烟害防治）法》(1926)、《道路交通法》(1930)、《清洁空气法案》(1958 年修订版)，《污染防治法》(1974)、《野生动物和乡村法案》(1981)、《城乡规划法案》(1990) 等。1990 年，英国颁布了对英国环境保护有着里程碑意义的环境法律《环境保护条例》，并制定了 78 个行业标准。1991 年颁布了《水资源法案》《自来水工业法案》；1993 年制定了《清洁大气法案》；1995 年通过了《环境法案》；2001 年出台了《油料存储污染控制法案》等。2008 年 11 月 26 日，英国正式通过了《气候变化法案》，成为第一个对碳排放作出法律规定的国家，同时公布了详细的《英国低碳转型国家战略方案》[97]。

德国是一个环境审计法律依据比较完备的国家。早在 20 世纪 70 年代，德国就在讨论把环境保护纳入宪法。德国依托欧盟法体系，建立了德国环境法体系。德国的环境保护法内容庞杂，一共约有 9 000 个相关文本，甚至还有中世纪的单项文本，如禁止给井水投毒、保护狩猎地区等。德国法律法规规定，损害环境造成的损失由污染者而不是公众承担，国家、民众、社会团体共同参与处理环境问题。德国环境法主要包括水利法、垃圾法、土壤保护法、环境信息法等。通过这些制度规范，确保德国的环境救济在行政程序开始前，就能够有效地运作，进而将环境污染限制到最低限度，促进社会可持续发展[94]。

法国针对很多具体领域进行了立法，如《国家公园法》(1960)、《水法》(1964)、《关于废料的回收与消除》(1976)、《空气质量》(1981)、《能源控制》(1982)，以及在水保护、环保设施、自然保护等方面的立法。法国还发布了两个《可持续发展战略》，涵盖了 10 个领域的 500 多项行动[98]。

日本 1967 年制定了《公害对策基本法》，并于 1970 年、1971 年、1973 年、1974 年连续进行了四次修改；1993 年 11 月颁布了《环境基本法》，规定了日本政府的环境政策及这些政策在未来的发展方向和框架；各种专门性环境保护单行法规还有《大气污染控制法》《水质污染防治法》《噪声控制法》《废物处理法》等[95]。

2. 欧盟环境法律

欧盟环境法体系主要是包括欧盟基础条约、欧盟签署或参加的国际环境条约、欧盟机构制定的欧盟法规、其他具有法律规范性的文件、其他相关法律渊源等在内的一个全面的环境法体系。1972 年巴黎峰会首次提出在欧共体内部形成共同环境保护政策框架，此后，相继通过了三个环境行动规划：《第一个环境行动规划》（1973—1976）、《第二个环境行动规划》（1977—1981）和《第三个环境行动规划》（1982—1986）。1987 年 7 月 1 日《单一欧洲法》生效，为欧盟的环境保护正式确立了基本法依据，成为欧盟的基础条约或宪法性规范，起着十分重要的根本性、指导性作用。至此，环境保护成为欧盟与成员国共享的权能领域之一。1987 年 10 月 19 日，欧共体理事会又通过了《第四个环境行动规划》（1987—1992）；1993 年 2 月 1 日，《第五个环境行动规划》通过，至 2002 年，欧盟又颁布了《第六个环境行动规划》（2002—2010），即《环境 2010：我们的未来，我们的选择》，至此，欧盟总共颁行了六个环境行动规划[10]。1992 年 2 月 7 日，12 国政府在马斯特里赫特签署了《欧洲联盟条约》（TEU），通过该条约缔约国建立了欧洲联盟。1999 年《阿姆斯特丹条约》生效，《阿姆斯特丹条约》将环境保护的核心思想——可持续发展思想明确规定在欧盟基本条约中。2001 年《里斯本宣言》明确：“可持续发展，即满足当代人需要的同时不损害后代人满足需求的能力，应当成为条约项下的基本目标。”之后，分别于 2000 年、2004 年和 2007 年颁布了《尼斯条约》《欧盟宪法条约》和《里斯本条约》，三者均为欧盟环境法律的重要组成部分。此外，在欧盟，环境标准是环境法的一个重要组成部分。这些环境标准不仅具有环境法规一样的效力，而且也遵循同样的立法程序。根据《建立欧洲原子能共同体条约》第 30 条的规定，共同体制定的有关防治放射性污染的基本标准具有很高的法律地位[63]。

总的来说，1990 年以前，欧盟各类环境法律文件不超过 30 件，且多是关于环境保护和欧盟环境保护机构设置的一般规定，2007 年之后，欧盟环境法律文件的数量已达到 700 余件，涵盖了包括水污染防治、大气污染防治、土壤污染防治、气候变化控制、废物管理、产品环境品质管理、生物资源保护利用与生物多样性保护、动物福利、环境责任、公众知情参与和诉讼等几乎所有环境保护与治理领域。可以说，欧盟的环境法律法规数量众多，发展迅速，门类齐全、具体且覆盖面广泛，使得欧盟环境得到了相当完善的法律保护。

3．国际环境法

在国际环境法上，联合国或有关国际组织、国际会议通过的多国共同签订的环境保护的各类协定，包括公约、条约、协定及议定书等。

国际环境法主要有：《联合国海洋法公约》《世界自然资源保护大纲》《世界自然宪章》《濒危野生动植物种国际贸易公约》《养护野生动物移栖物种公约》《国际捕鲸管制公约》修正本；《养护北太平洋海狗临时公约》《养护南极海豹公约》《国际保护鸟类公约》《南极海洋生物资源养护公约》《关于特别是作为水禽栖息地的国际重要湿地公约》《保护世界文化和自然遗产公约》《国际防止船舶造成污染公约》《国际防止海上油污公约》（修正本）、《防止陆源物质污染海洋公约》《国际油污损害民事责任公约》《对公海上发生油污事故进行干涉的国际公约》《设立赔偿油污损害基金的国际公约》《跨界水道和国际湖泊的保护和利用公约》《维也纳保护臭氧层公约》《远程越界空气污染公约》《外层空间宪章》等。其中，《国际捕鲸管制公约》《联合国海洋法公约》《生物多样性公约》《联合国气候变化框架公约》《维也纳保护臭氧层公约》《国际热带木材协定》《控制危险废物越境转移及其处置巴塞尔公约》《拉姆萨尔公约》《国际防止船舶造成污染公约》《濒危野生动植物种国际贸易公约》等也是各国环境审计的主要依据之一。

此外，欧盟、非洲国家组织等也签订过区域性环境保护公约，如《保护地中海免受污染公约》。

4.4.5.2 环境审计准则

国际环境审计依据的评价标准主要是全球范围内重要的环境标准认证规则。主要包括国际质量标准 ISO 14000 体系、欧洲 EMAS 体系和英国 BS7750 体系等。详见 1.1。

美国环境审计的依据来源于三类：政府制定的《国家审计准则》、环境审计准则和美国审计署制定的具体操作指南[3]。美国联邦政府制定的《国家标准》主要阐述环境审计计划、实施和报告形式等环境审计的步骤、要素等[41]。美国环境审计执行指南则由美国环境保护局制定并颁布，主要是对环境审计提供具体的指导和参考标准。1999 年 EPA 颁布实施的《黄皮书—联邦市政环境执行指南》及一套由 13 个“环境实施审计草案”组成的准则体系，成为环境审计人员实施环境审计的基本前提和有力保障。

荷兰政府的国家环境政策规划中环境领域大部分的一般性标准，被环境审计人员作为依据评价审计对象。加拿大环境审计标准体系包含环境管理体系审计标准和环境合规性审计标准。除环境管理法律法规以及国际环境审计准则作为审计标准外，加拿大还拥有比较完善的指导环境审计流程的标准，如加拿大标准协会制定的《合规性审计标准》[68]。这些标准涉及 EMS 审计、合规性审计、尽职调查审计、质量审核、能源审计、废物审计、温室气体核查等审计类型。此外，还有内部政策和程序、机构性准则、行业标准以及行业守则和操作指引等。

此外，环境会计信息披露方面的准则也是环境审计的重要依据。例如，美国的《财务会计准则公告》（SFAS）第五号《或有事项的会计处理》等涉及环境事项的会计处理指南；加拿大特许会计师协会公布的《受环境问题影响的财务报表的审计》对于环境事项的组成及对企业的财务影响有较明确的规定。

4.4.6 环境审计结果的运用

在美国、加拿大、德国、法国、荷兰、英国等发达国家，政府环境审计报告同其他财政财务收支报告一样，按照法律的规定提交国会（议会），并通过相关网站等各种形式向社会公开审计结果报告。同时，荷兰、美国等国家的环境审计还非常注重环境问责。

例如，美国审计署每年向国会提交审计报告，提出改进环境管理、完善环保法案、合理开发利用资源、改善环境等建议，还在报纸杂志和互联网上公布环境审计结果，美国公众可以查阅环境审计报告和参加环境审计项目听证会。荷兰审计法院就环境审计中发现的问题，向议会提供有用的信息，审计结果以审计报告的形式向外界公开，议会对环境审计报告的讨论也是公开进行。在澳大利亚，其审计报告通过改善问责制和向议会提供澳大利亚政府计划的独立评估，进而为有关环境保护、生态可持续发展方面做出间接贡献。澳大利亚的审计信息公开制度比较完备，环境审计报告同其他财务收支报告一样，由澳大利亚国家审计署按照《公共服务法》《信息自由法》等的相关要求，编制统一格式的年度报告，并于每年 10 月末之前由议会审议，同时向社会公布。

4.4.7 环境审计配套制度与政策保障

4.4.7.1 污染损害赔偿与奖惩制度

环境审计可以得到成功实施，仅仅依靠审计机构的独立性是不够的，权威的环境执法也必不可少。国外审计机构和环境保护机构对被审单位奖惩的权力不仅有法律作为保障，而且对应的奖惩制度也非常完备。对违反规定的惩罚力度非常大，情节严重者可能由于一次违规的罚款直接破产。而对于环境管理工作成绩优异的机构，在企业形象、公司信誉度等多方面给予积极宣传帮助。明晰的奖惩制度是开展环境审计的有力保证。例如，日本的《大气污染防治法》中有损害赔偿专章的明文规定：工厂或企业由于企业活动而排放的有害于人体健康的物质，造成生命或健康的损害，该工厂或企业应对损害负赔偿责任。受害者的医疗费、休养费、家属赡养费都由污染者负担。日本的《水质污染防治法》中也有类似规定。

4.4.7.2 对政府环境审计明确的法律授权

WGEA 的第七次调查结果显示，19%的最高审计机关在本国的法律中对环境审计有明确或专门的法律授权。有 88%、91%、94%的最高审计机关分别在财务审计、合规性审计、绩效审计中对涉及环境审计的事项或问题有明确的法律授权审计。例如，加拿大 1995 年 12 月通过的新《审计长法》使环境审计成为审计署的一项法律职责，同时为环境审计的开展提供了明确法律依据。

4.4.7.3 环境税收制度

1972 年美国率先开征二氧化硫税，德国从 1981 年起开征水污染税，1988 年荷兰对汽油、柴油、重油、液化气、煤等主要燃料征收燃料税。1990 年芬兰在全球率先开征碳税，随后，20 世纪 90 年代，环境税在西方国家兴起。丹麦、挪威、瑞典、意大利、瑞士、荷兰、德国、法国、英国、日本等国家相继开征了类似税种（能源税、大气污染税、固体废物税、噪声税、垃圾税等），世界银行、联合国环境规划署、联合国开发计划署、经济合作与发展组织、欧盟等国际机构也积极推动征收环境税。目前环境税已成为环境管制的重要手段。各国环境税税收收入成为政府实施环境保护政策的主要资金来源，而政府审计一般都会对政府用于环境治理的各种资金进行审计。

4.4.7.4 环境影响报告和环境影响评价制度

1964 年，加拿大召开的一次国际环境质量评价学术会议提出环境影响评价的概念。1969 年，美国《国家环境政策法》将环境影响评价作为一项正式的法律制度确立。《国家环境政策法》要求对人类环境质量有重大影响的每一项立法建议或其他重要联邦行动的建议报告，都编制环境影响报告书，包括任何由联邦机构提供金融、财政补助或管理的活动。美国环境影响评价制度还要求重大的工程计划或活动，事先要听取公众和专家的意见，再由主管当局批准。美国的环评制度不仅适用于建设项目，还适用于政策、计划或法律提案，以及改变自然环境的开发活动。美国的环境影响评价制度确立以后，很快得到其他国家的重视，并在其他许多国家得到了应用。例如，主要的欧盟国家、澳大利亚、加拿大、英国、日本、俄罗斯和韩国，都制定了关于环境影响评价的法律。目前世界上已有 100 多个国家建立了环境影响评价制度。例如，欧盟的政策法令规定执行环境影响评价仅限于工程建设和其他影响周围自然环境和风景的活动，多为工程项目类型。捷克共和国规定：须联邦政府部门批准的能源、运输、农业、废物处理、矿业、旅游、娱乐、区域规划、水资源开发等方面的政策和计划，都应进行环境影响评价；斯洛伐克的环评也适用于具有法律约束力的区域规划文件。加拿大的环评与审查制度要求，联邦政府的新开发项目或计划在规划阶段就应该考虑环境影响。世界银行要求贷款人、欧洲复兴开发银行规定项目建议人和赞助人有责任编制环境影响评价文件。

4.4.7.5 环境教育与宣传制度

国外环境教育与宣传制度主要通过以下两方面来建立：

（1）完善的环境教育保障制度。包括：①完善的环境教育法律法规的规定。例如，1990 年美国颁布实施了《美国国家环境教育法》，全面规范了美国公众环境教育的机构队伍建设、经费投入与奖励，对提高美国公民环境道德水准、促进经济社会协调发展发挥了重要作用。②形式多样的社会实践活动以及社区环境教育。尤其是很多国家开展的“户外教育”、“自然学习”等环境教育，让学生建立了人与自然和谐共处的意识和情感。③从娃娃抓起的学校环境教育。在欧洲、美国等国家，从小学甚至幼儿园，就开展简单的自然常识教育，告诉孩子们保护环境的意义。

（2）各种环境宣传活动。在环境宣传方面，国外许多民间环保组织机构，如美国环保协会、加拿大的环境审计师协会，会自发定期组织各种大小型的环保宣传活动。

4.4.7.6　公众参与和外聘专家制度

在国外的政府环境审计中，都把公众参与和外聘专家作为环境审计必不可少的一个环节并予以常态化、制度化，许多国家的审计有明确的公众参与机制。例如，在加拿大，《环境保护法》《环境影响评价法》等法律中对公众参与都有明确规定。

5　我国环境审计制度总体框架研究

5.1　环境审计制度总体框架设计

从环境保护的角度而言，一般将环境责任划分为两类责任：一类是从产污和治污主体的角度而言，是污染防治责任；另一类是从政府监管的角度而言，是政府的环境监管责任。我国当前环境治理体系的核心就是围绕上述两个责任落实展开。但现状是：既存在产污治污主体责任不落实的问题，也存在政府以管代治、干预市场和相关监管责任不到位的问题。其中，政府监管责任落实不到位、各级政府和国有企业环境保护责任落实缺乏有效的监督手段，是造成当前环境污染和生态破坏问题的重要因素。

环境审计是国之重器，也是最具威慑力的环境管理制度[100]。围绕上述两个责任界定，将环境审计的总体框架搭建为四层结构：

责任主体层：主要指政府部门环境监管责任和企业等主体污染防治责任。

审计类型层：对应两个责任将环境审计划分为政府环境审计和企业环境审计两种类型。

审计内容层：进一步细化政府环境审计和企业环境审计内容，从具体的审计内容上看，无论是政府环境审计还是企业环境审计，其内容均包括合规性审计和绩效审计两项内容。其中，合规性审计解决的是守法问题，绩效审计解决的是绩效问题。任何一项审计在具体操作上均应包括上述两项内容。事实上，对绩效审计过程中发现的问题，均可以追溯到合规性上来。

基础支撑层：主要是对开展政府环境审计和企业环境审计所需基础支撑的界定。其中政府环境审计的基础支撑包括政府监管责任清单和环境资产负债表。

前者主要是清晰界定不同层级政府和不同政府部门的环境监管责任，为后续的审计实施提供基本依据；后者是支撑政府环境监管责任绩效审计的基础。对企业环境审计而言，合规性审计主要依赖于企业污染防治责任清单的界定，需要强调的是，企业类型不同，其污染防治责任清单存在差异。就绩效审计而言，企业环境绩效审计需要企业环境会计账户的支撑。对环境审计整体框架的描述如图 5-1 所示。

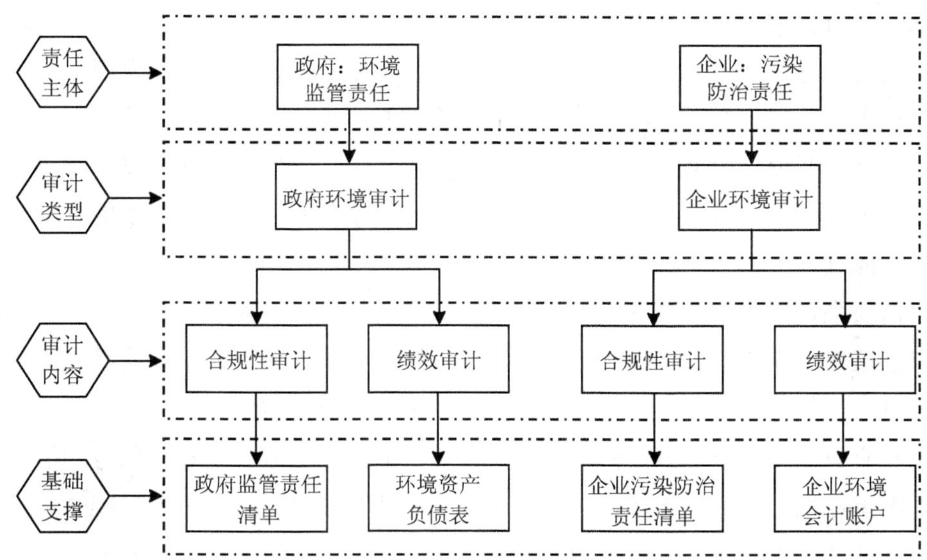

图 5-1 环境审计的整体框架

本书重点关注政府环境审计。结合 2.2 对我国政府环境审计目前面临问题的描述，我国今后政府环境审计制度建设重点要解决 4 个方面的问题：

（1）政府环境审计的实施主体，即“谁来审”的问题。

（2）政府环境审计的审计对象与内容，即“审什么”的问题。

（3）政府环境审计的方法与程序，即“如何审”的问题。

（4）政府环境审计结果的应用，即“如何用”的问题。

5.2 政府环境审计的主体——谁来审

环境审计的主体，即由谁来实施环境审计，通常指接受审计授权人（或委托人）的授权（委托）而实施审计的主体。在实际工作中，审计主体是专职机构和专业人员。专职机构是以审计为专门工作的单位，包括国家审计机关、内部审计机构、社会审计组织。综合国际经验来看，政府环境审计一般由国家审计机关和内部审计机构来进行，其中国家审计机关主要是从政府监督的角度出发，对环境保护情况实施审计，其根本目的是保证政府依法施政，推动可持续发展。内部审计机构主要负责一个机构或组织内部的风险控制，无论是政府部门还是企业，均可以根据需要设立内部审计组织。社会审计组织主要是实施企业环境审计，其既可以作为企业环境责任履责的鉴证，也可以作为未设立内部审计组织的企业的内部风险控制。

需要强调的一点是，国际上国家审计组织是独立于政府部门的，其设立的出发点是三权分立、监督政府。依据《中华人民共和国审计法》，审计署是我国最高审计机关，代表国务院行使审计监督权力。为配合审计署工作开展，除了在全国各级政府建立了相应的审计机关外，在国家层面，国务院各组成部门也相继成立了内部审计机构，如生态环境部专门成立了审计与项目监督办公室，配合审计署开展环境审计工作。对比国际的做法，从国家的层面看，审计署及其所属各级审计机关，也仅仅是政府部门内部审计机构。

从实施政府环境审计的目的及审计本身的特性出发，未来我国的政府环境审计主体应具备如下两个特征：

（1）高度的独立性。从国家治理的角度看，需要独立于政府部门，由各级人民代表大会负责组织成立政府审计机关。此种情形下，审计机关的主要职责是对政府部门实施监督。最高审计机关类似于美国的政府责任署，负责对国家财政预算、各类政策执行效果进行监督评价并向国会报告。独立性是保证审计评价客观公正的基本前提。

（2）高度的权威性。对审计机构而言，其权威性来自 3 个方面：一是来自其获得授权的级别，级别越高，权威性越强；二是来自机构本身的专业性，即机构本身在履职方面具有专业知识、技能和队伍，其工作模式和评价过程具有科学性和规范性；三是来自审计机构的威慑力，机构有权做出影响被审计对象切身利益的决定并产生实效，能够对被审计对象产生强大的威慑力。

从独立性和权威性出发，对未来我国政府环境审计主体提出 3 种方案（表 5-1），其中：

表 5-1 对未来我国政府环境审计主体的建议

审计主体方案		优点	缺点
方案一	在全国人民代表大会下设最高审计机关垂直统一管理	具有高度独立性和权威性	缺乏专业机构和人员、在当前体制下可行性较弱
方案二	在国务院下设审计署垂直统一管理	具有一定独立性和权威性	缺乏专业机构和人员，影响审计权威性
方案三	在国务院下设审计署垂直统一管理-各部委派出审计机构负责自然资源与环境保护审计	具有一定独立性和权威性	解决了机构和人员不足的困境，但独立性不足

方案一是与国际接轨，在全国人大下设最高审计机关，最高审计机关下设区域审计中心，统一负责对全国各级政府的履责监督。此方案可以概括为高度集中型审计体制。优点是独立性最强，但在我国目前的政府治理体制机制背景下，其权威性不足，可操作性尚不具备，必要的机构、人员队伍等均缺乏。

方案二是保持现状，强化审计机构自然资源和环境审计职能，在全国设立自然资源与环境审计机构，组织建立专业的审计队伍，负责各级政府履责监督。优点是具备一定的独立性，但无法对同级政府强势部门实施有效监督，其独立性和权威性受到掣肘。同时，由于职能庞杂，审计机构和队伍体系较大，在全国精简政府职能背景下，通过大规模扩充人员队伍来强化自然资源与环境审计职能存在较大困难，同时也面临审计队伍和人才缺乏问题。

方案三是保持现状，在强化审计机构统一负责全国审计事务基础上，向负责自然资源与环境管理的部门派出审计人员，成立部门审计中心，该审计中心直接向全国最高审计机关和部门部长负责。此种方案的缺点是丧失一部分独立性，但权威性较强，而且由各类资源和生态环境保护部门负责审计，解决了人员队伍不足这一困境。

综合来看，三种方案各有优缺点，从实施的角度看，方案三具有较强的可行性，既能避免单独由环保部门负责环境审计工作容易受到各级政府干预的弊端，同时由环保部门负责环境审计技术实施，也解决了目前审计机构环境审计队伍缺乏的困境，从制度转换的角度来看，由审计机构和环保部门联合开展政府环境审计具有较低的制度转换成本，可实施性和可操作性较强。但从长远来看，随着市场经济发展和政府治理体制改革的深入，将审计工作纳入各级人大职责，并以此作为监督各级政府履责成效的主要抓手，既能进一步强化和落实各级人大的监督职能，提升政府履责成效，同时也能妥善应对和防范重大风险，提升社会公众对政府的信任和支持。因此，建议通过体制机制改革，以政府环境审计实施为突破口，建立由各级人大组织实施政府履责审计的工作制度和机制，建立健全各级人大政府监督职能。

由于我国现行立法对社会机构参与环境审计缺乏明确定位，社会审计机构目前尚未独立参加或完成相关环境审计工作。但从国际趋势来看，社会机构参与环境审计已经成为一种趋势。尤其是在企业环境责任的履行方面，由于数量众多、行业企业类型多样，单靠有限的政府审计机构难以完成社会监督任务，在当前简政放权、深入推进政府管理体制改革的大背景下，培育和壮大社会审计机构，并通过立法和相关法规为其参与环境审计提供切实保障已经成为迫切需求。

除了审计机构外，与审计主体紧密相关的一个概念是审计人员，因为任何一项审计工作都是由具体的人员负责实施的。环境审计作为一种专业审计，强调其审计人员的专业性具有特别重要的意义。环境审计不仅仅需要审计人员具备财务和会计学方面的知识和经验，更重要的是要具备与环境学相关的知识；而与环境相关的概念不仅涉及空气、水、土壤、生态等不同介质，也涉及与上述介质相关的工程、物理、化学和经济学等相关知识。审计人员需要掌握不同介质以及不同污染物在上述介质中的转化迁移规律，以便在审计鉴证过程中能够把握信息和线索链条。因此，不能简单地在现有的审计机构内部增加一个处，或成立一个单独的机构，而是应建立一套培育和选拔环境审计专业技术人员的制度和机制，通过审计人员的职业化和社会化，为各类审计工作开展提供稳定保障。

5.3 政府环境审计的内容——审什么

5.3.1 政府环境审计的对象

关于环境审计的对象，其核心是受托环境责任，更具体地讲为受托环境责任的主体。新修订的《环境保护法》第 6 条对环境责任主体进行了界定，在规定一切单位和个人都有保护环境的义务基础上，明确了三类环境责任主体，包括：

（1）地方各级人民政府应当对本行政区域的环境质量负责。

（2）企业事业单位和其他生产经营者应当防止、减少环境污染和生态破坏，对所造成的损害依法承担责任。

（3）公民应当增强环境保护意识，采取低碳、节俭的生活方式，自觉履行环境保护义务。

依据新《环境保护法》的规定，政府环境审计的对象主要是地方各级人民政府，更为具体地讲，是地方各级政府的环境质量责任。对政府环境质量责任的审计必然会延及企业事业单位和其他生产经营者，因此，新《环境保护法》规定的第二类主体一般可以认为是政府落实环境责任的溯源性审计对象。

需要强调的是，由于不同的立法、标准、规划计划等对政府环境责任的界定不同，政府环境审计的对象也会有较大差异，比如《节能减排综合性工作方案》明确指出："地方各级人民政府对本行政区域节能减排负总责，政府主要领导是第一责任人。"因此，依据具体审计项目的差异，开展减排审计的主要对象也是各级地方政府，但主要内容则围绕减排指标的落实情况进行。

5.3.2 政府环境审计的内容

前已述及，政府环境审计的主体是各级政府，在具体的履责界定上，新《环境保护法》规定各级人民政府应对本辖区环境质量负责，因此，环境质量责任是政府环境审计的主要内容。从环境保护的角度来考虑，环境质量主要依赖于人类活动对各种构成自然环境的要素的影响程度，一般用自然资源或资产存量、污染物浓度、物种多样性等指标进行评价。

因此，从要素的角度来考虑，政府环境审计可以概况为水环境审计、大气环境审计、固体废物环境审计、土壤环境审计等。而从审计的具体内容来看，又可以分为合规性审计、财务审计和绩效审计三大类。

其中合规性审计的重点是看被审计对象是否贯彻执行了上级有关环境保护的要求，包括规划计划目标、环境政策、国家规定的相关环境标准等，更重要的是要审计政府内部不同部门之间在落实环境要求方面各项措施是否保持一致。政府环境审计中有关财务审计的内容与一般审计并没有较明显差异。

绩效审计的主要内容是政府环境履责情况，判断的首要标准是被审计对象履责期间，环境质量是否得到切实改善。从这个角度讲，可以将绩效审计进一步细分为 4 个层次的内容。其中，第一层次的内容是在合规性审计基础上，进一步审计被审计对象的活动结果（措施）是否达到了预期的目标，这些目标可能来自上级政府年度任务的分解，或者相关规划和标准等。第二层次的内容是审计环境质量是否改善。针对既定的审计计划，判断被审计对象履责期间环境质量是否得到切实改善。可以通过对特定质量指标的对比分析甚至公众调查结果来判断。第三个层次的内容是对环境措施的费用—效益比或费用效果的审计，主要对各项措施的成本和效益进行分析，从中筛选出具有高费用—效益比的措施，以便推广。第四个层次的审计内容是对措施和效果稳定性的审计，主要看所采取的相关措施是否具有稳定的效果，还需要进行哪些改善，所取得的效果能否长期保持下去。

此外，在政府环境审计中，应特别强调对环境管理系统的审计。主要依据中长期环境发展战略及环境管理目标和任务需求、年度环境管理工作计划等对环境管理机构设置的合理性、管理任务和职责划分的合理性、环境管理能力和管理效率进行评价，发现各级环境保护机构在环境管理系统方面存在的主要问题和薄弱环节。这类审计的主要目的是改善环境管理，提升环境履责的效率和效果，一般可以作为政府环境履责审计的一个组成部分。

5.4　政府环境审计方法——如何审

5.4.1　政府环境审计的依据

环境审计依据是环境审计主体实施环境审计的法律根据和执行环境审计过程中应当遵循的法规、制度等行为规范，它包括三个范畴：

一是审计根据，即审计行为活动存在与发生的法律、法规基础。无论何种审计都必须以严格、规范的法律和法规为根据。我国审计根据的法律规范是以《宪法》为核心的。《宪法》中明确指出，我国实行审计监督制度，并对审计机构设置、审计权限范围等事项做出了原则性的规定。以此为根本依据，《审计法》《企业法》《公司法》《注册会计师法》《审计署关于内部审计工作的规定》等，又对审计根据做出了更加明确的规定。我国《宪法》《审计法》规定：国家设立审计机关（审计署），对国务院各部门和地方各级政府的财政收支，对国家的财政金融机构和企业事业组织的财务收支进行审计监督。这就将国家环境保护资金的形成与使用、国家生态环境保护部门的财务收支均纳入了政府审计的范围。

二是审计行为规范，是对审计主体在实施审计活动和进行审计管理活动中应当遵循的原则、准则、程序、方法、道德等方面的规定，是保证审计工作独立、客观、公正地获取社会信任的重要手段。这些规范以《审计法》《注册会计师法》《审计署关于内部审计工作的规定》等为基础，以审计原则、审计准则（基本准则、具体准则和实务公告、审计规则指南）及相关审计内部管理法规为具体体现，是上一级评价下一级审计质量或审计机构自评审计工作质量，分析可能承担的审计风险，以及社会管理机构及公众评价审计机构优劣的准绳和尺度。从这一点来说，审计行为规范也是一种评价标准，它首先是审计机构执行审计业务的行为根据。

三是用于衡量、判断被审计单位和被审计事项的评价标准。被审计单位在各项经济活动中应当遵循的法律、法规、制度和相关标准与审计（工作）行为规范不同。审计（工作）行为规范是针对审计工作而制定的，是对审计活动和审计人员行为的规范，而被审计事项评价标准是被审计单位各项活动应达到的要求和指标，是针对有关经济活动制定的，是从事该类经济活动的单位或组织必须遵照执行的相关法律、法规。政府环境审计的评价标准包括环境保护法律法规、环境标准、环境规划和计划、环境政策等不同层面的规范性文件。

以上三种规范在审计工作中都具有重要地位，缺一不可。审计根据、审计行为规范，是审计机构实施审计行为的根据和技术规范，是审计主体在审计活动中确定审计对象、审计范围、审计方法和程序以及具体实施审计行为的制度根据，所以，从这个意义上说，都属于审计依据；而审计机构和审计人员衡量、评价被审计单位或被审计事项的参照法规和指标，则是进行审计衡量、分析、评价的标准。

综合来看，政府环境审计工作开展的依据不足，《审计法》仅对国家审计机关对政府环保财政资金的审计进行规范，而对于政府履责审计尤其是环境绩效审计尚无明确规定，是目前环境绩效审计工作开展总体滞后的重要原因。

5.4.2 政府环境审计的原则

政府环境审计应遵循如下原则：

（1）合法合规性原则。应按照法律法规规定的程序和要求开展政府环境审计工作。

（2）客观公正性原则。应依据客观和公认的审计标准开展政府环境审计工作，审计报告的内容和格式应满足特定要求，审计实施中应尽可能邀请第三方参与并将审计结果公告于众，接受社会监督。

（3）充分性、相关性和可靠性原则。即在审计实施过程中，证据数量足以证实审计事项，作出审计结论和建议；证据和审计目标相关联，所反映的内容能够支持审计结论和建议；同时，应当明确审计证据，通过专家调查或现场调查、监测和认证等手段，对所取得的证据进行校核以确保证据能够反映客观事实。

5.4.3 政府环境审计的程序

5.4.3.1 编制审计计划

审计计划一般包括年度审计计划、项目审计计划和审计方案三个层次。年度审计计划是对年度的审计任务所做的事先规划，是组织年度工作计划的重要组成部分；项目审计计划是对具体审计项目实施的全过程所做的综合安排；审计方案是对具体审计项目的审计程序及其时间等所作出的详细安排。负责政府环境审计的机关应当根据法律、法规和国家其他有关规定，按照本级人民政府和上级审计机关的要求，确定年度审计工作重点，编制年度审计项目计划和审计方案。

其中，年度审计计划应在下年度开始前编制完成，并报组织适当管理层批准，以指导内部审计机构下年度的工作；项目审计计划和审计方案应在审计实施前编制完成，批准后的审计计划是各级政府环境审计机构组织实施政府环境审计工作的基本依据，在计划执行过程中，若有必要，应按规定的程序对计划进行修改和补充。政府环境审计机构负责人应定期检查审计计划的执行情况。

一般而言，审计计划应包含下述内容：

（1）审计机构年度工作目标；

（2）需要执行的审计项目及先后顺序；

（3）各审计项目的任务分工及组织实施方式；

（4）后续审计的必要安排。

5.4.3.2 组织队伍和工作方案

审计机关应当根据年度审计计划，组成审计组，调查了解被审计单位的有关情况，编制审计方案，并在实施审计前，向被审计单位送达审计通知书。

5.4.3.3 下达审计通知书

审计通知书是指内部审计机构在实施审计前，通知被审计单位或个人接受审计的书面文件。一般而言，实施环境审计前，应向被审计单位送达审计通知书，必要时可抄送组织内部相关部门。涉及组织内个人责任的审计项目，还应抄送被审计者本人。审计通知书一般包括下述内容：

（1）被审计单位及审计项目名称；

（2）审计目的及审计范围；

（3）审计时间；

（4）被审计单位应提供的具体资料和其他必要的协助；

（5）审计人员名单。

5.4.3.4 审计取证

政府环境审计人员应当依据审计通知书和审计计划确定的审计目标获取不同类型的审计证据。这些证据包括书面证据、实物证据、视听电子证据和口头证据等。

在具体实施过程中，可以采取室内调查和室外调查相结合的方式，其中室内调查主要通过对文字材料的阅研获取相关证据。室外调查主要通过现场录音录像、在线监测和现场监测、询问笔录等获取相关证据。

5.4.3.5 编制审计底稿

审计工作底稿是指审计人员在审计过程中形成的工作记录，是联系审计证据和审计结论的桥梁。审计人员应将获取的审计证据的名称、来源、内容、时间等清晰、完整地记录在工作底稿中。必要的情况下，审计人员可聘请其他专业机构或人士对审计项目的某些特殊问题进行鉴定，以鉴定结论作为审计证据。由于环境审计涉及不同的学科专业，依具体审计目的和内容的不同，均需要聘请相关专家配合审计取证过程。

（1）审计工作底稿应内容完整、记录清晰、结论明确，客观反映项目审计计划与审计方案的制定及实施情况，并包括与形成审计结论和建议有关的所有重要事项。

（2）审计工作底稿的形式可以是纸质、磁带、磁盘、胶片或其他有效的信息载体。无纸化的工作底稿应制作备份。

（3）审计工作底稿主要包括以下记录：

①内部审计通知书、项目审计计划、审计方案及其调整的记录；

②审计程序执行过程和结果的记录；

③获取的各种类型审计证据的记录；

④其他与审计事项有关的记录。

内部审计机构应当建立审计工作底稿的分级复核制度，明确规定各级复核的要求和责任。审计机构负责人对审计工作底稿的复核负完全责任。审计工作底稿应载明下列事项：

①被审计单位的名称；

②审计事项及其期间或截止日期；

③审计程序的执行过程和执行结果记录；

④审计结论；

⑤执行人员姓名和执行日期；

⑥复核人员姓名、复核日期和复核意见；

⑦索引号及页次；

⑧审计标识与其他符号及其说明等。

5.4.3.6 编制审计报告和审计结论

审计报告是指环境审计人员根据审计计划对被审计单位实施必要的审计程序后，就地方人民政府环境质量责任落实情况的合法合规性和效果效率性出具的书面文件。审计报告应当客观、完整、清晰、及时、具有建设性，并体现重要性原则。

（1）审计报告的编制应实事求是、不偏不倚地反映审计事项。

（2）审计报告应按照规定的格式及内容编制，做到要素齐全、格式规范，不遗漏审计中发现的重大事项。

（3）审计报告应突出重点、简明扼要、易于理解。

（4）审计报告应及时编制，以便适时采取有效纠正措施。

（5）审计报告应针对被审计单位经营活动和内部控制的缺陷提出可行的改进建议，促进组织目标的实现。

（6）审计报告形成的审计结论与建议应当充分考虑审计项目的重要性和风险水平。

（7）审计报告应当包括以下基本要素：标题、收件人、正文、附件、签章、报告日期。审计报告的正文应包括以下主要内容：

①审计概况：说明审计立项依据、审计目的和范围、审计重点和审计标准等内容；

②审计依据：应声明内部审计是按照内部审计准则的规定实施的，若存在未遵循该准则的情形，应对其做出解释和说明；

③审计结论：根据已查明的事实，对被审计单位经营活动和内部控制所作的评价；

④审计决定：针对审计发现的主要问题提出的处理、处罚意见；

⑤审计建议：针对审计发现的主要问题提出的改善经营活动和内部控制的建议。

审计报告的附件应包括对审计过程与审计发现问题的具体说明、被审计单位的反馈意见等内容。

审计机关按照审计署规定的程序对审计组的审计报告进行审议，并对被审计对象对审计组的审计报告提出的意见一并研究后，提出审计机关的审计报告；对违反国家规定的财政收支、财务收支行为，依法应当给予处理、处罚的，在法定职权范围内作出审计决定或者向有关主管机关提出处理、处罚的意见。审计机关应当将审计机关的审计报告和审计决定送达被审计单位和有关主管机关、单位。

5.4.3.7 审计后督察阶段

审计机关应当自审计决定生效后一定时间内，检查审计决定的执行情况。被审计单位未按规定期限和要求执行审计决定的，审计机关应当责令执行；仍不执行的，申请人民法院强制执行。

5.4.4 政府环境审计方法

环境审计方法是建立政府环境审计制度的基本前提，是指导政府环境审计实践的重要依据。进入“十二五”以来，我国对生态环境问题的重视程度逐渐上升，“事前防范、事中跟踪审计、事后补救”的环境管理体系已见雏形。政府环境审计工作既是时代发展的需要，也是环境治理和管理转型的需要。政府环境审计工作需要方法指导和技术指南。文献调研结果显示，现有政府环境审计方法各有适用范围和使用限制，存在一定程度的片面性和局限性。不同地区的政府部门环境管理情况、绩效情况缺乏统一的评价标准和评价方法，审计结论缺乏全面性和可比性，导致政府环境审计工作经验难以推广。

环境审计方法是提高政府环境审计效率和质量的必由之路。美国、荷兰、日本等多个国家已建立起完备的政府环境审计理论体系，许多国际、区域性组织及相关国家和地区都发布了环境审计技术指南[101]。而我国环境审计还停留在财务审计和合规性审计层面，重点关注国内环境法规及政策的执行情况和环境保护专项资金的使用情况，对于环境绩效的审计涉及不多[102]。现阶段政府环境审计理论体系研究还不太成熟，对政府环境审计的概念、意义、现状和对策研究居多，深入性的方法学研究较少；泛泛而谈式的讨论居多，针对性研究较少；总结前人研究成果较多，提出创新观点较少。为了提高环境审计的效率和质量，必须建立一套科学、规范的理论体系。

5.4.4.1　一般审计方法

一般审计方法包括审计基本方法和审计技术方法[103-105]。审计基本方法是指审计调查、分析、调整和报告的方法。审计检查方法又分为资料检查法和实物检查法。审计调查方法分为资料调查法和实物调查法两类。资料调查法也称查询法，包括面询、函询等多种信息获取方法，使用顺查、逆查、详查、抽查、审阅、核对和复算等多种方法对资料进行检查；实物调查法也称观察法，通过盘点、鉴定等方法观察实物是否存在、是否符合资料记录来获得所需的调查信息。审计分析方法包括比较分析、比率分析、平衡分析、因素分析、账户分析和账龄分析等具体方法。审计调整方法是指对审计过程中发现的重要或重大审计差异进行调整的方法。审计报告方法包括对审计事项的具体报告的格式、组织形式和事项。审计技术方法是指开展审计工作过程中使用的技术方法，具体来说，常用的审计技术方法有面谈法、实验法、文件检查法、抽样和案例研究法、研讨会或听证会、核心小组或参考小组、直接观察法、二手分析和文献检索法、调查法和德尔菲法等（表 5-2）。

表 5-2　审计常用方法

编号	名称	具体描述
1	面谈法	通过当面询问回答的方式获取具体信息和数据。面谈的形式可以多种多样，根据不同审计目的和审计过程而变化
2	实验法	将目标随机分成实验组和控制组两大类，对实验组进行测试，对比两者结果从而得出审计结论。可以排除给后果评价造成困难的外部影响

编号	名称	具体描述
3	文件检查法	通过检查各种证据、决策文件、执行人记录以及受益人记录等文件材料进行审计的方法
4	抽样和案例研究法	当数据或信息量庞大到一定程度时，采取抽样研究的手段，将统计数据结合案例研究进行核对，得出审计结论
5	研讨会或听证会	举行研讨会广泛收集相关专业知识和意见，透过现象挖掘问题本质。以听证会形式，接受公众对收集的信息和数据的监督
6	核心小组或参考小组	组织审计机构内部或外部人员，通常是该审计领域内的专家就具体问题展开讨论、交换意见，使得审计小组能够获得对实现审计目标具有重要意义的技术知识
7	直接观察法	获取被审计领域的运作方式和相关信息，核对信息之间是否具有对照关系
8	二手分析和文献检索法	充分利用被审计对象、审计机构或其他机构过去开展的审计和评价工作的各种文件，检索与项目或主题相关的研究报告、书籍、论文和统计数据等相关资料，扩大审计人员对具体项目的了解程度，进行综合分析，得出审计结论
9	调查法	对总体中的抽样样本进行面谈或者问卷调查，从调查对象处获取详细、具体的信息，适用于其他方法无法获得的、对于证明一个观点可以起到重要参考作用的事实。邮件、网络和电话调查是常用的集中调查方法
10	德尔菲法	又称专家意见征询法，是采用匿名的方式，反复向专家征询意见、统计结果的方法

5.4.4.2 环境审计方法

环境审计具有一定的特殊性，传统的审计方法无法满足环境审计的全部需求。国内外环境审计专家学者先后对环境审计方法进行了相关研究[104-110]。国外主流的环境审计方法包括数据收集法、因素分析法、抽样审计法、绘制结构关系图法、目标导向法、系统控制法、实地调研法、市场预测法、过程系统分析评价法和经济效益分析评价法等方法。国内的专家学者们在此基础上，也提出了不确定性和风险因素分析法、环境决策分析法、环境费用-效益分析法、分析性复核法、趋势分析法、模糊综合评价法、生命周期分析法、净值分析法、数据包络分析法和层次分析法等，部分描述见表 5-3。

表 5-3 环境审计特殊方法

编号	名称	具体描述
1	目标导向法	根据被审计事项事先进行分析，拆解为多个或多层目标，依照一定的标准、采用一定的审计方法进行审计并提出审计建议的一种方法
2	费用-效益分析法	在现有的经济技术条件下，分析如何以最少的费用取得最大的效益，达到经济上最佳状态的污染水平，一般从经济效益和社会效益两方面进行分析
3	分析性复核法	审计人员通过分析和比较信息之间的关系或计算相关的比率，确定审计重点、获取审计证据和支持审计结论的一种方法
4	模糊综合评价法	基于模糊数据和层次分析法，通过设定评价因素、构造运算公式，将指标值与权重融入其中，经过模糊综合分析得出评价值的一种方法
5	层次分析法	将复杂的问题分解为多个组成因素，再按照因素之间的支配关系进行分组，形成有序的阶梯层次结构，再比较各因素的相对重要性，结合专家经验判断确定各因素重要性排序并进行决策的一种方法

5.4.4.3 二者区别与联系

一般审计方法适用于环境审计工作，环境审计方法不局限于一般审计方法。综合国内外研究成果，我们不难发现传统的调查、文件检查等方法在环境审计财务审计工作中同样适用。文献检索、研讨会等方法在环境合规性审计工作中能够起到辅助作用。而环境审计工作较多地依赖于层次分析、费用-效益评估等环境审计特殊方法。从环境审计的定义来看，环境审计包括财务审计，财务审计是环境审计三大主要内容之一。因此环境审计方法在包括一般审计方法的同时，又具有明显的独立性和特殊性，开展环境审计方法研究对于补充和完善环境审计理论体系具有重要意义。

部分环境审计方法具有特殊偏好性。目前我国环境审计方法选择和应用具有明显的局限性。传统的环境绩效审计方法体系以指标体系为依托，机械地套用环境经济学中的部分公式模型，缺乏与环境成本、环境效益相衔接的理论支撑，对环境审计实践的指导性有待提高。个别环境审计学方法在解决单个项目环境审计时具有很强的应用性，但换一种审计类型时就难以适用。

5.5 政府环境审计结果应用——如何用

政府环境审计结果应用与政府环境审计制度的权威性直接相关，只有将审计结果与被审计对象的切身利益直接关联起来，使审计结果成为考核、奖惩、提拔各级党政领导干部和评价政府施政绩效的重要依据，才能使政府环境审计制度具有真正的生命力，这也是政府环境审计制度有别于一般绩效考核制度、环保执法检查以及专项环保督查等工作的重要体现。

政府环境审计结果除了要与人事、纪检、人大等内外部监督管理部门共享，建立线索共享制度外，还要注重审计信息公开。从国际经验总结来看，无论是一般的政府审计还是政府环境审计事项，大部分国家或地区都有完善的审计结果公告制度。很多政府审计报告都可以通过政府相关网站获得。我国也应健全审计结果公告制度，根据《国家审计准则》中有关审计机关公布审计结果的信息范围、质量要求和审核批准程序等规定，制定审计公告的具体操作办法，确保社会公众及时了解、监督政府部门履职和环境保护与治理情况，提高国家环境治理信息透明度。在审计终结后，通过各种方式向社会公开这些环境审计事项的最终审计结果，可以帮助社会公众了解参与监督的生态环境治理的真实情况，作出正确的相关决策，最终形成监督合力。尤其是对关系国计民生的特殊资源开发与环境保护事项，审计机关如果将环境审计结果向社会公布，就会帮助社会公众及时了解这些审计事项的真实进展情况，从而提高他们参与环境保护与监督的及时性。

5.5.1 领导干部环境责任离任审计制度：概念和特征

《中共中央 国务院关于加快推进生态文明建设的意见》首次提出对领导干部实行自然资源资产和环境责任离任审计，从中央层面明确了对领导干部实行环境责任离任审计的要求。这是我国建立领导干部环境责任离任审计制度的基本依据。

一般的离任审计，或称任期终结审计，是指对法定代表人整个任职期间所承担的经济责任履行情况进行的审查、鉴证和总体评价活动。所谓领导干部环境责任离任审计即对领导干部任职期间所承担的环境责任履行情况进行的鉴证和评价活动。针对领导干部这一特殊群体，我国目前主要是开展离任经济责任审计，专门针对领导干部开展的环境审计尚未开展，部分地区在经济责任审计中增加了有关资源环境的指标。从环境保护这一根本目的出发，领导干部环境责任离任审计有两条实施路径：一是在现行的离任经济责任审计中增加环境审计的内容，使其成为考核评价领导干部任职绩效的重要甚至主要评价指标；二是针对领导干部这一特殊群体，实施环境责任专项审计。

相对于一般的环境审计而言，领导干部环境责任离任审计具有如下特征：

一是领导干部环境责任离任审计的对象具有特殊性。从国际社会环境审计案例看，几乎没有专门针对官员尤其是处于领导地位的官员开展环境审计的情况。在中国，由于领导干部具有特殊性，掌握了大量的经济社会资源决策分配权，对其任职区域的经济社会发展和环境保护工作具有至关重要的影响，因此，才把领导干部这一特殊群体纳入环境审计的范畴。

二是从字面意思来看，领导干部环境责任离任审计主要是对“离任”这一特殊阶段领导干部环境责任的审计，不包含对领导干部任中环境履责评价。

三是从领导干部环境责任离任审计的内容来看，一般环境审计强调对环境履责的全面和全过程的审计，而对领导干部环境责任离任审计主要取决于被审计对象的职责界定，这是领导干部环境责任离任审计区别于政府环境审计的一个重要特征。

四是领导干部环境责任离任审计结果的评价和应用，只能由人事管理部门或经人事管理部门授权的机构来承担，一般的机构对于领导干部环境责任离任审计无法做出评价或难以实质性地对领导干部离任环境责任履行情况做出评价。

5.5.2　领导干部环境责任离任审计制度：主体和对象

5.5.2.1　审计主体

一般环境审计的主体包括国家审计机关、内部审计机构和社会审计组织三种类型，但由于领导干部这一主体在中国具有特殊性，由社会审计组织来负责审计在实际操作中面临诸多困难，无论是资料获取还是结果认证和应用上，均存在较大的障碍。因此，领导干部环境责任离任审计的主体仍应以国家审计机关和内部审计机构为主。

5.5.2.2 审计对象

领导干部环境责任离任审计的对象主要取决于我国对领导干部这一名词的界定。一般而言，在中国，领导干部主要指党政领导干部和国有企业领导人员，其中，接受审计的对象又取决于国家相关法律法规的具体界定：

按照《党政主要领导干部和国有企业领导人员经济责任审计规定》《党政主要领导干部和国有企业领导人员经济责任审计规定实施细则》的规定，接受任期经济责任审计的党政领导干部是指地方各级党委、政府、审判机关、检察机关，中央和地方各级党政工作部门、事业单位和人民团体等单位的党委（含党组、党工委，以下统称党委）正职领导干部和行政正职领导干部，包括主持工作一年以上的副职领导干部。国有企业领导人员任期经济责任审计的对象包括国有和国有资本占控股地位或者主导地位的企业（含金融企业）的法定代表人。审计的对象范围依照干部管理权限确定。遇有干部管理权限与财政财务隶属关系、国有资产监督管理关系不一致时，由对领导干部具有干部管理权限的组织部门与同级审计机关共同确定实施审计的审计机关[111-112]。

沿用上述定义，对领导干部环境责任的审计也主要根据国家有关法律法规对领导干部环境职责的规定，地方各级人民政府对本辖区环境质量负责，我国实行环境保护领导责任制。地方党政主要领导干部是本行政区域环境保护的第一责任人。首先应该是党政主要领导，然后才是具体负责环境保护职责的部门领导、国企法定代表人和其他相关人员。

5.5.3 领导干部环境责任离任审计制度：审计内容

领导干部环境责任离任审计的内容主要取决于我国现行法律法规对领导干部环境责任的审计，综合来看，包括如下三个方面的内容：

一是合规性审计。即党政领导干部在职期间是否按有关法律法规、上级政府文件及本级政府对所处岗位职责分工履行自身的环境责任。

二是绩效性审计。即对党政领导干部在职期间，环境保护责任落实效果的审计。

三是环保资金使用的合法合规性责任。主要是对所负责分配、管理的环保资金的投入使用的合法合规性及其绩效的审计。

5.5.4　领导干部环境责任离任审计制度：审计方法

对地方党政主要领导干部承担的具体环境保护责任的内容的分析仅仅是基于有关环保法律、法规和政策所做出的框架性分析，应该依照党中央、国务院以及上级政府部门对党政领导干部所处职位的环境职责界定，以及党政领导干部任职期间其负有保护、管理和监管责任的环境资产损益变化情况进行评价。

对党政领导干部合规性评价应当依照责任清单和岗位职责进行。对党政领导干部环境责任履责绩效的评价可以编制环境资产负债表，通过环境资产负债表的损益变化评价其履责总体成效。

5.5.5　领导干部环境责任离任审计制度：审计实施与结果应用

5.5.5.1　审计依据

从法律层面上看，我国领导干部环境绩效考核的主要法规，是 2006 年中组部颁布实施的《体现科学发展观要求的地方党政领导班子和领导干部综合考核评价（试行办法）》[113]。其中，涉及环境绩效考核的只有环境保护、资源消耗与安全生产、耕地等资源保护 3 个评价要点；而且没有进一步分解成可执行的具体指标，也没有对考核权重进行规定。地方组织部门都是根据这 3 个要点自行设计当地的考核方案和权重。

2013 年年底中组部《关于改进地方党政领导班子和领导干部政绩考核工作的通知》，就改进地方党政领导班子和领导干部政绩考核工作提出了要求，突出强调完善政绩考核评价指标，将生态文明建设作为考核评价的重要内容，强化资源消耗、环境保护等约束性指标考核[114]。结合我国主体功能区战略实施，许多地方政府已经提出要围绕自然资源资产离任审计有关要求，加大对干部自然资源资产和环境保护责任的审计，但由于在对自然资源资产的界定、评价方法、审计技术和实施机制等方面存在诸多问题，目前尚未有审计实例[115]。

5.5.5.2 审计程序

政府环境审计和领导干部环境责任离任审计在程序上没有明显差异，而且，在实际操作上，二者往往会同时开展，事实上，对政府的环境履责审计就是对党政领导干部的离任审计，所不同的是，领导干部环境责任离任审计只能在干部离任这一事实即将或已经发生的前提下实施，而对政府的环境审计则可以根据审计计划和政策执行周期，进行定期或不定期的审计。

5.5.5.3 审计结果应用

对党政领导干部的任职评价，一般只能由人事管理部门或经人事管理部门授权的机构来承担，一般的机构对于领导干部环境责任离任审计无法做出评价或难以实质性地对领导干部离任环境责任履行情况做出评价。因此，应建立审计机关与纪检和人事部门联合工作机制，将审计评价意见反馈给同级和上级人事纪检部门。

第三篇

我国政府环境审计体系研究

6　通用政府环境审计技术指南

6.1　编制目的

为贯彻党的十八大、十八届三中全会、十八届四中全会精神和新《环境保护法》《国务院关于加强审计工作的意见》的规定，积极探索和推动环境审计制度建设，落实环境保护部下发的《关于开展政府环境审计试点工作的通知》（环办函〔2015〕240 号），指导全国政府环境审计试点工作开展，编制本指南。

本指南规定了政府环境审计试点工作开展的基本内容和程序，试点地区可以根据具体情况，进一步细化相关内容。

6.2　编制依据

本指南的编制依据包括：

（1）《中华人民共和国环境保护法》；

（2）环境管理体系审计指南（ISO 14000）；

（3）环境管理体系及使用指南（ISO 14001）；

（4）环境审计指南—通用原则（ISO 14010）；

（5）环境审计指南—审核程序—环境管理体系审计（ISO 14011）；

（6）最高审计机关《从环境视角进行审计活动的指南》。

6.3 审计对象

政府环境审计的对象是地方政府，包括有权制定或影响环境政策和法规的部门，以及有权监督或控制其他环境行为的部门。接受或使用国家及地方各级政府环保专项资金的企事业单位也是政府环境审计的对象。

6.4 审计范围

试点政府环境审计分为综合审计和专项审计两种类型，其中综合审计是对试点地区政府环境质量保护责任落实情况的全面审计，涵盖大气环境质量、水环境质量、土壤环境质量、生态环境质量等所有领域。专项审计主要针对特定的环境要素或项目等进行审计。具体审计范围主要考虑试点地区存在的主要环境问题以及公众反响强烈的环境问题等因素综合确定。

6.5 审计内容

政府环境审计包括绩效审计和合规性审计两项内容，其中绩效审计主要是针对试点地区环境质量改善情况的审计，合规性审计主要是针对试点地区环境保护责任履责情况的审计。资金审计是一项比较成熟的审计类型，属于政府环境履责审计中的一种特殊类型，这里借鉴国际审计组织分类将其单列。在具体的审计事项中，均应同步开展绩效审计和合规性审计。

6.5.1 绩效审计

重点审计如下内容：

（1）试点地区环境质量是否得到改善。重点审计试点所在区域综合环境质量或要素环境质量变化情况。主要通过反映环境质量的关键指标变化以及当地公众的直观感受进行判断。其中，对反映环境质量的关键指标，应根据国家环境质量标准要求，选取公开发布的监测数据或统计数据，通过对比分析进行审计鉴证。

对公众的直观感受采取满意度调查的方式进行。

（2）试点地区主要污染物排放是否降低。主要审计各类环保投入所带来的实际污染治理效果。应根据试点地区影响环境质量的主要要素和特征污染物，对各类投入措施所带来的环境影响进行综合和定量评价。应结合宏观经济发展、产业结构、生产和消费结构等综合判断试点地区主要污染物产生量，根据区域内污染治理能力及设施运行效果判断主要污染物削减状况。再结合区域环境统计数据对主要污染物排放情况进行综合判定。对特定项目，如生活垃圾填埋场、污水处理厂等污染治理项目，既要审计项目实施带来的污染物削减，也要审计其生产经营本身产生的污染物排放。对生态治理和土壤修复类项目，应结合各项目实施产生的实际效果进行判断。

6.5.2 合规性审计

重点审计如下内容：

（1）政府环境管理系统合规性、合理性和完备性审计。所谓合规性即指试点地区政府是否按照国家和上级政府部门要求建立了环境管理体系，是否建立了环境保护委员会或类似机制统一负责辖区内环境保护工作的部门协调和统一管理。所谓合理性是指试点地区环境管理系统的设计要符合成本—效益原则，没有重复、过多、繁杂的控制政策和程序。所谓完整性是指系统的设计要覆盖所有的经济活动，控制触角要涉及区域内的各个部门、各个环节和各个方面，不留控制死角。

（2）试点所在地政府及相关部门是否落实了国家和上级政府相关环境法律法规、标准、规划和政策，包括是否明确了环境质量目标责任并根据具体的环境质量目标对相关责任进行了分解，是否明确了各部门工作任务和考核要求，是否建立了实施监控机制和评估考核机制，是否制定了风险防范和应急预案等，以确保相关环境质量责任得到有效落实。

（3）负有环境保护和管理、监督职责的相关部门的履职情况。即根据政府职能定位，发展改革委、自然资源、水利等部门是否在相关规划政策制定和执行过程中充分考虑了相关行为的环境影响并采取了切实有效的措施以预防环境污染发生，是否有相关的行政记录予以证明等。

（4）政府环境监管部门是否按照相关法律法规对作用于环境的各种行为进行

了监督。包括是否建立了监测统计和监管体系，是否有足够的权限、资源和行动能力以确保实质性的监督等。

合规性审计主要通过政府制定并颁布实施的规范性文件、行政记录、会议纪要等文字或视频音频资料予以核证，必要时可采用抽样调查的方式进行确认。

6.5.3 资金审计

主要包括如下内容：

（1）资金管理的合规性审计。主要审计专项资金预算编制是否科学合理，资金拨付是否及时到位，有无二次分配预算、随意调整预算等问题；专项资金预算是否按照进度执行，有无项目进展缓慢导致财政资金大量闲置、项目申报资金过多等问题；专项资金使用是否按照国家和试点地区政府有关财政专项资金的管理规定专款专用，有无违规截留、挤占、挪用专项资金，有无扩大支出范围、乱支滥用问题。

（2）资金收支真实性审计。主要审计相关部门和单位是否存在“报大建小”、多头申报、申报资料不实甚至虚构项目骗取专项资金等问题；相关部门和单位是否存在以虚假发票、虚假业务虚列支出套取资金，或以自己经办或控制的公司转移专项资金问题；应通过公开招投标进行的项目是否按规定履行相关政府采购和招投标程序，有无虚假招投标问题。

（3）资金使用绩效审计，主要审计相关部门和单位是否按时完成项目，是否及时组织项目验收，提交项目成果是否达到项目申报书要求；专项资金投入所形成的污染治理能力及产生的减排量、所形成的环境监管能力，是否达到相关规划目标要求；相关部门和单位是否存在虚报项目成果、项目成果不真实或以其他项目成果充抵问题；相关部门和单位是否存在决策失误和管理不善等原因导致的项目建设存在重大缺陷或运行效果不理想影响资金使用效益问题。

6.6 审计实施

6.6.1 实施程序

政府环境审计试点工作由试点地区人民政府负责组织实施。由具体负责实施审计的单位编制政府环境审计工作方案，明确试点审计的具体内容和相关要求。审计实施前，应该向被审计单位发放审计通知书，审计通知书应载明审计依据、审计内容、对被审计对象的要求、实施审计的人员名单。

审计实施人员应填写审计日志，编写审计底稿。一些重要事项或事实应由被审计对象在审计底稿或审计调查表上签字确认。

审计负责人应根据审计底稿编写审计报告，审计报告应明确审计结论和审计建议。除现场已经确认的审计事实外，其他审计结论和审计建议应书面征求被审计单位的意见。被审计单位的反馈意见应作为审计报告附件。

6.6.2　第三方参与

经试点地区人民政府批准同意后，实施审计的单位可以聘请有资质的第三方机构或独立专家参与审计。对第三方机构和独立专家的聘请必须经过法定程序，确保审计实施机构和专家的独立性。

具体负责实施审计的机构和专家独立对审计事项发表意见。

6.6.3　资料证据

审计资料和相关证据获取应注意如下事项：

（1）做出任何审计结论前应收集充足的证据；

（2）应通过面谈、文件审阅和对活动与状况的观察来收集证据；

（3）应当及时记录审计发现，编制环境审计底稿；

（4）应与受审核方的有关负责人共同评议审计发现，确认证据和结论。

6.7　政府环境审计报告

所谓环境审计报告，是指政府环境审计人员根据审计计划对被审计单位实施必要的审计程序后，就试点地区政府环境质量保护责任落实情况的合规性和实施绩效出具的书面文件。环境审计报告应当客观、完整、清晰、及时、具有建设性，并体现重要性原则。

（1）环境审计报告的编制应实事求是、不偏不倚地反映审计事项；

（2）环境审计报告应按照规定的格式及内容编制，做到要素齐全、格式规范，不遗漏审计中发现的重大事项；

（3）环境审计报告应突出重点、简明扼要、易于理解；

（4）环境审计报告应及时编制，以便适时采取有效纠正措施；

（5）环境审计报告应针对被审计单位存在的问题提出可行的改进建议。

环境审计报告应当包括以下基本要素：标题、收件人、正文、附件、签章、报告日期。环境审计报告的正文应包括以下主要内容：

（1）审计概况。说明审计立项依据、审计目的和范围、审计重点和审计标准等内容；

（2）审计依据。应按照有关法律法规、标准要求，若存在未遵循该准则的情形，应对其做出解释和说明；

（3）审计结论。根据已查明的事实，对被审计单位做出评价；

（4）审计建议。针对审计发现的主要问题提出建议。

环境审计报告的附件应包括对审计过程与审计发现问题的具体说明、被审计单位的反馈意见等内容。

6.8 审计结果反馈

试点地区环境审计报告完成后，应报生态环境部备案。对环境审计过程中发现的问题，试点地区政府应制订整改计划和监督实施方案，以确保审计发现的问题得到实质性解决。

7 电力行业环境审计技术指南

7.1 行业概述

7.1.1 生产投入和产出情况

水电和风电生产的投入就是水能资源与风能资源，产出为电；核电生产的投入是核燃料，产出为电。火电厂的生产投入则是煤、油、气等燃料，水为介质，产出为电，对于热电厂而言，产出还有热。我国火电发电量中95%左右是燃煤发电量，因此火电的生产投入主要是煤炭。

改革开放以来，我国经济快速发展，能源消费也迅速增长，1980—2017年，我国的能源消费总量从6.03亿t标煤增长到44.9亿t标煤，全国煤炭消费总量从6.1亿t增长到38.6亿t，全国发电（包括供热）耗煤占总耗煤量的比例逐年升高，从1980年的20.6%增长到2017年的46.5%，见表7-1。

表7-1 我国电力、热力生产和供应业煤炭消费量

年份	煤炭消费总量/亿t	电力、热力生产和供应业煤炭消费总量/亿t	占比/%
1980	6.10	1.26	20.6
2000	14.1	5.74	40.7
2001	14.5	6.07	42.0
2002	15.2	6.98	45.8
2003	18.1	8.32	46.1
2004	20.8	9.51	45.8

年份	煤炭消费总量/亿 t	电力、热力生产和供应业煤炭消费总量/亿 t	占比/%
2005	23.2	10.6	45.8
2006	25.5	12.1	47.5
2007	27.3	13.4	49.0
2008	28.1	13.7	48.6
2009	29.6	14.5	49.0
2010	31.2	15.1	48.4
2011	34.3	17.1	49.8
2012	35.3	17.4	49.4
2013	42.4	19.0	44.7
2014	41.2	17.6	42.8
2015	39.7	16.5	41.7
2016	38.5	16.9	44.1
2017	38.6	17.9	46.5

数据来源：国家统计局。

为保证国民经济又好又快发展，需要继续维持一定的能源消耗及电力建设与生产的增长速度。随着科学技术的进步，能源利用效率不断提高，近年来能源、电力消费弹性系数在逐步下降。“十一五”期间电煤消费量、GDP 分别年均增长 10%和 11.8%，电煤（原煤）消费弹性系数为 0.89。

7.1.2 主要生产工艺和过程

水力发电主要是利用水能资源，通过水轮机进行发电；风电主要是利用风能资源，通过风机转动发电；核电则是通过核燃料衰变放热，加热蒸汽带动燃气轮机发电。由于这些发电形式基本不产生污染物，因此其生产工艺和过程不再赘述。这里主要介绍火电厂生产工艺和过程。

7.1.2.1 火力发电厂分类

火电厂的分类方法很多，不同分类方法分出的结果也不同。这里主要介绍按动力设备分类的结果。因动力设备的不同，火电厂可区分为蒸汽动力发电厂、燃气轮机发电厂和内燃机发电厂。

（1）蒸汽动力发电厂。在现代主要是汽轮发电厂，其主要动力设备是锅炉、汽轮机、发电机以及有关辅助设备、配电装置等。燃料在锅炉中燃烧放热，将给水加热成蒸汽，蒸汽在汽轮机内膨胀使热能转换为转子转动的机械能，再通过发电机转换成电能，由配电装置分配传送给用户或输入地区电力网。汽轮机排汽进入凝汽器被冷凝成水，由凝结水泵经低压加热器送入除氧器，再经给水泵通过高压加热器送回锅炉，借以实现连续不断地生产电能。根据汽轮机的型式，汽轮机发电厂又可分为凝汽式电厂和热电厂两类。前者只向用户供给电能，进入汽轮机的蒸汽基本上都排入凝汽器凝结；后者除供给电能外还利用汽轮机排汽或中间级抽汽向用户供热。后一生产方式也称热电联产，它比分别在凝汽式电厂生产电能和在地区锅炉房中生产热能可更充分地利用燃料，有很高的经济效益。随着火电技术的发展，蒸汽参数不断提高，为充分利用电厂公用设施以降低电能成本，汽轮发电机组的单机容量、单个电厂的装机容量也得到了很大发展。目前运行中的最大汽轮机组单机容量为 1 300 MW（美国）。凝汽式电厂的效率可达 35%～45%。目前我国运行中最大的汽轮机单机容量为 1 000 MW，考虑拟建的最大单机容量为 1 200～1 350 MW。

（2）燃气轮机发电厂。指用燃气轮机带动发电机的火电厂。现阶段以使用液体或气体燃料为主。主要设备有燃气轮机（压气机和燃气透平）、燃烧室、发电机，以及燃料喷射泵、各种换热器和冷却装置。进入燃气透平的燃烧室后的介质温度因材料而异，目前可高达 1 430℃，个别实验装置达 1 500℃左右，这在一定程度上改进了燃气轮机装置的效率。燃气轮机的单机最大功率已达 280 MW。燃气轮机启动快，2～20 min 即可带满负荷，因此燃气轮机发电厂适用于承担系统尖峰负荷。简单循环的燃气轮机发电厂的效率一般为 26%～35%，先进的高温燃气轮机机组甚至可达 40%；如将排放废热用于供热，经济性还可提高。燃气轮机体积小，重量轻，系统简单，冷却水需求量少，污染物排放少，建厂投资省、工期短，所有这一切条件促使燃气轮机发电厂在近十年间有了很大的发展。

由燃气轮机和汽轮机联合组成燃气—蒸汽动力装置的火电厂，也称燃气—蒸汽联合循环电厂，单机联合最大功率达 500 MW，效率可提高到 42%～60%，当采用供热式汽轮机时，燃料利用率可高达 85%。由于它的效率高、环保性能好，因此得到了很大的发展。

目前我国正在逐步推广以天然气为燃料，通过冷、热、电三联供等方式实现能源的梯级利用，综合能源利用效率在 70%以上，并在负荷中心就近实现能源供应的天然气分布式能源。与传统集中供能方式相比，天然气分布式能源具有能效高、清洁环保、安全性好、削峰填谷等优点。

（3）内燃机发电厂。指用内燃机作原动机的发电厂，使用液体燃料。主要设备为内燃机、发电机，以及油泵、油罐、空压机、加热和冷却设备等。现阶段用于发电的内燃机主要是柴油机，汽油机和煤气机很少。柴油机体积小，重量轻，启动快（一般只需 60～90 s），效率高（40%～50%），且系统简单，建厂投资少、工期短，但燃料价格昂贵，电能成本较高，故多用于少煤缺水的边远缺电地区，或用作工矿企业的紧急备用电源。功率 25～150 kW 的柴油发电机组可布置在汽车车厢（或半连挂车）内，构成移动电厂。固定式柴油发电机组的功率一般也不大，单机功率多为 5～15 MW，特大型柴油发电机组功率可达 68 MW。

7.1.2.2 工艺流程

据统计，我国火电机组绝大多数为燃煤发电机组，这里主要介绍大容量燃煤发电机组的典型工艺流程。

燃煤发电机组的原料为煤，产品为电，主要由锅炉、汽机和发电机组成。锅炉按燃料在炉内的燃烧方式分为层燃炉、室燃炉、旋风炉和循环流化床炉。层燃炉采用层状燃烧，工业上称层状燃烧的锅炉为链条炉，适用于小容量锅炉。室燃炉燃料在炉内呈悬浮状态燃烧，燃料随空气一起运动，燃烧的各个阶段均在悬浮状态下进行，燃烧速度快、效率高，适用于大容量锅炉，在火力发电厂中占有很大比例。燃料以旋风状态燃烧的锅炉称为旋风炉，旋风燃烧方式的优点是燃烧稳定、强烈而且较完全，对煤种的适应性广，捕渣能力强，燃烧效率高，缺点是燃烧设备的结构复杂，通风消耗的能量多，燃烧高灰分的煤种时灰渣物理热损失大。燃料以流化态燃烧并进行循环的锅炉称为循环流化床锅炉，包括 FW 技术循环流化床锅炉（又分为 FW Pyroflow 型和 FW 带 IntrexTM 流化床热交换器）、Lurgi 技术循环流化床锅炉、Circofluid 型循环流化床锅炉等。锅炉按燃用燃料的不同，可分为燃煤炉、燃油炉、燃气炉等。此外，还有按排渣方式、蒸汽参数等对锅炉进行分类的。

煤炭运输进厂后进入输煤系统和制粉系统，然后送至锅炉燃烧，锅炉产生的蒸汽推动汽轮发电机发电，产生的电能接入厂内配电装置，由输电线路送出。锅炉产生的烟气进入尾部烟道，经省煤器、空气预热器及除尘设备除尘后通过烟囱排入大气。按照现有的环保政策，一般要求燃煤发电机组配备烟气脱硝和烟气脱硫装置。烟气脱硝主要包括选择性非催化还原法（SNCR）和选择性催化还原法（SCR），使用较多的是选择性催化还原法，且大多布置在省煤器与空气预热器之间。大容量燃煤发电机组一般采用石灰石—石膏湿法烟气脱硫工艺。因此，烟气经脱硝、除尘、脱硫后，再通过烟囱排入大气，少数电厂烟气通过冷却塔排放。

目前，应用最为广泛的除尘设备为高效静电除尘器，近年来袋式除尘器也得到了越来越多的应用。

为提高灰渣综合利用的性能，一般燃煤机组除灰渣系统均为灰渣分除。炉渣一般采用固态排渣方式由锅炉底部排出，经脱水仓脱水或沉渣池沉淀或捞渣机捞出后送入渣仓，也有采用机械风冷干排渣的；除灰系统一般采用干出灰并且可做到粗细分排，气力输送至干灰库，将干灰或调湿灰装车、船外运供综合利用或运至干灰场，或者设水力输送系统，也有设气力和水力两套系统的。当采用湿排灰方式时，通过输灰管线，水力输送至湿灰场。

汽轮机排汽冷却方式主要有水冷和空冷两种，在我国北方缺水地区原则上应采用空冷方式以节约用水，一般地区采用水冷方式，而水冷又分为直流冷却方式、带冷却塔的循环冷却方式等。

燃煤机组用水，除冷却用水等工业用水外，主要还有化学用水、输煤系统喷淋及冲洗用水、生活用水等。

室燃炉、烟气脱硫、循环冷却的燃煤发电机组生产工艺流程示例如图 7-1（a）所示，室燃炉、烟气脱硫脱除 NO_x、海水直流冷却的燃煤发电机组生产工艺流程示例如图 7-1（b）所示。

Lurgi 技术带外置换热器的循环流化床锅炉工艺流程如图 7-2 所示，Circofluid

型循环流化床锅炉工艺流程如图 7-3 所示。

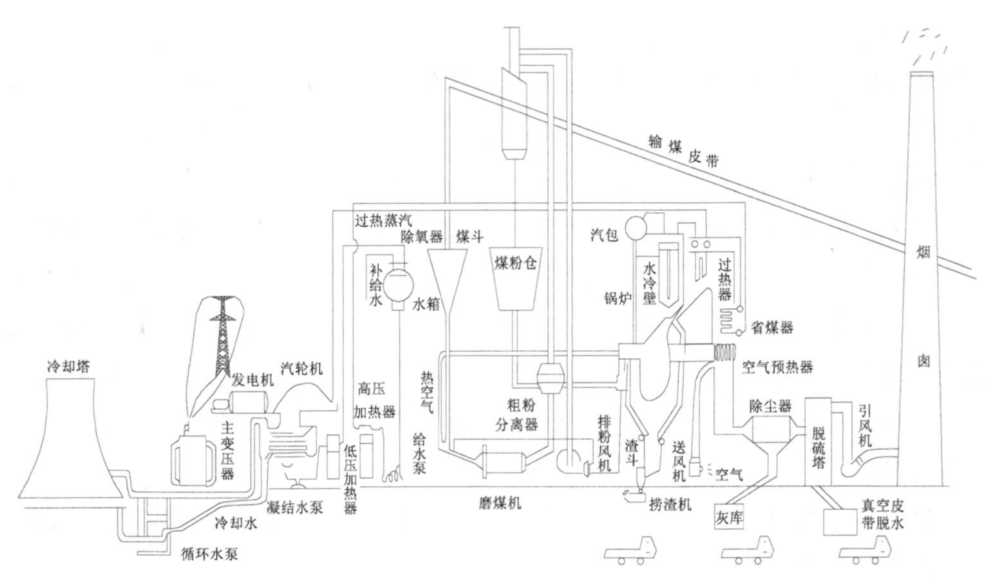

（a）室燃炉、烟气脱硫、循环冷却

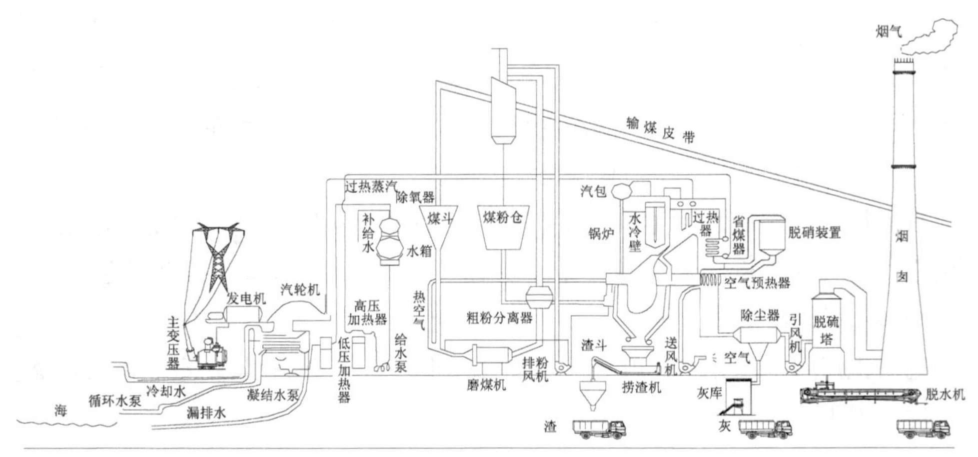

（b）室燃炉、烟气脱硫脱除 NO_x、海水直流冷却

图 7-1　燃煤发电机组生产工艺流程

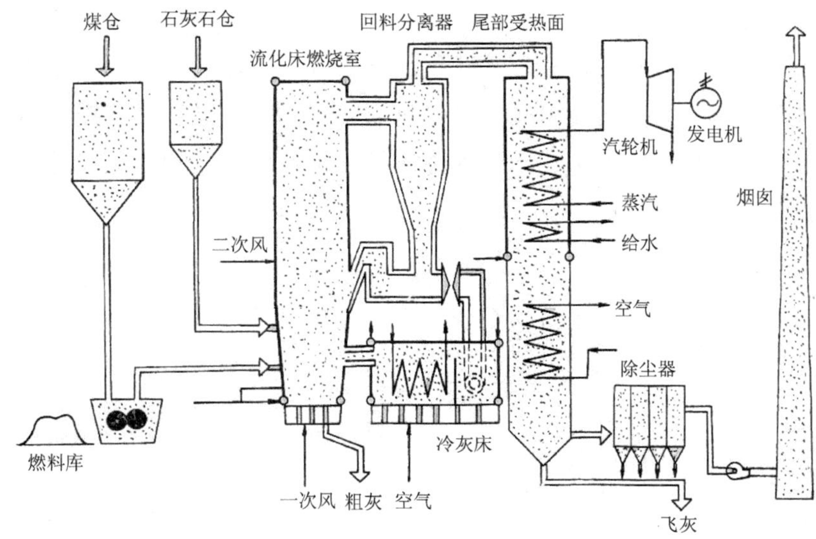

图 7-2　带外置换热器的循环流化床锅炉工艺流程

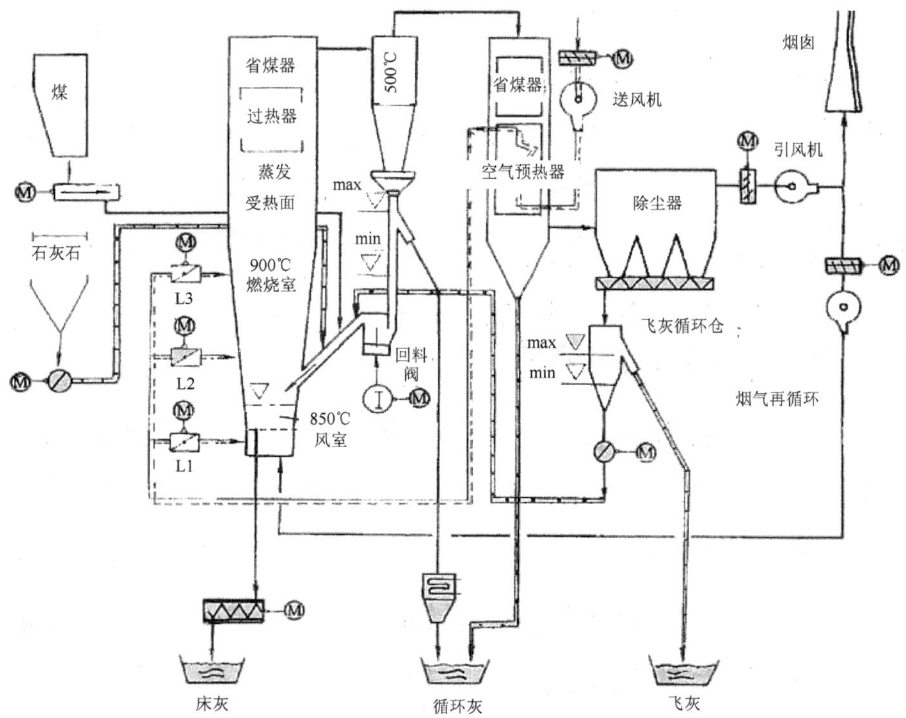

注：max、min 分别指最大容量处和最小容量处。

图 7-3　Circofluid 型循环流化床锅炉工艺流程

燃气—蒸汽联合循环发电机组由燃气轮机、余热回收锅炉与汽轮机以及发电机所组成。具有一定压力的天然气和经过压气机压缩后的空气一起进入燃气轮机的燃烧室内，形成的高温高压燃气进入透平做功。做功后的燃气再进入余热锅炉加热、蒸发锅炉给水，产生的蒸汽推动蒸汽轮机发电。其工艺流程如图7-4所示。

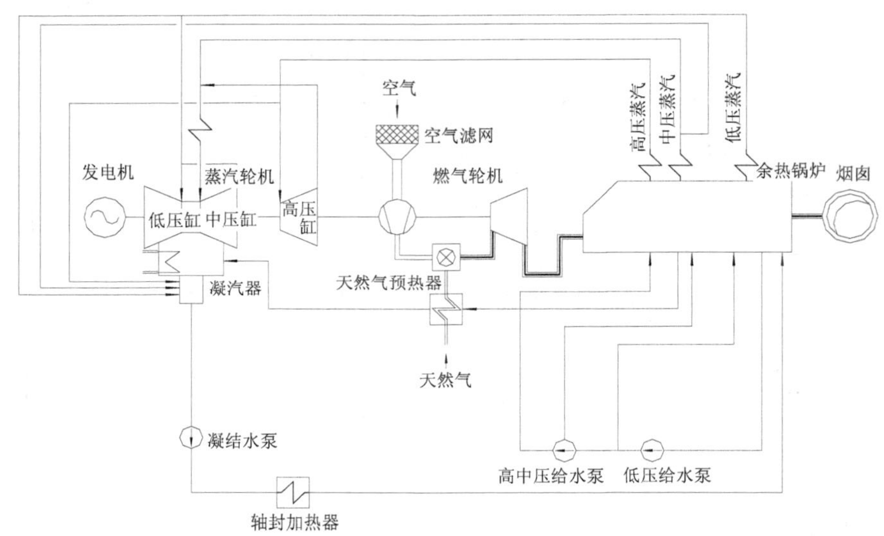

图 7-4 燃气—蒸汽联合循环发电机组工艺流程

7.1.3 产排污状况及关键环节

燃煤发电机组燃烧煤炭，会产生烟气污染物和灰、渣等固体废物；以水为介质，会产生各种废水；设备转动及运输、贮存过程还会产生噪声、扬尘等。产排污关键环节有：

（1）煤在锅炉燃烧过程中产生的烟气，经脱硝设施、除尘设施和脱硫装置后由烟囱排入大气，烟气中的主要污染成分包括 SO_2、NO_x、烟尘、汞及其化合物等。

（2）生产系统中的各项工业废水，如锅炉补给水处理系统的酸碱废水、煤场和输煤系统冲洗水、含油废水、脱硫废水、锅炉酸洗废水等，以及厂区的生活污水。如采用湿灰场，还包括灰水。主要污染因子有 pH、SS、石油类、COD、BOD_5 等。电厂水冷却系统如采用直流冷却方式，还包括温排水可能造成的热污染等。

（3）煤炭及其燃烧产生的灰、渣，脱硫系统产生的副产物等在贮存、运输过程中产生的废水外排、渗漏、扬尘、噪声等影响。

（4）电厂设备运行过程中产生的机械设备类运行噪声和电器设备类磁振噪声，噪声源主要分布在汽机房、锅炉房、磨煤机、脱硫设备、各类泵房、风机等部位，此外采用带冷却塔的循环冷却方式时，还有冷却塔噪声。采用直接空冷时，还有空冷岛的冷却风机噪声。

（5）无组织排放源造成的扬尘污染等，主要包括煤场、灰场以及装卸与运输过程中的扬尘等。

不同生产工艺，其产排污环节不同。燃煤发电机组主要产排污环节如图 7-5 所示。

7.1.4　污染治理技术特征

7.1.4.1　烟尘治理

燃煤电厂可以选用的烟尘治理技术主要有静电除尘、袋式除尘和电袋复合除尘技术。

1．静电除尘法

当烟气中烟尘浓度较低、实际比电阻在 1×10^{4}～5×10^{11} Ω·cm 时，适宜选用静电除尘器除尘。电除尘设备应优先选用高频电源、高频脉冲电源等节能提效的电源供电。根据烟尘特性、除尘效率及排放要求，可在采用静电除尘器的基础上，加入旋转电极、烟气调质、低低温电除尘器、湿式电除尘器、烟尘凝聚器、零风速断电振打清灰等新技术提高除尘效率。

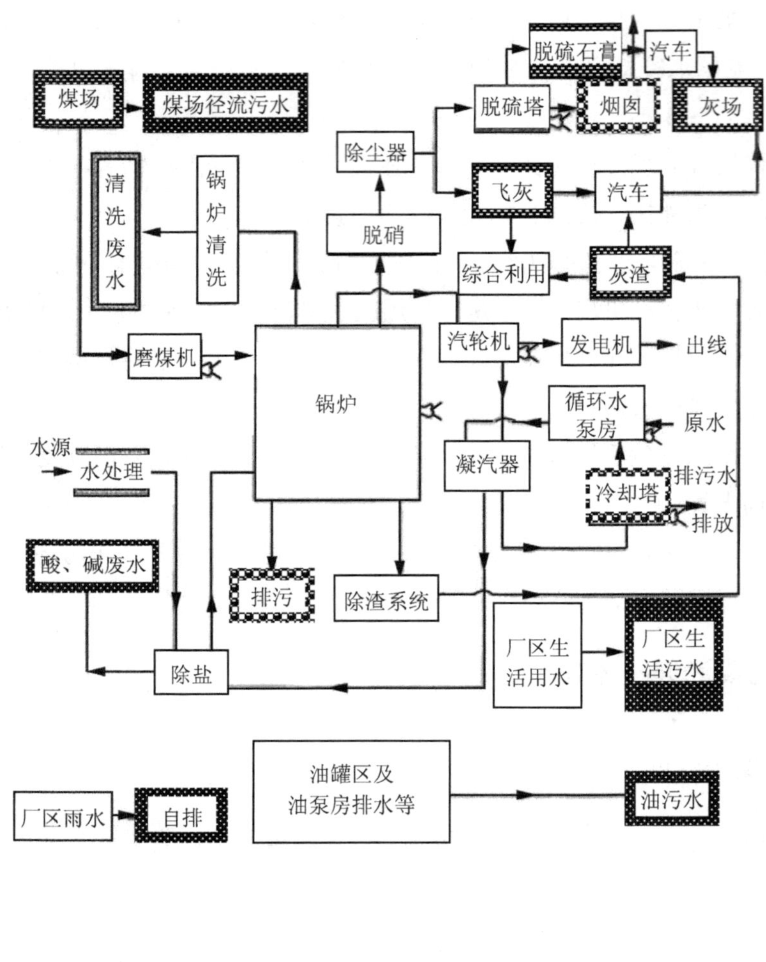

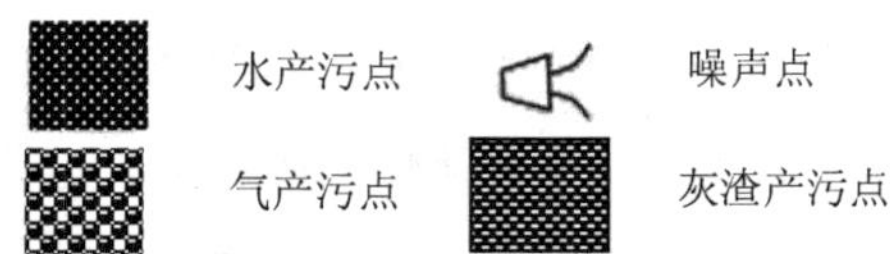

图 7-5 燃煤发电机组主要产排污环节

电除尘器入口气体风速一般为 10～15 m/s，进入电除尘器后电场风速为 0.7～1.2 m/s；极板间距为 250～450 mm；清灰应及时彻底，气流分布应均匀；系统阻力应小于 300 Pa；除尘系统漏风率小于 5%。电除尘器的除尘效率一般为 99.5%～99.8%，对于采用新技术的电除尘器，除尘效率甚至可达到 99.9%以上，如湿法脱硫后加装湿式电除尘器，其烟尘排放质量浓度可小于 5 mg/m^3。

为保证电除尘器正常运行，应定期检查振打系统及驱动装置、电加热或蒸汽加热系统、灰斗及卸（输）灰系统、供电及控制系统、测量和记录仪表等。

2．袋式除尘法

袋式除尘器的除尘效率为 99.7%～99.99%；气布比一般为 0.8～1.2 m/min；系统总体阻力应小于 1 500 Pa；运行温度宜在 160℃以下；系统漏风率小于 3%。

袋式除尘器的除尘效率不受烟尘比电阻和物化特性等的影响，但烟气特性会影响滤袋的寿命；在新建或改造机组中都适用，尤其适用于高灰分燃煤电厂锅炉、循环流化床锅炉及干法脱硫装置的烟气治理。

袋式除尘器应定期清灰，及时检查滤袋的破损情况并更换滤袋。

3．电袋复合除尘法

电袋复合除尘器的除尘效率应在 99.8%以上；电除尘器电场风速为 0.9～1.1 m/s，袋式除尘器气布比一般为 1.0～1.2 m/min；运行温度宜在 160℃以下；系统总体阻力应小于 1 200 Pa；漏风率应小于 3%。

电袋复合式除尘技术适用于高比电阻烟尘、低硫煤烟尘和半干法烟气脱硫后的烟气除尘；对现役电除尘器的改造比较适用。

对于电袋复合除尘器，应分别按照电除尘器和袋式除尘器的管理要求进行相应管理。

7.1.4.2　二氧化硫治理

1．石灰石/石灰-石膏湿法

为确保脱硫效率，应选择活性好且 $CaCO_3$ 含量高于 90%的脱硫剂；燃用中低硫煤时石灰石（粉）的细度应保证 250 目 90%过筛率，燃用中高硫煤时石灰石粉的细度应保证 325 目 90%过筛率；当 Ca/S 物质的量之比为 1.02～1.05、吸收塔浆液 pH 为 5.0～6.0 时，脱硫效率应在 95%以上；脱硫石膏纯度应在 90%以上；未设置换热器时，脱硫系统阻力应小于 2 500 Pa；当设置换热器时，脱硫系统阻力应小于 3 500 Pa。

石灰石/石灰-石膏湿法脱硫对经除尘后烟气中的颗粒物的去除率在50%以上。为进一步提高脱硫效率、降低 SO_2 排放浓度，可增加喷淋层数量，增大液气比，脱硫效率可提高至97%以上。如采用单塔双循环、双塔双循环、U型塔等新技术，并适当增加喷淋层数，脱硫效率甚至可达到99%。

脱硫废水应采用石灰处理、混凝澄清和中和处理后回用。脱硫产生的石膏应外运综合利用。

脱硫系统循环水泵、增压风机、氧化风机等设备应采用隔声处理。

石灰石/石灰-石膏法脱硫工艺适用于燃用各种煤种的新、改、扩建燃煤电厂的 SO_2 治理，尤其适用于大容量机组或燃用中高硫煤的电厂脱硫。

2．氨法

氨法脱硫技术的脱硫效率应在95%以上，脱硫系统阻力应小于1 600 Pa，脱硫系统的运行温度在50～60℃。脱硫后的副产物应符合资源综合利用要求。

氨法脱硫技术的脱硫副产物应全部回收为氨肥或化工原料送至化工厂利用。

脱硫系统循环水泵、风机等设备应采用隔声处理。

氨法脱硫技术对煤种、负荷变化均具有较强的适应性；适用于燃用各种煤种的新、改、扩建燃煤电厂的 SO_2 治理，尤其适用于附近有可靠（废）氨源的机组容量在300 MW及以下，燃用中、高硫煤的电厂脱硫。

3．循环流化床法

烟气循环流化床法的脱硫效率在90%以上，近年新开发的新型烟气循环流化床技术的脱硫效率甚至达到95%；生石灰细度应在2 mm以下，加适量水后4 min内温度可升高到60℃，CaO含量在80%以上；系统阻力应在3 500 Pa以下（包括吸收塔和其后的袋式除尘器）；脱硫系统烟气入口温度一般在110～130℃，烟气出口温度一般在70～80℃；Ca/S物质的量之比为1.3～1.5；脱硫系统装置漏风率小于6%；脱硫系统后应采用袋式除尘器。

脱硫产生的脱硫渣应外运综合利用。脱硫系统风机等设备应采用隔声处理。

烟气循环流化床脱硫技术适用于缺水地区燃用中低硫煤的600 MW及以下机组脱硫。

4．双碱法

该方法是另一种湿法烟气脱硫工艺。与石灰/石灰石法的区别在于采用了再生式封闭洗涤循环系统，并使用一种可溶性清洗液，如亚硫酸钠。由于采用了高活性的溶液，吸收塔的体积较小，且采用双路系统，硫酸钙或亚硫酸钙废渣难以处理，还增加了设备的复杂性。这种方法在 20 世纪 80 年代之后没有多大发展，应用也较少。

5．氧化镁法

指以氧化镁的水溶液或氧化镁强化石灰为吸收剂的洗涤工艺。由于氧化镁的存在，石灰液吸收 SO_2 的能力比石灰石浆液高 10～15 倍，在气/液比较低时，脱硫效率可达 98%。但由于氧化镁价格较高，且脱硫副产物难以处理，因此该工艺应用也较少。

6．循环流化床锅炉炉内添加石灰石法

循环流化床锅炉炉内添加石灰石后，石灰石会分解为氧化钙与二氧化碳，氧化钙与烟气中的 SO_2 反应会生成硫酸钙与少量亚硫酸钙，从而达到脱除 SO_2 的目的。脱硫效率与钙硫比、锅炉温度等关系较大，一般为 70%～90%。有些循环流化床锅炉通过技术改造后，其排放的二氧化硫浓度仍然达不到《火电厂大气污染物排放标准》（GB 13223—2011）的要求，炉后需要增加烟气脱硫。

7.1.4.3　氮氧化物治理

1．选择性催化还原法（SCR）

SCR 脱硝效率应为 70%～90%，系统阻力在 800～1 400 Pa；SCR 的烟气入口温度应为 300～400℃；系统漏风率应在 0.4%以下；NH_3/NO_x 物质的量之比为 0.6～1.1；NH_3 逃逸率控制在 2.5 mg/m^3 以下。

目前我国燃煤电厂锅炉采用低氮燃烧装置后燃用烟煤、贫煤和褐煤的 NO_x 初始质量浓度为 250～650 mg/m^3，燃用无烟煤的 NO_x 初始质量浓度为 750～1 300 mg/m^3。

SCR 氨逃逸应控制在 2.5 mg/m^3 以下。失效催化剂应尽可能再生处理，无法再生的失效催化剂须按《危险废物填埋污染控制标准》（GB 18598—2019）的要求进行处理。

SCR 脱硝技术适用于煤质多变、负荷变动频繁的机组以及要求脱硝效率较高的新建和现役机组。

2．选择性非催化还原法（SNCR）

SNCR 技术反应温度在 850～1 100℃；NH_3/NO_x 物质的量之比为 0.8～2.5；氨逃逸率应控制在 8 mg/m^3 以下。对于常规煤粉炉而言，SNCR 脱硝效率为 20%～

40%。对于循环流化床锅炉，由于炉膛内温度适宜 SNCR 反应，且烟气混合强烈，因此脱硝效率较高，为 60%～80%。

主要适用于循环流化床锅炉的烟气脱硝。

7.1.4.4 烟气汞及其化合物治理

《火电厂大气污染物排放标准》规定自 2015 年 1 月 1 日起，所有汞及其化合物排放质量浓度不高于 0.03 mg/m^3。

1．烟气治理协同控制

火电厂烟气在脱硝、除尘和脱硫的同时，可对汞产生协同脱除的效应。欧盟《大型燃烧装置的最佳可行技术参考文件》建议汞的脱除优先考虑采用高效除尘、烟气脱硫和脱硝协同控制的技术路线。采用电除尘器或布袋除尘器后加装烟气脱硫装置，平均脱除效率在 75%（电除尘器为 50%，烟气脱硫为 50%），若加上 SCR 装置可达 90%。燃用褐煤时脱除效率为 30%～70%。

2．炉前添加卤化物

燃煤电厂炉前添加卤化物脱汞技术是在电厂输煤皮带上或给煤机里加入卤化物，或直接将溶液喷入锅炉炉膛。在烟气中卤化物氧化元素汞形成二价汞，SCR 烟气脱硝装置可加强元素汞的氧化形成更多的二价汞，二价汞易溶于水从而被脱硫装置所捕获，进而达到除汞目的。这种技术对安装了 SCR 和脱硫装置的燃煤电厂脱汞效果好，而且由于加入煤里的卤化物远少于煤里本身含有的氯，所以添加到煤里的卤化物不会对锅炉加重腐蚀。目前，美国已有较多装备了 SCR 和湿法烟囱排气去硫（WFGD）的燃煤电厂正在尝试这种技术，其中一些电厂已取得了很好的汞控制效果。该技术简单易行，除汞成本低，但值得注意的是脱除的汞都进入烟气湿法脱硫装置的排出物石膏或废水里，需要二次处理。

3．烟道喷入活性炭吸附剂

该方法是将含有卤化物的活性炭在静电除尘器或布袋除尘器前喷入，烟气里的汞和活性炭中的卤化物反应并被活性炭所吸附，然后被除尘器所捕集，飞灰里被收集下来的汞不会再次释放从而达到除汞的目的。

烟道喷入活性炭吸附剂技术包括选择和生产吸附剂、吸附剂储存和喷射与汞测量 3 个环节。吸附剂是该技术的核心，利用喷射系统将吸附剂颗粒均匀地喷射在烟气中，让吸附剂颗粒涵盖所有的烟道空间，以最快的速度和烟气混合，使吸附剂颗粒与汞化合物最大限度地接触和反应，大大地提高了吸附剂的脱汞效率并降低了成本。

7.2　主要污染物核算要点

7.2.1　火电厂烟气量核算

火电厂的烟气量包括实际烟气量、标态干烟气量、标态湿烟气量和标态空气过剩系数为 1.4（烟气含气量为 6%，燃煤电厂排放标准要求折算到标态下）的干烟气量。计算污染物排放量可以使用实际烟气量与实际条件下的污染物浓度乘积。但判断排放是否满足《火电厂大气污染物排放标准》时，对于燃煤电厂必须将排放浓度折算到标态空气过剩系数为 1.4 的条件下，排放量也可用该条件下的排放浓度与干烟气量的乘积来计算。

火电厂的烟气量较大，准确测量有一定的难度，可以利用煤质资料及耗煤量来核算火电厂的烟气量，具体计算公式如下：

$$V_s = B_g\left(1-\frac{q_4}{100}\right)\left[\frac{Q_{net,ar}}{4\,026}+0.77+1.016\,1(\alpha-1)V_o\right]/3.6$$

理论空气量在有元素成分分析时，用下式计算：

$$V_o = 0.088\,9(C_{ar}+0.375S_{ar})+0.265H_{ar}-0.033\,3O_{ar}$$

在没有元素分析时，可以按以下经验公式计算：

$$V_o = 2.63\frac{Q_{net,ar}}{10\,000}$$

$$V_{H_2O} = B_g\left[0.111\,6H_{ar}+0.012\,4M_{ar}+0.016\,1(\alpha-1)V_o\right]/3.6$$

$$V_g = V_s - V_{H_2O}$$

式中：V_g——锅炉干烟气排放量，m^3/s；

V_s——锅炉湿烟气排放量，m^3/s；

V_{H_2O}——锅炉排放湿烟气中水蒸气量，m^3/s；

V_o——理论空气量，m^3/kg；

B_g——锅炉燃煤量，t/h；

q_4——机械未完全燃烧热损失，若无实测数据可按表 7-2 选取，%；

$Q_{net,ar}$——燃煤收到基低位发热量，kJ/kg；

α——烟气过剩空气系数或标准规定的过剩空气系数；

C_{ar}——燃煤收到基碳含量，%；

H_{ar}——燃煤收到基氢含量，%；

O_{ar}——燃煤收到基氧含量，%；

S_{ar}——燃煤收到基硫含量，%；

M_{ar}——燃煤收到基水分含量，%。

表 7-2 机械未完全燃烧热损失 q_4 的一般取值

锅炉型式	煤 种	q_4/%
固态排渣煤粉炉	无烟煤	4
	贫煤	2
	烟煤（$V_{daf}^*\leqslant 25\%$）	2
	烟煤（$V_{daf}>25\%$）	1.5
	褐煤	0.5
	洗煤（$V_{daf}\leqslant 25\%$）	3
	洗煤（$V_{daf}>25\%$）	2.5
液态排渣煤粉炉	无烟煤	2～3
	烟煤	1～1.5
	褐煤	0.5
卧式旋风锅炉	烟煤	1.0
	褐煤	0.2
抛煤炉	烟煤、贫煤	8～12
	无烟煤	10～15
炉排炉	烟煤、贫煤	7～10
	无烟煤	9～12
循环流化床锅炉	烟煤	2～2.5
	无烟煤	2.5～3.5

*：V_{daf} 指干燥无灰基挥发分含量。

【例 7-1】某电厂为 2×600 MW 超临界燃煤发电机组，采用固态排渣煤粉炉，燃用大同烟煤，燃煤收到基水分含量 11.0%、灰分 18.13%、碳含量 57.14%、氢含量 3.55%、氧含量 8.77%、硫含量 0.75%，收到基低位发热量为 21 850 kJ/kg，干燥无灰基挥发分为 31.25%，小时耗煤量为 496.6 t/h。计算标准状态下α=1.4 时的干烟气量。

解：1 kg 燃料燃烧时需要的理论空气量为

$$\begin{aligned}V_o &= 0.0889(C_{ar}+0.375S_{ar})+0.265H_{ar}-0.0333O_{ar}\\ &= 0.0889(57.14+0.375\times0.75)+0.265\times3.55-0.0333\times8.77=5.7534\ \mathrm{m^3/kg}\end{aligned}$$

锅炉排放烟气中的水蒸气量为

$$\begin{aligned}V_{H_2O} &= B_g\left[0.1116H_{ar}+0.0124M_{ar}+0.0161(\alpha-1)V_o\right]/3.6\\ &= 496.6\times[0.1116\times3.55+0.0124\times11+0.0161\times(1.4-1)\times5.7534]/3.6=78.58\ \mathrm{m^3/s}\end{aligned}$$

α=1.4 时的实际烟气量为

$$\begin{aligned}V_s &= B_g\left(1-\frac{q_4}{100}\right)\left[\frac{Q_{net,ar}}{4026}+0.77+1.0161(\alpha-1)V_o\right]/3.6\\ &= 496.6\left(1-\frac{1.5}{100}\right)\left[\frac{21850}{4026}+0.77+1.0161\times(1.4-1)\times5.7534\right]/3.6\\ &= 1159.75\ \mathrm{m^3/s}\end{aligned}$$

标准状态下$\alpha = 1.4$ 时的干烟气量为

$$V_g = V_s - V_{H_2O} = 1159.75-78.58 = 1081.17\ \mathrm{m^3/s}$$

7.2.2　烟尘产排量核算

燃煤锅炉的烟尘产生量可以在除尘器之前进行实测，通过测量获得烟气量和烟尘浓度，二者乘积即为烟尘产生量。烟尘产生量可通过下式进行核算：

$$M_{AP} = B_g\times\left(\frac{A_{ar}}{100}+\frac{q_4 Q_{net,ar}}{100\times33870}\right)\times\alpha_{fh}$$

式中：M_{AP}——烟尘产生量，t/h；

B_g——锅炉燃煤量，t/h；

A_{ar}——燃煤收到基灰分，%；

q_4——锅炉机械未完全燃烧的热损失，%，与炉型和煤质等有关，见表 7-2；

$Q_{net,\ ar}$——燃煤收到基低位发热量，kJ/kg；

α_{fh}——锅炉烟气带出的飞灰份额，见表 7-3。

表 7-3 锅炉灰分份额的推荐值

锅炉类型		α_{fh}（飞灰）	α_{Lx}（炉渣）
固态排渣煤粉炉		0.85～0.95	0.05～0.15
液态排渣煤粉炉	无烟煤	0.85	0.15
	贫煤	0.80	0.20
	烟煤	0.80	0.20
	褐煤	0.70～0.80	0.20～0.30
卧式旋风锅炉		0.10～0.15	0.85～0.90
立式旋风锅炉		0.20～0.40	0.60～0.80
层燃链条锅炉		0.15～0.20	0.80～0.85
循环流化床锅炉		0.4～0.6	0.4～0.6

烟尘排放量可通过实测烟气量和烟尘排放浓度得到，二者乘积即为烟尘排放量。燃煤锅炉烟尘排放量可以通过下式进行核算：

$$M_{AE} = M_{AP} \times (1 - \frac{\eta_c}{100})$$

式中：M_{AE}——烟尘排放量，t/h；

η_c——除尘效率，%。

其他符号意义同前。

【例 7-2】某电厂为 2×300 MW 供热机组，配 2 台蒸发量为 1 025 t/h 的四角喷燃炉（固态排渣煤粉炉），采用 4 电场静电除尘器，除尘效率为 99.6%，除尘器后的烟气采用石灰石-石膏湿法烟气脱硫，2 台机组小时耗煤量为 252 t/h，燃煤收到基低位发热量为 23 230 kJ/kg，收到基灰分为 14.97%，干燥无灰基挥发分为 34.15%，计算该电厂小时烟尘排放量。

解：2 台锅炉小时耗煤量为 252 t/h；单台锅炉小时耗煤量则为 126 t/h。

静电除尘器除尘效率为 99.6%，湿法烟气脱硫的除尘效率保守估计按 50%考虑，总除尘效率为 99.8%。

收到基灰分为 14.97%；低位发热量为 23 230 kJ/kg。

由于燃煤干燥无灰基挥发分为 34.15%，因此属于烟煤，查表 7-2 可知 q_4 应为 1.5%；查表 7-3，α_{fh} 可取 0.9。

单台锅炉小时烟尘排放量则为

$$M_{AE}=126\times\left(1-\frac{99.8}{100}\right)\times\left(\frac{14.97}{100}+\frac{1.5\times 23\,230}{100\times 33\,870}\right)\times 0.9=0.036\,3\ \text{t/h}$$

该电厂小时烟尘排放量则为 2×0.036 3=0.072 6 t/h

当循环流化床锅炉用石灰石脱硫时，循环流化床锅炉入炉物料所产生的灰分可用折算灰分表示，将折算灰分 A_{zs} 代入上式，即可算出循环流化床锅炉的烟尘排放量。

折算灰分的计算公式如下：

$$A_{zs}=A_{ar}+3.125S_{ar}\times[m\times(\frac{100}{K_{CaCO_3}}-0.44)+\frac{0.8\eta_s}{100}]$$

式中：A_{zs}——折算灰分，%；

A_{ar}——燃煤收到基灰分，%；

S_{ar}——燃料收到基硫分，%；

m——Ca/S 物质的量之比，一般为 1.5～2.5；

K_{CaCO_3}——石灰石纯度，%；

η_s——脱硫效率，%。

【例 7-3】某电厂 2×300 MW 循环流化床锅炉，燃用煤矸石和中煤，燃料收到基灰分为 50.57%，硫分为 1.3%，干燥无灰基挥发分为 38%，低位发热量为 12 422 kJ/kg，小时耗煤量为 486.92 t/h；添加石灰石脱硫，石灰石纯度为 90.12%，设计 Ca/S 物质的量之比为 2.1，脱硫效率为 80%，采用袋式除尘器，除尘效率为 99.9%，计算折算灰分和小时烟尘排放量。

解：折算灰分为

$$A_{zs}=50.57+3.125\times 1.3\times[2.1\times(\frac{100}{90.12}-0.44)+\frac{0.8\times 80}{100}]=58.88\%$$

即折算灰分为 58.88%。

由于采用循环流化床锅炉，且燃料干燥无灰基挥发分为 38%，查表 7-2，q_4

取 2%；查表 7-3，α_{fh} 取 0.6。

电厂 2×300 MW 循环流化床锅炉小时烟尘排放量为

$$M_A = B_g \times \left(1-\frac{\eta_c}{100}\right)\times\left(\frac{A_{zs}}{100}+\frac{q_4 Q_{net,ar}}{100\times 33\,870}\right)\times\alpha_{fh}$$

$$=486.92\times\left(1-\frac{99.9}{100}\right)\times\left(\frac{58.88}{100}+\frac{2\times 12\,422}{100\times 33\,870}\right)\times 0.6 = 0.174\ \text{t/h}$$

即该电厂小时烟尘排放量为 0.174 t/h。

7.2.3 二氧化硫产排量核算

燃煤锅炉二氧化硫产生量可通过在烟气脱硫前实测烟气量和烟气中二氧化硫浓度得到，二者乘积即为二氧化硫产生量，即在线监测直接测量法。可以通过煤中含硫量及耗煤量等数据，核算二氧化硫产生量，即物料衡算法，具体公式如下：

$$M_{p,SO_2} = 2B_g \times \left(1-\frac{q_4}{100}\right)\times\frac{S_{t,ar}}{100}\times K$$

式中：M_{p,SO_2}——二氧化硫产生量，t/h；

B_g——锅炉燃煤量，t/h；

$S_{t,ar}$——燃煤收到基全硫含量，%；

K——燃煤中的硫燃烧后氧化成二氧化硫的份额（表 7-4）；

q_4——锅炉机械未完全燃烧的热损失，%，与炉型和煤质等有关（表 7-2）；

表 7-4 燃料（燃煤）中的硫生成二氧化硫的份额

锅炉型式	煤粉炉	旋风炉		燃油炉
		增钙	不增钙	
K	0.85～0.9	0.90	0.95	1.00

环境统计或总量减排核算过程中，可对以上公式进行简化，简化条件如下：q_4 取为 0；燃煤电厂的 K 值取 0.85，2 K 即为 1.7，称之为二氧化硫释放系数α；燃油电厂的 K 值为 1，2 K 即为 2。这样上述公式即简化为

$$M_{\mathrm{p,SO_2}} = B_{\mathrm{g}} \times S_{\mathrm{t,ar}} \times \alpha \times 10^4$$

式中：$M_{\mathrm{p,SO_2}}$ ——核算期内二氧化硫产生量，t；

B_{g} ——核算期内锅炉燃煤量，万 t；

$S_{\mathrm{t,ar}}$ ——核算期内燃煤收到基全硫平均含量，%；

α ——二氧化硫释放系数。

燃煤锅炉二氧化硫排放量通过实测烟气脱硫后的烟气量及烟气中的二氧化硫质量浓度得出，二者乘积即为二氧化硫排放量，此为在线监测直接测量法。可通过下列公式进行核算，即物料衡算法：

$$M_{\mathrm{E,SO_2}} = M_{\mathrm{P,SO_2}} \times \left(1 - \frac{\eta_{\mathrm{S_1}}}{100}\right) \times \left(1 - \frac{\eta_{\mathrm{S_2}}}{100}\right)$$

式中：$M_{\mathrm{E,SO_2}}$ ——二氧化硫排放量，t/h；

$M_{\mathrm{P,SO_2}}$ ——二氧化硫产生量，t/h；

$\eta_{\mathrm{S_1}}$ ——湿式除尘器的脱硫效率，%；

$\eta_{\mathrm{S_2}}$ ——烟气脱硫装置的脱硫效率，%。

湿式除尘器主要包括水膜除尘器和文丘里水膜除尘器，其脱硫效率可按实际监测结果选取，如无监测结果时，水膜除尘器的脱硫效率可取 5%，文丘里水膜除尘器的脱硫效率可取 15%。《“十二五”主要污染物总量减排核算细则》中认为：水膜除尘器、除尘脱硫一体化、仅添加硫转移剂等无法连续稳定去除二氧化硫的，综合脱硫效率为 0。

对于严格按照有关规定进行烟气在线监测，监测数据与市级以上环保主管部门联网，监测数据经省级及以上环保部门审核合格机组，可用在线监测直接测量法核算二氧化硫及氮氧化物排放量。

7.2.4　氮氧化物产排量核算

电站锅炉煤的燃烧过程中生成 NO_x 的主要途径有 3 个：一是燃料型 NO_x，它是煤中含有的氮化合物在燃烧过程中热分解而又接着氧化生成的 NO_x；二是热力型 NO_x，它是空气中的氮气在高温下氧化而生成的 NO_x；三是快速型 NO_x，它是燃烧时空气中的氮和燃料中的碳氢离子团如 HC 等反应生成的 NO_x。这 3 种来源

的 NO_x 生成量受到燃烧温度、燃烧方式和燃烧过程影响，在电站锅炉中燃料型 NO_x 是最主要的，占 NO_x 总量的 60%～80%；热力型其次；快速型最少。核算方法多样。

7.2.4.1 经验公式法

现有核算燃料燃烧氮氧化物排放量的经验公式大致有两种，一种来源于环保部门，另一种来源于电力部门。

我国环保部门《环境统计手册》《排污收费制度》《环境统计报表指南》《工业污染源现场执法指南》等相关资料中，均采用如下经验公式计算燃料燃烧生成的 NO_x 量，该公式最早来源于 1985 年出版的《环境统计手册》。

$$G_{NO_x}=1.63B\times(\beta\times n+10^{-6}\times V_{N,y}\times\rho_{NO_x})$$

式中：G_{NO_x}——燃料燃烧生成的 NO_x，以 NO_2 计，kg；

B——燃料（原煤或重油）消耗量，kg；

β——燃烧过程中，燃料中氮向燃料型 NO 的转化率，%；

n——燃料中氮的质量分数，%；

$V_{N,y}$——1 kg 燃料生成的烟气量，m^3/kg；

ρ_{NO_x}——燃烧时生成的热力型 NO_x 的质量浓度，mg/m^3，通常可取 93.8 mg/m^3。

假设煤燃烧生成的烟气量 $V_{N,y}$ 为 10 m^3/kg，公式可简化为

$$G_{NO_x}=1.63B\times(\beta\times n+0.000\,938)$$

原国家电力公司印发的《国家电力公司火电厂环境统计指标及其解释》（1998 年 6 月）中给出的氮氧化物排放量经验公式如下：

燃煤时：$m''_{NO_{xi}}=B_i\times9.08\times10^{-3}$

燃油时：$m''_{NO_{xi}}=B_o\rho^{-1}\times12.47\times10^{-3}$

式中：$m''_{NO_{xi}}$——每台锅炉全年氮氧化物排放总量，10^3 t/a；

B_i——每台锅炉燃用原煤总量，10^3t/a；

B_o——每台锅炉燃用油总量，10^3t/a；

ρ——燃油平均密度，kg/m^3；

9.08——平均每燃烧 1 t 原煤排放的氮氧化物，kg/t；

12.47——平均每燃烧 1 m^3 油排放的氮氧化物，kg/m^3。

上述经验公式适用于无实测数据且锅炉容量较小、未采用低氮燃烧技术的情况下，曾多次被国内研究者用于火电厂氮氧化物排放量核算。但由于我国电力行业快速发展，随着发电和 NO_x 控制技术水平的不断提高，低氮燃烧技术已得到普遍使用，因此，采用经验公式法已经无法准确核算我国火电行业氮氧化物排放量。

7.2.4.2　排污系数法

由于氮氧化物的产生量不是全部来自燃料中的氮，且生成的氮氧化物在还原性燃烧气氛中还可以被还原为氮气，因此电站锅炉的氮氧化物产生量没有简单可靠的计算公式。主要依靠对烟气量和氮氧化物排放浓度进行实测、二者乘积来获得，即在线监测直接测量法。可通过产排污系数对实测结果进行核算，即排污系数法。

对循环流化床锅炉而言，由于低温燃烧，因此氮氧化物排放浓度较低。火电厂行业循环流化床锅炉 NO_x 排放因子（又称排污系数）原则上可取 2.3 kg NO_x/t 煤。对于煤粉炉和燃油、燃气等锅炉，未采用低氮燃烧和采用低氮燃烧技术的 NO_x 排放因子（又称排污系数）分别见表 7-5 和表 7-6。

表 7-5　电行业煤粉炉氮氧化物排放因子　　单位：kg/t

规模等级/MW	挥发分[①]V_{daf}	无低氮燃烧	低氮燃烧	
			2005 年前	2006 年后[②]
≥750	20%＜V_{daf}≤37%	—	—	2.72
	V_{daf}＞37%	—	—	2.03
450～749	V_{daf}≤10%	13.40	7.95	4.52
	10%＜V_{daf}≤20%	11.20	6.72	3.33
	20%＜V_{daf}≤37%	10.11	6.07	2.77
	V_{daf}＞37%	6.80	4.08	2.27

规模等级/MW	挥发分[①]V_{daf}	无低氮燃烧	低氮燃烧	
			2005 年前	2006 年后[②]
250～449	V_{daf} ≤10%	13.35	8.01	5.39
	10%＜V_{daf} ≤20%	11.09	6.65	3.80
	20%＜V_{daf} ≤37%	9.70	5.82	3.26
	V_{daf} ＞37%	6.78	4.07	2.30
150～249	V_{daf} ≤10%	12.80	7.68	—
	10%＜V_{daf} ≤20%	11.02	6.61	—
	20%＜V_{daf} ≤37%	9.35	5.61	—
	V_{daf} ＞37%	6.57	3.94	—
75～149	V_{daf} ≤10%	12.31	7.49	—
	10%＜V_{daf} ≤20%	10.97	6.58	—
	20%＜V_{daf} ≤37%	9.13	5.48	—
	V_{daf} ＞37%	6.44	3.86	—
35～74	V_{daf} ≤10%	11.50	6.90	—
	10%＜V_{daf} ≤20%	9.86	5.92	—
	20%＜V_{daf} ≤37%	6.88	4.13	—
	V_{daf} ＞37%	5.07	3.04	—
20～34	V_{daf} ≤10%	10.79	6.47	—
	10%＜V_{daf} ≤20%	8.97	5.28	—
	20%＜V_{daf} ≤37%	6.54	3.92	—
	V_{daf} ＞37%	5.02	3.01	—
9～19	V_{daf} ≤10%	9.70	5.82	—
	10%＜V_{daf} ≤20%	6.78	4.07	—
	20%＜V_{daf} ≤37%	5.14	3.08	—
	V_{daf} ＞37%	4.93	2.96	—

注：①无烟煤：V_{daf} ≤10%；贫煤：干燥无灰基挥发分 10%＜V_{daf} ≤20%；烟煤：干燥无灰基挥发分 20%＜V_{daf} ≤37%；褐煤：干燥无灰基挥发分 V_{daf} ＞37%。

②2006 年后很少有 249 MW 以下的燃煤机组建设，除少数热电联产机组外，其低氮燃烧技术改进也较少，仍采用 2005 年前的排污系数。

表 7-6　火电行业燃气、燃油机组氮氧化物排放因子

规模等级	锅炉类型	燃料种类	单位	（无低氮燃烧）+直排	低氮燃烧
所有规模	燃机	天然气	g/m^3	9.82	1.66
所有规模	燃油炉	燃料油	kg/t	6.56	3.41

对于安装烟气脱硝的机组，其氮氧化物排放量按下式计算：

$$E=B_g \times Pf_i \times (1-\eta) \times 10$$

式中：E——核算期内某机组氮氧化物排放量，t；

B_g——核算期内该机组耗煤量，万 t；

Pf_i——排放因子，kg/t 煤；

η——核算期内该机组核定的综合脱硝效率，%。

7.2.5　汞及其化合物产排核算

煤燃烧过程中，汞经历了复杂的物理和化学变化，最后大部分进入烟气中，仅有 1%左右残留在炉渣中。燃煤烟气中汞以 3 种形态存在，即元素汞（Hg^0）、氧化态汞（Hg^{2+}）和颗粒态汞（Hg_p）。煤燃烧时，在通常的炉膛温度范围内，煤中的汞几乎全部以 Hg^0 的形式进入烟气中，在烟气冷却过程中，部分 Hg^0 同其他燃烧产物相互作用转化为 Hg^{2+}和 Hg_p。Hg^0、Hg^{2+}为气态形式存在于烟气中，Hg_p 绝大部分可被除尘、湿法脱硫等烟气净化装置捕集去除。Hg^{2+}可溶于水，也易于被颗粒物所吸附，易于捕集和控制；Hg^{2+}加热至 800℃左右可还原为 Hg^0。气态元素汞（Hg^0）不溶于水且极易挥发，难以控制，传输距离远，对环境影响大，但 Hg^0 可被催化氧化为 Hg^{2+}。可以通过煤中含汞量及耗煤量等数据，核算烟气中汞及其化合物产生量，即物料衡算法，具体公式如下：

$$M_{P,Hg} = B_g \times q_{Hg} \times \frac{Hg_{ar}}{1\,000}$$

式中：$M_{P,Hg}$——烟气汞及其化合物，kg/h；

B_g——锅炉燃煤量，t/h；

Hg_{ar} ——燃煤收到基汞含量，g/t；

q_{Hg}——煤中含汞在燃烧过程进入烟气的份额，通常取 99%。

除尘、脱硫、脱硝装置均可对烟气中汞及其化合物起到协同脱除作用，其中采用电除尘器或布袋除尘器后加装烟气脱硫装置，平均脱除效率为 75%（电除尘器为 50%，烟气脱硫为 50%），若加上 SCR 装置可达 90%，燃用褐煤时脱除效率为 30%～70%。因此，可根据汞产生量扣除除尘、脱硫、脱硝装置对汞的协同脱除量核算燃煤锅炉烟气汞及其化合物的排放量。核算公式如下：

$$M_{E,Hg}=M_{P,Hg}\times\left(1-\frac{\eta_{Hg1}}{100}\right)\times\left(1-\frac{\eta_{Hg2}}{100}\right)\times\left(1-\frac{\eta_{Hg3}}{100}\right)$$

式中：$M_{E,Hg}$——汞及其化合物排放量，kg/h；

$M_{P,Hg}$——汞及其化合物产生量，kg/h；

η_{Hg1}——除尘器的协同脱汞效率，通常取 50%；

η_{Hg2}——烟气脱硫装置的协同脱汞效率，通常取 50%；

η_{Hg3}——烟气脱硝装置的协同脱汞效率，通常取 60%。

7.3 审计要点

7.3.1 治污设施运行状况

查阅运行台账，检查台账中所有自动监控测点是否正常；污染物浓度是否达标排放；脱硫、脱硝效率是否符合环评批复要求；吸收塔 pH、浆液密度控制范围是否符合操作规范；增压风机运行情况与机组运行负荷是否匹配；脱硫系统的进出口烟气流量和主要污染物浓度是否符合逻辑关系。

- 石灰石/石灰-石膏湿法脱硫：应关注机组负荷、进出口烟气流量、脱硫塔入口烟气含水量、燃煤硫分、旁路挡板开度、脱硫效率、进出口二氧化硫、烟尘、氮氧化物等主要污染浓度、出口烟气氧含量、烟气温度、增压风机电流、密封风机电流、氧化风机电流、浆液循环泵电流、除雾器压差、浆液排出泵电流、吸收塔液位、浆液密度、浆液 pH、石灰石（石灰）浆液箱液位及浆液补充量等参数。

- 循环流化床炉内脱硫：应关注锅炉负荷，锅炉小时耗煤量，燃煤硫分，出口烟气流量，出口烟气温度，出口烟气二氧化硫、氮氧化物、烟尘浓度，出口烟气含氧量，脱硫剂料仓料位高度，上料机电流，脱硫剂使用量等。检查台账中自动监控测点是否正常运行，出口氮氧化物、烟尘、二氧化硫浓度是否达标排放。
- 海水脱硫：应关注机组负荷、烟气流量、脱硫塔入口烟气含水量、燃煤硫分、旁路挡板开度、脱硫效率、进出口二氧化硫浓度、出口烟尘浓度、出口氮氧化物浓度、烟气氧含量、烟气温度、入口烟气压力、增压风机电流、密封风机电流、海水提升泵电流、海水使用量、海水 pH。
- SCR 脱硝：应关注机组负荷、脱硝入口温度、进出口氮氧化物浓度、脱硝效率、稀释风机电流、喷氨压力、液氨储罐液位、氨气稀释比、每小时脱硝剂喷入量、氨气逃逸浓度。检查所有自动监控测点是否正常；脱硝效率是否符合环评批复要求；氮氧化物出口浓度是否符合排放要求。为保证脱硝效率，应确保达到反应窗口温度，大容量机组一般应在 295～350℃，烟温低于催化剂反应温度时无法保证脱硝系统运转。SCR 技术必须加强对氨的逃逸、氨的储运方面的安全管理，一般要求氨逃逸率低于 5 mg/kg。为防止催化剂出现堵塞和腐蚀情况，要密切关注反应器压力变化及吹灰情况。使用尿素做还原剂的，还需关注尿素热解装置的运行情况。
- SNCR 脱硝：应关注机组负荷、脱硝入口温度、出口氮氧化物浓度、脱硝效率、每小时脱硝剂喷入量、稀释风机电流、氨气稀释比、喷氨压力、氨气逃逸浓度。检查所有自动监控测点是否正常；脱硝效率是否符合环评批复要求；氮氧化物出口浓度是否符合要求。SNCR 脱硝运行温度一般为 850～1 100℃。NH_3/NO_x 体积比为 0.8～2.5。运行正常状态的氨逃逸率为 3～5 mg/kg。SNCR 技术必须加强对氨的逃逸、氨的储运方面的安全管理，应注意液氨储罐液位正常、罐内压强和温度正常，氨区应无漏氨，并设置必要的卫生防护距离。

7.3.2 自动监控设施

7.3.2.1 自动监控设施运行状况检查

- 采样单元

加热采样探头内部及滤芯无沾污和堵塞现象，其过滤器加热温度符合仪器说明书要求（通常为120℃以上）。（针对直接抽取法）

不正常运行情形包括（不限于）以下情况：采样探头内部及滤芯沾污和堵塞，其过滤器加热温度不符合仪器说明书要求。

采样伴热管的长度不宜过长（通常在76 m 以内），且其沿走向向下倾斜度大于5°，管路无低凹或凸起，伴热管温度通常大于120℃。（针对直接抽取法）

不正常运行情形包括（不限于）以下情况：

A．目测加热导管存在平直的管段或明显U型管段；

B．管线存在扭结、缠绕或断裂的现象；

C．伴热管温度过低。

反吹系统正常工作，反吹气压缩机正常工作。

不正常运行情形包括（不限于）以下情况：反吹周期、反吹时间、空压机表头压力不符合仪器说明书要求。

稀释单元应工作正常。（针对稀释抽取法）

稀释比恒定，其数值与登记备案一致。

不正常运行情形包括（不限于）以下情况：

A．稀释气流量及样品气流量不稳定，或与登记备案不一致；

B．稀释气因过滤、除水装置或耗材故障、失效，纯度不够，或者由于其他原因达不到净化要求。

气、水分离器工作正常。

冷凝器出口器温度应低于露点或与登记备案一致，滤芯应保持干燥状态，不变色。

不正常运行情形包括（不限于）以下情况：

A．气、水分离器冷凝器温度高于5℃或与登记备案不一致；

B．长时间无水排出；

C．干燥器滤芯变色。

● 分析单元（二氧化硫与氮氧化物）

颗粒物过滤器干净。

不正常运行情形包括（不限于）以下情况：颗粒物过滤器肮脏、积灰影响正常采样。

红外法及化学发光法的 NO_2 转换器工作正常，其温度与登记备案一致。

仪器内部管路连接紧固，管壁无积灰及冷凝水。

不正常运行情形包括（不限于）以下情况：仪器内部管路连接松动，管壁存在积灰及冷凝水。

● 分析单元（颗粒物）

观察吹扫系统电机，能正常工作。

隔离烟气与光学探头的玻璃视窗清洁，仪器光路准直。

观察吹扫系统的管道，连接正常。

吹扫风机的净化风滤芯应清洁。

不正常运行情形包括（不限于）以下情况：

A．吹扫系统电机出现异常噪声、震动；

B．隔离烟气与光学探头的玻璃视窗表面积尘，仪器光路偏离；

C．吹扫系统的管道有裂缝，连接松动；

D．吹扫风机的净化风滤芯积灰。

● 分析单元（烟气参数）

皮托管应无变形，并与气流方向垂直，紧固法兰无松动。

热敏温度计安装位置有效，固定无松动，其表面应无积灰。

过量空气系数、皮托管系数 *K* 值、烟道截面积、速度场系数应与登记备案一致。

废气排放量、气态污染物浓度等换算符合《固定源废气监测技术规范》（HJ/T 397—2007）的有关要求。

不正常运行情形包括（不限于）以下情况：

A．皮托管变形、堵塞，与烟道气流方向偏离，不垂直；

B．热敏温度计安装位置无效，固定松动，其表面有腐蚀情况，有积灰；

C．空气过量系数、皮托管系数 *K* 值、烟道截面积与登记备案不一致；

D．烟气参数转换为标准要求的数据未按 HJ/T 397—2007 进行计算；

E．废气排放量、气态污染物浓度等换算不符合 HJ/T 397—2007 的有关要求。

- 校准和校验检查

固定污染源烟气 CEMS 在运行过程中应当按照《固定污染源烟气排放连续监测技术规范》（HJ/T 75—2007）的有关规定，开展定期校准和定期校验。

不正常运行情形包括（不限于）以下情况：

A．零点和跨度校准频次与校验频次达不到 HJ/T 75—2007 的有关要求；

B．现场通入零气和标准气体测试，零点漂移和跨度漂移符合 HJ/T 75—2007 规定的失控指标；

C．现场通入标准气体测试，准确度不符合 HJ/T 75—2007 规定的参比方法验收技术指标要求。

7.3.2.2 数据采集传输仪器重点检查

检查数据采集仪是否符合《污染源在线自动监控（监测）数据采集传输仪技术要求》（HJ 477—2009）和《污染物在线监控（监测）系统数据传输标准》（HJ/T 212—2017）的有关规定。

- 仪器参数检查

自动监控仪器和数据采集传输仪器中数据采集参数设置应一致；参数设置与验收、登记备案或上一次有效性审核一致。（传输模拟信号的需校对量程）

不正常情形判别：

存在数据采集参数高限设置过低或低限设置过高情况；参数设置与验收、登记备案或上一次有效性审核不一致。

- 线路连接检查

自动监控仪器与数据采集传输仪器间的数据线路正常连接。

不正常运行情形包括（不限于）以下情况：

A．数据采集传输仪与自动监控仪器间加装有不明的数据处理设备（如可编程控制器）或信号处理设备（如滤波器等限制电流波动范围的设备）；

B．数据采集传输仪器与通信设备（调制解调器、无线发射器、光纤通信设备）之间连接其他不明设备；

C．自动监控设施停止工作后，数据采集传输仪仍产生并自动发送与实际情况不相符的数据。

● 数据传输检查

上位机与数据采集单元采集的实时数值应一致。

不正常运行情形包括（不限于）以下情况：加装软件限制数据大小和调整数据。

7.3.2.3 自动监控设施不正常运行情形判别

● 数据异常情况

长期无正当理由无自动监控数据。

自动监控数据长期在仪器分析方法检出限上下波动。

自动监控数据变化幅度长期在某一固定值上下小幅波动。

自动监控数据变化幅度长期在量程2%以内波动。

监督性监测数值与同时段自动监控数值的误差超过 HJ/T 75—2007 规定的比对监测指标范围。

分析仪器、数据采集传输仪、监控中心之间的数据异常。

分析仪器数据与数据采集传输仪数据偏差大于1%。

数据采集传输仪数据与监控中心数据偏差大于1%。

企业生产工况、污染治理设施运行与自动监控数据的相关性异常。

企业生产工况或污染治理设施发生变化，自动监控设施数据未及时响应或变化趋势不符合逻辑。

其他不符合逻辑的数据变化情形。

● 仪器参数设置异常

仪器量程设置过大。

实际监测条件发生变化，仪器参数未相应调整或变化调整未进行登记备案。

自动监控数据换算公式与有关国家技术规定不一致。

标准曲线发生改变未进行登记备案。

● 自动监控设施状态异常

部分擅自停运或闲置。

工作环境发生变化未进行登记备案。

自动监控设施硬件、软件发生变化未进行登记备案。

发现存在上述异常情况时，应将该自动监控设施列入重点检查对象。由现场监督检查部门会同环境监测及其他相关职能部门，必要时可邀请仪器设备和污染治理专业人员参加，成立专门检查组，对该污染源自动监控设施实施重点检查。

7.3.3 分散控制系统（DCS）

DCS 是分散控制系统（distributed control system）的简称，国内一般习惯称为集散控制系统。它是一个由过程控制级和过程监控级组成的以通信网络为纽带的多级计算机系统，综合了计算机（computer）、通信（communication）、显示（CRT）和控制（control）等 4 C 技术，其基本思想是分散控制、集中操作、分级管理、配置灵活、组态方便。主要包括控制器、I/O 板、通信网络、图形及编程软件、操作员站及工程师站。

7.3.3.1 线路连接检查

自动监控仪器与 DCS 间的数据线路正常连接。

不正常运行情形包括（不限于）以下情况：

A．DCS 与自动监控仪器间加装有不明的数据处理设备（如可编程控制器）或信号处理设备（如滤波器等限制电流波动范围的设备）；

B．DCS 与通信设备（调制解调器、无线发射器、光纤通信设备）之间连接其他不明设备。

C．自动监控设施停止工作后，DCS 仍产生并自动发送与实际情况不相符的数据。

7.3.3.2 数据传输检查

上位机与 DCS、数据采集单元采集的实时数值应一致。

不正常运行情形包括（不限于）以下情况：

加装软件、硬件（可变电阻）限制数据大小和调整数据。

7.3.3.3　DCS 组态检查

自动监控仪器、数据采集仪与 DCS 组态中各污染因子量程设置是否一致。

主要设备（引风机、增压风机、浆液循环泵、挡板门等）现场端电流信号与 DCS 显示数据是否保持一致。

逻辑关系检查。检查 DCS 系统中锅炉负荷，烟道和脱硫、脱硝、除尘等设备运转与烟气参数是否保持一定的逻辑关系。可调阅过去一段时间，或调阅锅炉性能测试报告中的各有关参数运行状态进行比较分析。例如，将电厂生产负荷、脱硫效率，pH 计数值，进出口二氧化硫、氮氧化物、烟尘浓度，增压风机电流，旁路挡板开启度等指标调取在一个界面内。检查锅炉负荷和增压风机运行的关系，吸收塔进出口的各种参数的逻辑关系，查看历史曲线异常的情况，对照异常情况检查运行日志。所有异常情况是否在运行日志上得以反映。检查异常数据是否符合逻辑关系。审计历史曲线、运行台账和自动监控数据报表的一致性。

8　钢铁行业环境审计技术指南

8.1　行业概述

8.1.1　行业发展状况和趋势

钢铁工业是国民经济重要的基础原材料工业，汽车、家电、造船、机械制造、房地产等各行各业都离不开钢铁材料。我国钢铁工业经过新中国成立后 60 多年的发展，已成为举世瞩目的钢铁第一大国，粗钢产量处于绝对优势，并从根本上转变了世界钢铁生产的整体格局。特别是进入 21 世纪，我国钢产量增加迅猛，2000 年粗钢产量 1.29 亿 t，占世界粗钢产量的 15.1%；2019 年粗钢产量达到 9.96 亿 t，增幅达 672%，占世界粗钢产量的比例上升到 53.3%。

在我国钢产量快速增长的同时，我国钢铁企业通过引进消化吸收和技术开发，积极实施结构调整和产业升级，建设了一大批当今先进水平的冶炼和轧钢生产能力，生产设备实现了大型化、现代化和连续化，拥有世界级的焦炉、烧结机、高炉、转炉、电炉和连铸等生产设备。初步形成以宝钢、鞍钢、武钢为代表的，综合实力居于世界前列的特大型钢铁企业。随着钢铁工业整体装备水平不断提升，清洁生产、循环经济和可持续发展不断推进，节能环保投入持续增加，干熄焦、高炉煤气干式除尘、转炉煤气干式除尘、废水再生利用、副产煤气利用、钢铁渣的综合利用等节能环保技术均取得长足进步，逐步得到广泛应用。生产和节能环保绩效指标得到有效改善，主要生产指标不断改进，能耗、水耗和“三废”排放大幅下降。

虽然我国已经成为钢铁第一大国，装备水平和节能减排水平也大幅提高，但在快速发展过程中出现的钢铁产能过剩、产品结构不合理、高附加值产品短缺、行业集中度低、原燃料对外依存度不断增加、生态环境受到严重影响等一系列问题，使我国钢铁工业的可持续发展面临严峻挑战。因此，加快钢铁企业兼并重组、加大高精尖产品的研发力度、实现结构调整和产业升级、持续提高能源利用水平、减少污染物排放、实施“走出去”战略，必将替代单纯的产能扩张，成为我国钢铁行业下一步的发展方向。

8.1.2　生产投入和产出情况

钢铁企业最终的产品是棒材、线材、管材、板材、型材等不同种类的钢材，在钢材的生产过程中将消耗大量的原辅材料和能源。钢铁生产最基础、最主要的原料是铁矿石，消耗的主要辅料有石灰石（白云石）、铁合金、萤石、膨润土等，其中石灰石（白云石）主要用作烧结所需熔剂，炼铁所需熔剂、造渣剂，及用于石灰焙烧车间；石灰石（白云石）由石灰焙烧车间加工成生石灰（轻烧白云石）用于炼钢造渣；铁合金供炼钢用；萤石全部用于炼钢造渣；膨润土用作球团生产的黏结剂。

铁矿石是钢铁生产最主要的原料，铁矿石中带入的硫也是钢铁企业排放二氧化硫最主要的来源。我国铁矿资源分布较不平均，华北和东北地区的铁矿禀赋量占全国铁矿的近 60%，而南部地区和西北地区禀赋量相对较少。国内不同地区的铁矿石含硫量有所不同，华北地区一般为 0.03%～0.24%，东北 0.02%～0.15%，华东 0.13%～0.45%，中南 0.15%～0.4%，西南 0.15%～0.48%，西北 0.21%～0.22%。总体来看，东北和华北地区铁矿石含硫量低；华东、中南、西南、西北多数相对含硫量偏高。2013 年我国的铁矿石原矿产量达到 14.5 亿 t，但要满足我国钢铁生产需求，我国每年还需从国外进口大量铁矿石，2013 年我国铁矿石进口量达到 8.19 亿 t，目前我国进口铁矿石来自 40 余个国家和地区。进口数量前 10 位的国家依次为澳大利亚、巴西、印度、南非、加拿大、俄罗斯、伊朗、秘鲁、印度尼西亚、委内瑞拉，上述 10 国进口数量合计占全部进口量的 90%以上。与国产矿相比，进口矿的硫含量更低，我国使用的进口铁矿石含硫率为 0.002%～0.025%，其中澳矿 0.002%～0.003%，巴西矿≤0.003%，南非矿 0.018%～0.025%。

除了铁矿石以外，废钢也是钢铁生产的主要原料，与铁矿石相比，废钢属于钢铁生产相对“清洁”的原料，采用废钢为原料的电炉钢生产工艺，流程更短、能耗更低、污染物产生量更少。但与铁矿石是自然资源不一样，废钢主要来自社会钢铁产品的报废回收，而废钢的产生量与工业化水平、社会经济发展阶段直接相关。目前，我国仍然处于工业化、城镇化的发展中阶段，社会废钢储备量较少，因此钢铁生产还是以铁矿石作为最主要的原料，但随着铁矿石资源的不断枯竭、社会废钢储备量的不断增多，以废钢作为生产原料的比例会越来越高。

钢铁企业最主要的能源是煤，包括炼焦所用的原料煤（洗精煤）、高炉炼铁所用的喷吹煤、烧结所用的燃料煤、自备电厂和锅炉所用的动力煤等。2013 年我国钢铁行业煤炭消费量超过 6 亿 t，其中 80%是用于生产焦炭的洗精煤，19%是用于高炉喷吹的烟煤或无烟煤，仅仅只有不到 1%的煤是被钢铁企业作为燃料使用的。钢铁企业所使用的煤含硫率一般为 0.5%～1%，钢铁行业虽然是煤炭消耗大户，但绝大多数的煤用于生产焦炭或者喷吹入高炉中作为炼铁生产的还原剂，而不是作为燃料用于燃烧，也就是说煤中的硫并没有变成二氧化硫排放入大气环境，这与火电行业具有明显的差异。

钢铁工业也是我国耗水大户之一，其用水量占全国工业用水总量的 20%以上。由于钢铁冶金是一个高温过程，钢铁生产设备、钢铁物料的间接和直接冷却需要大量冷却水，除了冷却用水外，钢铁生产各工序中焦炉煤气净化、高炉煤气湿法净化、转炉煤气湿法净化以及轧钢车间钢材冲洗等处也需要用水。钢铁工业用水最大的特点是可以利用各工序用水水质要求的差异，实现串接用水和梯级用水。

从钢铁生产投入的原辅、燃料可以看出，一方面，钢铁工业是物质密集型、能源密集型产业，钢铁生产必然会消耗高、能耗高、产生的废物多。包括铁矿石在内的各种钢铁生产原辅料，大多为无机矿物，成分相对简单，这种类型物质的大量使用，将会产生大量的烟粉尘和固体废物。另一方面，COD、氨氮之类的有机水污染物较少；而大量使用的铁矿石、煤等含硫原燃料，成为钢铁行业二氧化硫的主要来源。因此，从原辅、燃料的简单分析，可以初步判断，钢铁工业的污染特征表现为以大气污染为主，水污染物相对简单，固体废物数量较大。

8.1.3 主流生产工艺和过程

钢铁企业按其生产所用原材料和生产工艺流程通常可分为两大类型，即钢铁联合企业和电炉钢企业。钢铁联合企业的生产工艺流程主要包括烧结（球团）、焦化、炼铁、炼钢、轧钢等生产工序，其中炼铁工序的主要设备是高炉，炼钢工序的主要设备是转炉，因此通常也把该生产工艺流程叫作“高炉-转炉长流程”；而电炉钢企业由于主要采用废钢作为原料，不需要烧结（球团）、焦化、炼铁等工序，炼钢工序的主要设备是电炉，因此通常也把该生产工艺叫作“电炉短流程”，其下游连铸、轧钢等工艺步骤与钢铁联合企业类似。目前，我国钢铁生产工艺流程以“高炉-转炉长流程”为主，电炉钢产量仅占总产量的10%。

8.1.3.1 烧结

烧结是高炉炼铁的配套工序，可使铁精矿的还原性、热稳定性、机械强度、自熔性都达到高炉入炉的要求；同时，烧结过程可以将高炉炉尘、转炉炉尘、轧钢皮、污泥等固体废物回收利用，使其变废为宝，降低生产成本，实现循环经济。

烧结工序最主要的设备是烧结机，烧结机的规格以其有效抽风面积的大小进行划分。烧结过程是将各种粉状含铁原料（铁精矿和氧化铁皮、含铁尘泥等固体废物），按要求配入一定数量的燃料（煤粉、焦粉）和熔剂（石灰石、白云石、生石灰等），均匀混合制粒后布到烧结台车上点火，引燃烧结料中的固体燃料，开始抽风烧结；在高温下，混合料中部分易熔物质发生软化、熔化，将矿粉颗粒黏结成块，所得的块矿称之为烧结矿。烧结工艺流程从燃料、熔剂、混匀矿的接受开始至成品烧结矿出厂为止，包括燃料细破、配料、混合、烧结、冷却、整粒等生产过程（图8-1）。

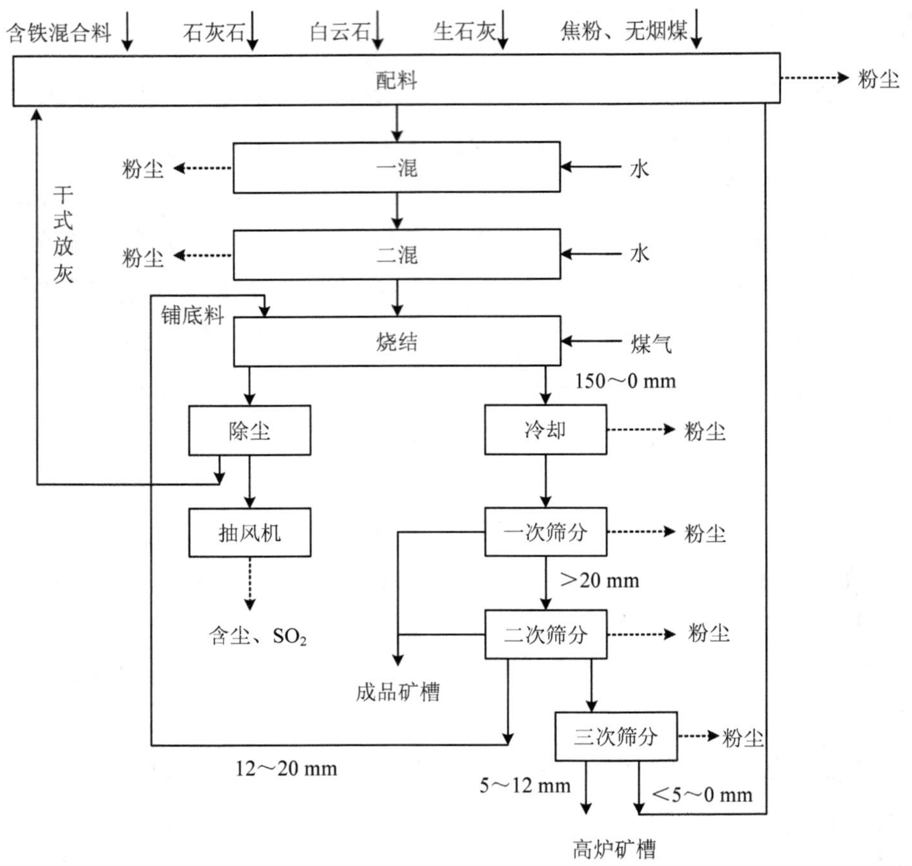

注：图中数字对应的是成品物料的直径。

图 8-1 烧结工艺流程及产污环节

8.1.3.2 球团

球团矿和烧结矿一样，也是人造富矿的一种，我国高炉综合炉料结构为 70%～85%烧结矿配加 10%～20%球团矿或 5%～10%块矿。球团主要生产工艺有竖炉、带式焙烧机和链篦机-回转窑 3 种，目前，应用最广泛、技术最成熟的是链篦机-回转窑工艺。

球团生产工艺流程与烧结类似，包括原料接收、精矿干燥、高压辊磨、配料、强力混合、造球、生球筛分及布料、生球干燥及预热、氧化焙烧、冷却及成品球团矿输出等主要工序（图 8-2）。

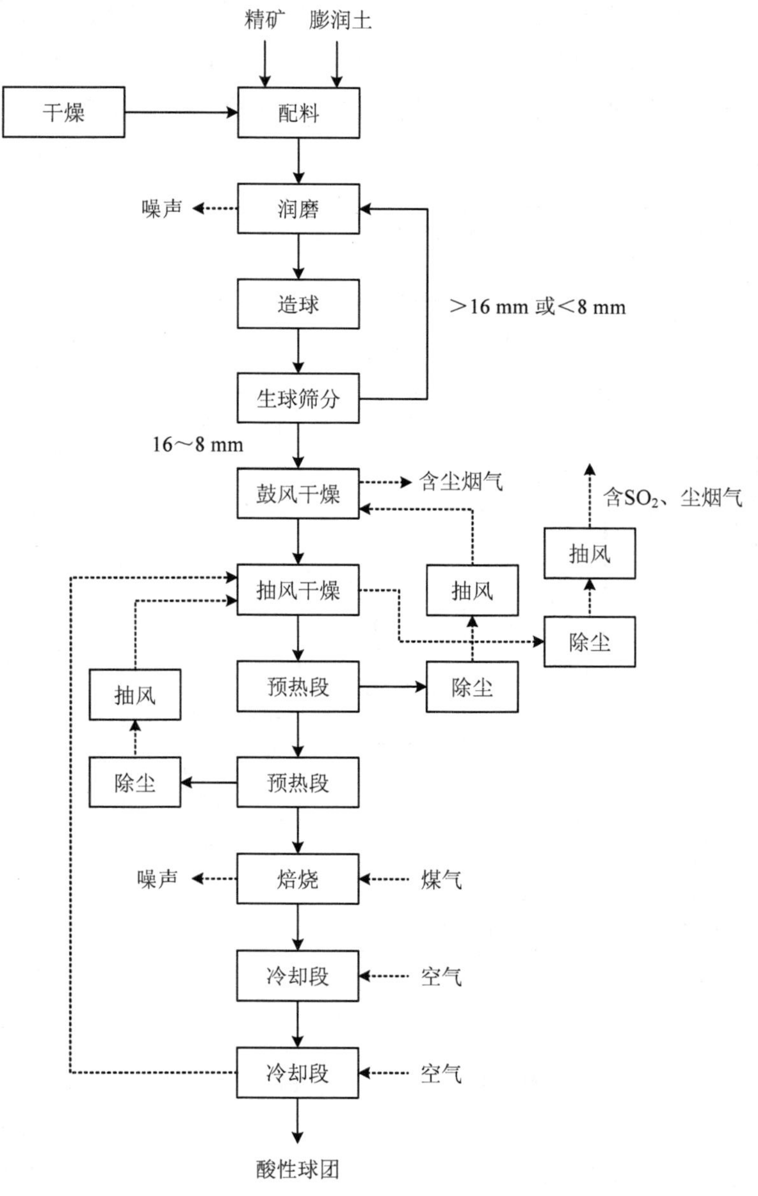

图 8-2 球团工艺流程及产污环节

8.1.3.3 焦化

焦化工序生产的焦炭是炼铁生产的重要原料，炼焦的主体设备为焦炉，焦炉的规格以炭化室的高度进行定义，通常的焦炉有 4.3 m、6 m、7 m、7.63 m 等。焦化工艺流程从煤处理、炼焦、熄焦、焦处理开始，至煤气净化、化产回收为止（图 8-3）。

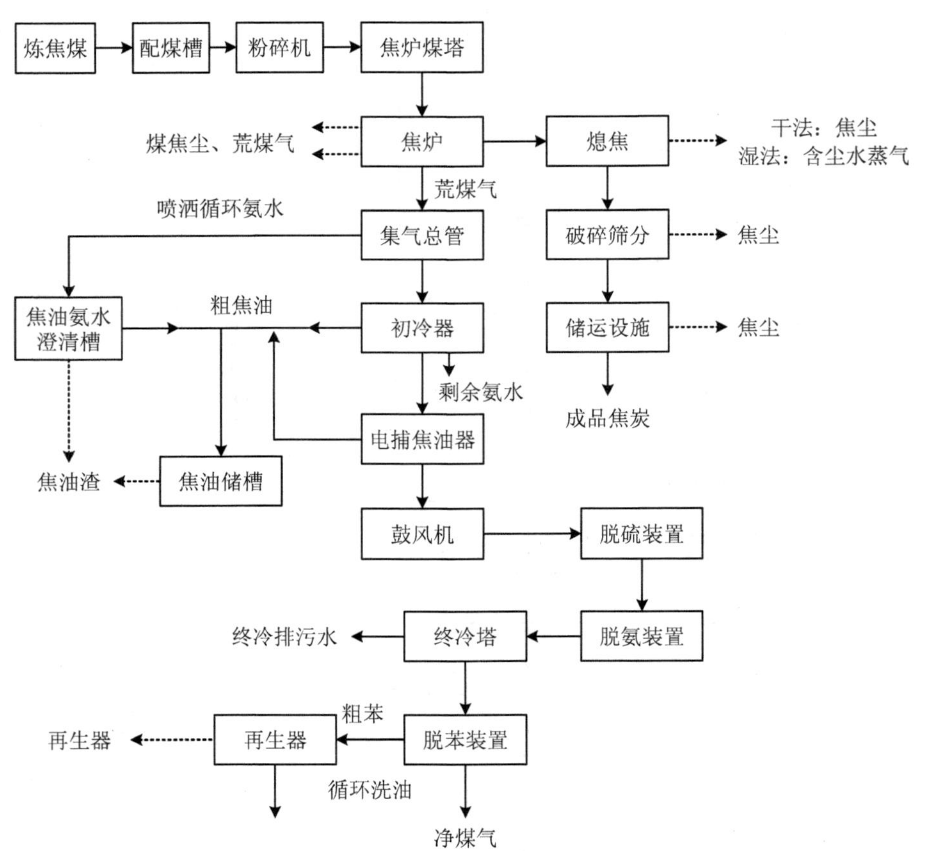

图 8-3 焦化工艺流程及产污环节

焦炭从炭化室推出时，温度较高，为便于运输、贮藏，需要对焦炭进行冷却，即熄焦，熄焦工艺分为干熄焦和湿熄焦。湿熄焦是在炭化室内的焦炭成熟后，用推焦机推出，经拦焦机导入熄焦车内，送至熄焦塔内进行喷水熄焦。而干熄焦的介质是惰性气体，焦炭通过带布料器装入干熄炉内，在干熄炉中焦炭与惰性气体直接进行热交换，焦炭被冷却至平均 205℃左右，高温的惰性气体经除尘器除尘后进入干熄焦锅炉换热后进入干熄炉循环使用。和湿熄焦相比，干熄焦可比传统湿法熄焦少排放 80%的颗粒物等大气污染物，且有利于回收能源和提高焦炭质量；干熄焦工艺还利于节约用水，每处理 1 t 红焦可节约熄焦用水 0.4～0.5 m^3。因此，干熄焦与高炉煤气干法净化、转炉煤气干法净化并称为钢铁企业鼓励推广的“三干”节能减排技术。

焦炉煤气净化系统通常由冷凝鼓风装置、脱硫装置、脱氨装置和脱苯脱萘装置等组成，不同的煤气净化工艺流程主要表现在脱硫和脱氨工艺方案的选择上。目前应用于焦化行业的脱氨工艺主要有水洗氨蒸氨浓氨水工艺、水洗氨蒸氨氨分解工艺、冷法无水氨工艺、热法无水氨工艺、半直接法浸没式饱和器硫铵工艺、半直接法喷淋式饱和器硫铵工艺、间接法饱和器硫铵工艺、酸洗法硫铵工艺。国内外现行的焦炉煤气脱硫技术很多，各有优缺点，目前主要为湿式氧化工艺，可分为以钠为碱源和以焦炉煤气中的氨为碱源两种。目前以 A-S 法脱硫，改良 ADA、HPF、FRC 脱硫制酸，真空碳酸盐法等脱硫工艺应用最为广泛，技术也比较先进。其中，A-S 法脱硫效率较低，通常可将煤气中 H_2S 脱至 500 mg/m^3 以下，而其余脱硫工艺可脱至 200 mg/m^3 左右。

8.1.3.4　高炉炼铁

炼铁是将金属铁从烧结矿、球团矿和天然块矿等含铁矿物（主要为铁的氧化物）中还原出来的工艺过程（流程见图 8-4）。高炉冶炼的主要原料为烧结矿，焦炭是最主要的还原剂，同时可以向高炉中喷吹一定量的煤粉替代焦炭，降低成本，除此之外，还需添加一定量的石灰石、生石灰等熔剂和造渣剂，产品为铁水，副产品有炉渣和高炉煤气。炼铁的主体设备是高炉，以炉腔的容积定义高炉的规格，从几百到几千立方米不等。高炉通常需要配套提供热空气的热风炉。

高炉车间由矿焦槽系统、上料系统、炉顶系统、炉体系统、风口平台出铁场系统、炉渣处理系统、热风炉系统、粗煤气除尘系统、煤粉喷吹系统、铸铁机室等组成。

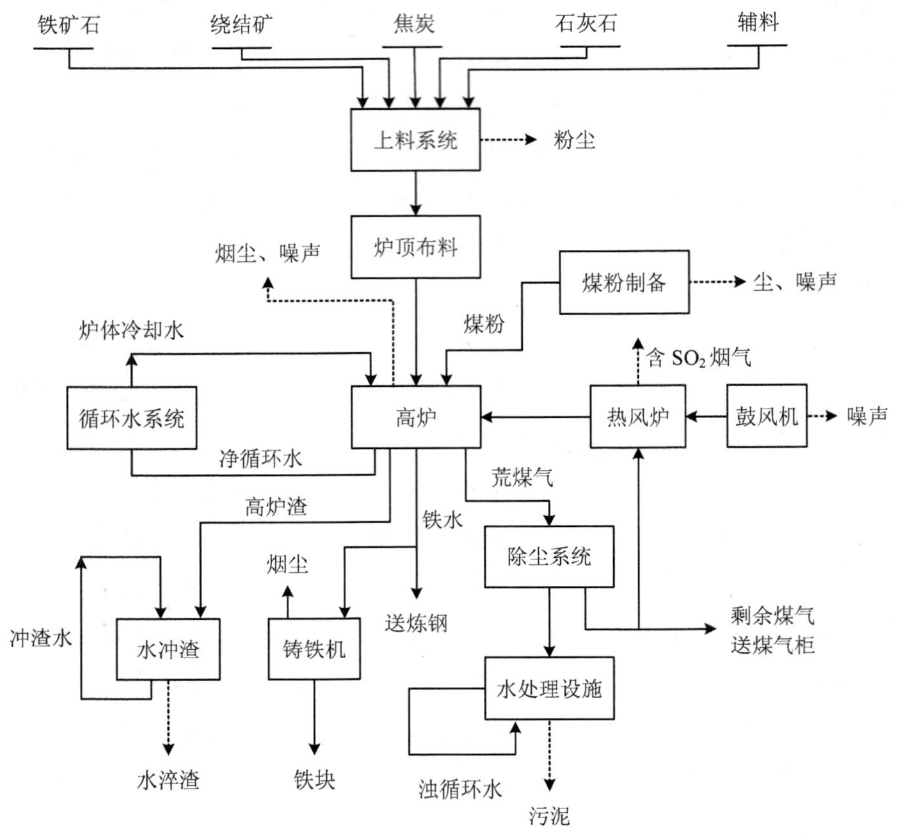

图 8-4 炼铁工艺流程及产污环节

原燃料在原料场、烧结厂和焦化厂经整粒后送高炉矿槽储存以备冶炼使用，在矿槽槽下对各种原燃料进行进一步的筛分除去粉末，用胶带机将炉料运送到高炉炉顶，通过炉顶装料设备将炉料送入炉内进行冶炼。高炉鼓风机向高炉提供冶炼用空气，经热风炉将空气加热到 1 250℃左右鼓入高炉炉缸。为减少鼓入的空气量、提高冶炼强度等，通过富氧技术提高鼓入空气的含氧量。为减少焦炭消耗，通过喷吹技术在炉缸喷入煤粉替代焦炭作为冶炼用燃料和还原剂。高炉铁水通过高炉出铁口、出铁场铁沟、摆动流嘴进入鱼雷罐车，用机车送到炼钢厂炼钢。炉渣通过高炉出铁口、渣沟、水渣冲制设备到储渣斗储存，高炉水渣经二次加工成为水渣微粉外售。

高炉煤气含有 25%左右的 CO，是钢铁企业重要的二次能源之一，在进行回收利用前，需要对其进行净化。高炉煤气中初始含尘质量浓度 5 g/m^3 以上，有两种净化工艺：干法除尘、湿法除尘。湿法除尘采用洗涤塔加文氏管或者双文形式，干法除尘采用重力加袋式除尘器形式；湿法除尘工艺在运行中需要大量的水，产生的污水含有害物质，不仅污染环境，且浪费二次能源，因此，钢铁企业鼓励推广高炉煤气干法除尘工艺。

8.1.3.5　炼钢

炼钢是提纯、调质过程，通过炼钢将铁水中的 C、P、S 等杂质去除，同时根据产品的需求，添加一定量的合金元素，改变钢水的性能（流程见图 8-5）。炼钢根据主要冶炼设备的不同，分为转炉炼钢和电炉炼钢。转炉、电炉的规格以其公称容量予以划分，从几十吨到几百吨不等。电炉炼钢的加料，以及冶炼完毕炉外精炼与转炉炼钢类似，但与转炉吹氧冶炼不同的是，电炉有三根插入炉内的电极，通电后利用电能将废钢熔化进行冶炼。

铁水由鱼雷罐车运至转炉炼钢厂，对铁水进行倒罐、称量、取样、脱硫、扒渣后兑入炼钢转炉内。废钢由废钢台车从废钢配料间运至转炉加料跨，辅原料（铁合金、活性石灰、轻烧白云石等）从辅原料地下料仓经加料皮带机、振动给料机加入转炉。转炉采用顶底复吹转炉，冶炼时对转炉吹氧、吹惰性气体（氮气、氩气），吹炼过程以碳氧反应为基础，铁水中的大部分碳与氧反应生成 CO 和少量的 CO_2，少量残留在铁水中，铁水脱碳后得到钢水。从转炉出来的钢水需进行炉外精炼，采用 LF 炉、CAS－OB 及 RH 炉、VD 炉等进行精炼。

转炉煤气含有 60%左右的 CO，是钢铁企业重要的二次能源之一。转炉煤气中初始含尘质量浓度为 5 g/m^3 以上，转炉煤气净化工艺有干法除尘（LT 法）和湿法除尘（OG 法）两种，转炉干法除尘工艺也是钢铁企业鼓励推广的“三干”技术之一。

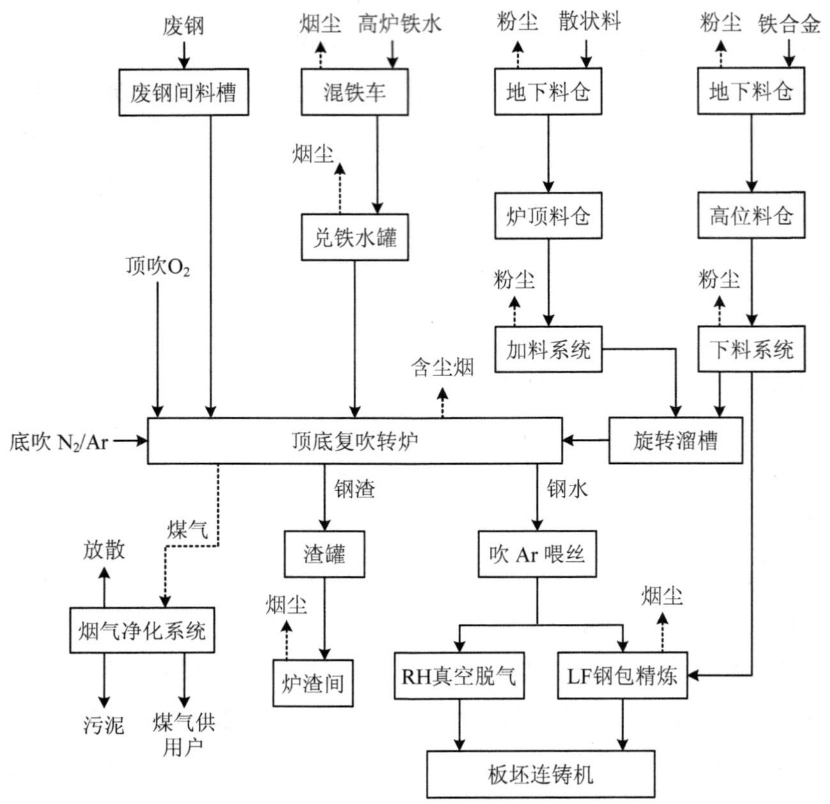

图 8-5 炼钢工艺流程及产污环节

8.1.3.6 连铸

连铸生产工艺流程为：转炉钢水经精炼后装入钢水罐用吊车送到连铸车间，经中间罐倒入结晶器，在结晶器中铸成连铸初坯，在二次冷却区对铸坯进行气-水冷却和喷水冷却，然后在火焰切割机上按要求切割成一定长度的连铸坯，经检验合格后由热送辊道直接送热轧厂，不合格的铸坯下线经火焰清理后再送热轧厂（图 8-6）。

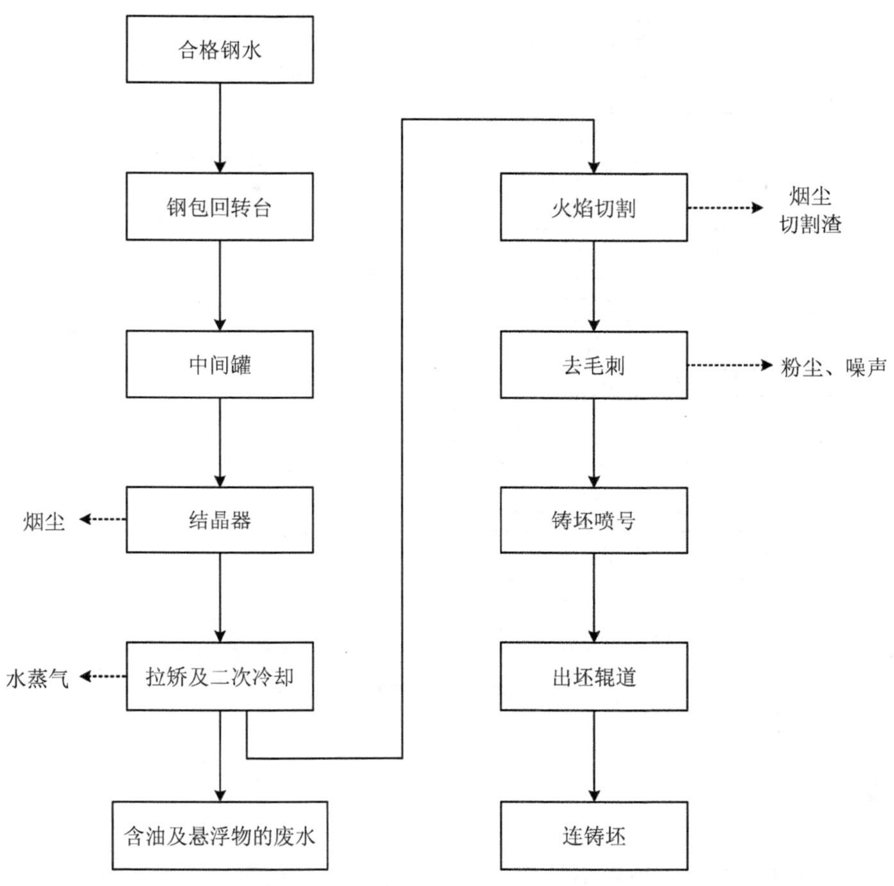

图 8-6　连铸工艺流程及产污环节

8.1.3.7　热轧

热轧根据产品的不同，分为不同的轧制工艺，但工艺流程大同小异（图 8-7）。这里以板坯轧制为代表进行介绍。钢坯在加热炉内加热到设定的出炉温度后，送到高压水除磷箱，用高压水清除板坯表面氧化铁皮。然后，经粗轧机、精轧机进行轧制，轧制好的钢材经冷却后就可作为商品材进行销售。

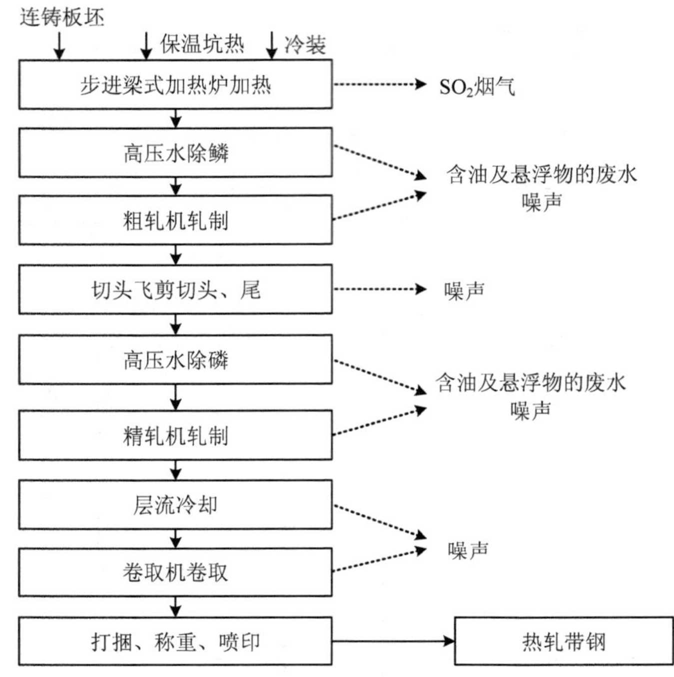

图 8-7 热轧工艺流程及产污环节

8.1.3.8 冷轧

有的钢材需要进一步提高品质，还需要进行冷轧处理。冷轧车间包含的主要生产机组有酸洗轧机联合机组、连续退火机组、连续热镀锌机组、连续电镀锡机组、连续电镀锌机组、电工钢退火机组以及为冷轧生产配套的废酸再生等辅助设施。各机组主要生产流程如下：

1．酸洗—轧机联合机组

热轧钢卷在开卷机上展开后，送到双切剪切掉不符合要求的头尾，然后由焊机把两卷带钢头尾焊接起来，再送入酸洗槽除掉带钢表面的氧化铁皮。酸洗后的带钢再经过漂洗、烘干、切边后，通过张力辊装置连续不断地送入冷连轧机，轧制到所要求的成品厚度。

2．连续退火机组

将冷轧后产生加工硬化的带钢经过碱洗、漂洗、烘干后送入退火炉内进行加热、均热、冷却、水淬等工艺处理。从炉子段出来的带钢通过出口活套送至平整机进行平整处理。

3．连续热镀锌机组

需要在连续热镀锌机组处理的钢卷开卷后，切掉不符要求的带钢头尾部分，由焊机把前后两卷带钢焊接起来，经过化学、机械碱洗、漂洗、烘干等工序后送入加热炉内进行预热、加热、均热、冷却、保持等热处理。处理后的带钢直接进入锌锅进行热浸镀，再送入风冷装置冷却，经过吹风冷却后的带钢再送入淬水槽内进行最终冷却，接着通过光整、拉伸矫直处理，然后通过无铬钝化装置等后处理工序进行处理。

4．连续电镀锌、电镀锡机组

需要连续电镀锌（锡）机组处理的钢卷在开卷机上展开后，送到双切剪切掉不符要求的头尾带钢，然后由焊机把两卷带钢头尾焊接起来，送到拉伸矫直机进行带钢的矫直处理，然后进行清洗、电镀、冲洗、活化、无铬钝化、冲洗、烘干等一系列的工艺处理。

流程图见图 8-8。

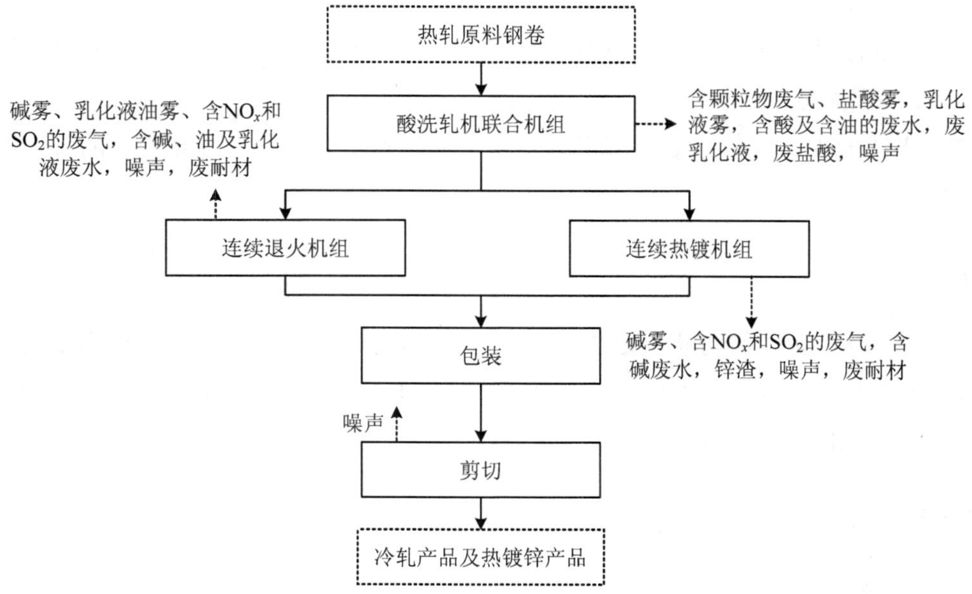

图 8-8　冷轧工艺流程及产污环节

8.1.3.9 公辅设施

除了钢铁生产主流程外，钢铁企业通常还有原料场、石灰车间、自备电厂、氧气站、给排水等公辅设施。这些公辅设施为钢铁生产提供必备的辅料和能源介质。

8.1.4 产排污状况及关键环节

8.1.4.1 烧结

1．废气

烧结生产会在燃料破碎、原燃料配料、混合等整个原料准备阶段，烧结台车上混合料点火焙烧过程中，以及烧结过程结束后，烧结矿冷却、破碎、筛分、转运过程中产生大量的烟粉尘；同时，由于烧结所使用的铁矿石以及煤粉、焦粉等燃料中含硫，因此在高温焙烧时，会产生 SO_2 和 NO_x 等污染物。

2．废水

烧结车间单辊破碎机、点火炉、主抽风机、环冷机风机、除尘风机、给料溜槽及各润滑系统等间接冷却产生间接冷却废水，仅水温升高，不含其他有害物质。

3．固体废物

烧结的固体废物主要来源于除尘器收集的除尘灰和烟气脱硫产生的脱硫副产物。

8.1.4.2 球团

球团生产的产排污状况与烧结基本类似，只是在球团生产时，产生含二氧化硫、氮氧化物、烟尘等废气的环节由烧结台车变成了竖炉、链篦机-回转窑、带式焙烧机等球团焙烧设备。

8.1.4.3 焦化

1．废气

焦化车间在对原料煤进行粉碎、转运过程中会产生煤尘；炼焦时焦炉向大气排放的污染物包括颗粒物、BaP、丁硫胺酸亚砜胺（BSO）、H_2S、NH_3及SO_2、NO_x、CO等，主要为焦炉炉体的连续性少量泄漏，以及装煤、推焦、熄焦时的阵发性排放；焦炉加热时，以脱硫后的焦炉煤气或焦炉煤气与高炉煤气的混合煤气为燃料，燃烧后从焦炉烟囱中排放的废气含少量的 SO_2、尘、NO_x；筛焦楼，焦炭运输和卸料过程，炉前焦库的焦炭在筛分、转运过程中会产生焦尘。此外，焦炉煤气净化，各类设备的放散管、排气口等排放的污染物主要为原料中的挥发性物质、燃烧废气等有害物质。主要污染物为NH_3、H_2S、SO_2、NO_x、CO及有机污染物等。

2．废水

焦化车间生产废水分为两部分：一是各生产设备的间接冷却水及加热蒸汽冷凝水等，除水温略有升高外，不含其他有害物质；二是焦化酚氰废水，包括煤气水封水，蒸氨废水，油库、焦油蒸馏、馏分洗涤、工业萘蒸馏、改质沥青等装置产生的排污水、制酸废液，精吡啶产生的硫铵母液，终冷洗萘装置中的终冷塔产生的排污水，终冷洗苯工段终冷塔排污水，粗苯蒸馏工段各分离器及油槽分离水，苯加氢工段分离水和稳定塔回流槽的分离水，各工段油槽分离水及地下放空槽的放空液等。酚氰污水成分较复杂，含有较高浓度的COD、挥发酚、氰化物、氨氮、石油类等污染物。

3．固体废物

焦化车间产生的固体废物主要包括各除尘系统回收的粉料、冷凝鼓风工段产生的焦油渣、轻油蒸馏工段产生的再生器残渣、蒸氨塔产生的沥青渣、油库内超级离心机产生的分离渣和酚氰废水处理站产生的剩余污泥等。

8.1.4.4 炼铁

1．废气

高炉出铁时会在开、堵铁口时，以及出铁口、铁沟、渣沟、撇渣器、摆动流嘴、铁水罐等部位产生烟尘；高炉矿槽的槽上设有胶带卸料机，矿槽下设有给料机、烧结矿筛、焦炭筛、称量漏斗和胶带运输机等，各设备生产时在卸料、给料点等处有粉尘；高炉炉料采用胶带机上料方式，生产时炉顶胶带机头卸料时产生粉尘；高炉喷吹煤粉制备系统生产时有含煤粉的废气产生；高炉热风炉以高炉煤气为主要燃料，燃烧废气中含有少量烟尘、SO_2和NO_x；高炉冶炼过程中炉内有大量含尘和CO

的高炉煤气产生，高炉煤气在净化后作为钢铁生产重要的燃料使用。

2．废水

高炉炉体、炉底、炉缸、热风阀、动力空压站、喷煤空压站、鼓风站、液压站、TRT、通风空调等设备间接冷却产生废水，废水除水温升高外，不含其他有害物质。高炉炉渣处理通常采用水冲渣工艺，水冲渣装置产生的冲渣废水含悬浮物和少量硫化物。高炉煤气净化工艺采用湿法工艺的，会产生含悬浮物的废水。

3．固体废物

高炉生产过程中的固体废物主要有高炉炉渣、高炉煤气净化系统中除尘器收集的瓦斯灰（泥）、各烟粉尘除尘系统收集的除尘灰以及工业垃圾。

8.1.4.5 炼钢

1．废气

转炉炼钢车间铁水预处理，生石灰等原辅料输送、转炉兑铁水、加废钢、出钢过程，以及精炼炉冶炼都会产生含尘烟气；采用电炉炼钢工艺的，在加废钢、冶炼、出钢过程中也产生含尘烟气。转炉在吹炼时产生大量含 CO、粉尘的高温烟气，其中 CO 含量较高的部分烟气可作为转炉煤气净化后予以回收利用。同时由于转炉、LF 精炼炉冶炼时加入萤石（含 85% CaF_2），故烟气中还含有氟化物。

2．废水

炼钢车间转炉设备、电炉设备、LF 精炼炉设备、RH 真空精炼装置、风机轴承、冷却器、液力偶合器会产生间接冷却水，废水仅水温升高，不含其他有害物质。转炉煤气采用湿法净化的，会产生含悬浮物的煤气洗涤废水。采用 RH 真空精炼装置冷凝器会产生含悬浮物废水。

3．固体废物

炼钢车间产生的主要固体废物有钢铁渣（包括铁水脱硫渣、转炉渣、电炉渣、精炼渣），废耐火材料，除尘系统收集的除尘灰（泥）等。

8.1.4.6 连铸

1．废气

为有利于结晶器内初生坯壳的均匀形成及提高铸坯表面质量，需在结晶器中添加保护渣，此时会产生少量烟尘。铸坯采用喷水冷却和气-水冷却，会产生大量水蒸气。钢水经连铸机成坯后，如检查发现板坯表面产生裂纹，需用火焰清理机将其全部清除，此时产生含尘烟气。铸坯切割、清理、中间罐和钢包烘烤等燃用高炉、焦炉、转炉混合煤气，燃烧产生的烟气中含少量尘和 SO_2。

2．废水

连铸结晶器、机械设备、板式换热器、液压站、空压站、通风空调等会产生间接冷却水，废水仅水温升高，不含其他有害物质。

铸坯二次喷淋冷却、切割渣粒化、机械设备直接冷却、冲氧化铁皮等会产生含悬浮物和石油类的废水。

3．固体废物

连铸单元产生的固体废物主要有除尘系统收集的除尘灰、中间罐的注余渣、残钢及漏钢、耐火材料、氧化铁皮、废油、水处理污泥、切头、切尾和工业垃圾。

8.1.4.7　热轧

1．废气及粉尘

热轧工序废气污染物主要分为两部分：一是加热炉以高、焦、转炉混合煤气为燃料，燃烧后产生的含少量 SO_2、NO_x 等污染物的烟气；二是轧机在轧制过程中产生的粉尘。

2．废水

轧机设备直接冷却、冲氧化铁皮、高压水除磷等产生含悬浮物、油类等污染物的废水。

3．固体废物

热轧产生的固体废物主要有切头、切尾及轧废、水处理污泥、氧化铁皮、废耐火材料、废油等。

8.1.4.8　冷轧

1．废气及粉尘

冷轧工序酸洗-轧机联合机组入口处拉矫机、焊机在生产过程中会产生氧化铁粉尘，酸洗槽、漂洗槽等处会产生氯化氢气体，冷轧机组在轧制过程中需喷淋大量的乳化液进行润滑冷却，产生乳化液油雾。连续退火机组清洗段的碱洗槽、刷洗槽、漂洗槽和循环罐产生碱雾，连续退火炉燃烧高、焦炉混合煤气产生含少量 SO_2、NO_x 的燃烧废气，平整机组在进行湿平整时需喷淋大量的乳化液进行润滑冷却，产生乳化液油雾。

有热镀锌工艺的会在碱洗槽、热水清洗槽、刷洗槽、漂洗槽和循环罐等处产生碱雾；热镀锌机组退火炉燃烧高、焦炉混合煤气产生燃烧废气，废气中含有少量 SO_2、NO_x 等污染物。

采用电镀锌（锡）工艺的会在化学脱脂槽、电解脱脂槽、刷洗槽、镀锌（锡）段酸洗槽、刷洗槽、镀锌（锡）槽、后处理过程中产生碱雾、酸雾废气。

2．废水

酸洗工序漂洗槽产生含酸废水，清洗段脱脂工序产生含碱废水。轧机排雾净化系统以及清洗产生含油废水，磨辊间及冷轧轧制等产生乳化液废水，磨辊间及冷轧轧制等产生废乳化液。

3．固体废物

冷轧生产过程中产生的固体废物主要有切头、切尾、废品、除尘灰、锌渣、水处理污泥、废耐火材料、废油、废盐酸。

8.1.4.9　石灰

1．废气

石灰焙烧车间在原料石灰石或白云石筛分过程中会产生粉尘，焙烧完毕后在出料、转运过程中，以及仓库等处会产生粉尘。石灰焙烧一般以煤气或煤粉作为燃料，燃烧废气与烧制石灰的分解气中主要含有烟尘、SO_2、NO_x、CO_2 等污染物。

2．废水

除尘设备、液压站、回转窑托辊及仪表分析仪等冷却产生间接冷却废水，废水仅水温升高，不含其他有害物质。

3．固体废物

固体废物主要是原料在筛分处理过程中产生的原料废料、各除尘器捕集下来的各种原料、产品粉尘等。

8.1.4.10　原料场

1．废气

钢铁企业原料、辅料及燃料在装卸、运输、贮存、破碎、筛分过程中有粉尘产生，料场堆、取料机作业、汽车受料槽、料堆受自然风力的影响均会产生扬尘。

2．废水

原料场电机、仪表、破碎车间部分设备等产生间接冷却水，废水仅水温升高，水质无变化。胶带机冲洗、车辆冲洗会产生含悬浮物废水。

3．固体废物

原料场固体废物主要为除尘系统收集的除尘灰。

8.1.4.11　自备电厂及锅炉

1．废气

电厂锅炉主要污染源是锅炉燃烧产生的烟气，大多数钢铁企业以自产的焦炉煤气、高炉煤气、转炉煤气作为锅炉的燃料，这些煤气相对清洁，烟气中烟尘、SO_2和NO_x等污染物较少；而以煤作为燃料的，则与火电厂类似，烟气中会含有大量的烟尘、SO_2和NO_x。

2．废水

自备电厂锅炉生产排出的浊废水有煤场及输煤系统冲洗水排水、化学车间酸碱废水及脱硫废水等，与火电厂类似。

3．固体废物

以煤气为燃料的自备电厂和锅炉基本不产生固体废物，而以煤为燃料的自备电厂会产生灰渣和烟气脱硫生成的脱硫石膏。

8.1.4.12　产排污关键环节

钢铁生产工序复杂，每个生产车间都会产生污染物，特别是烧结、球团、焦化、炼铁等工序，是污染物产生的重点工序，其污染物排放量可占到钢铁企业的70%以上。

按长流程钢铁企业各工序分析，钢铁企业废气中主要污染物SO_2、氮氧化物、烟粉尘的排放比例见表 8-1。其中钢铁企业 80%的 SO_2 来自烧结（球团）工序；除烧结（球团）工序外，其余工序都产生一定的氮氧化物，污染源分布较广；烟粉尘主要集中在铁前工序和炼钢工序。

表 8-1 钢铁生产各工序废气中污染物排放情况

主要污染物名称	各工序占比/%					
	烧结（球团）	焦化	炼铁	炼钢	轧钢	电厂、锅炉及其他
SO_2	80	6	3	1	3	7
NO_x	40	10	15	5	15	15
烟粉尘	30	10	30	20	5	5

钢铁企业各工序排水环节多，排水量大，但多数工序排水仅为冷却水和设备清洗水系统的排水，污染物相对较少，产生酚氰废水的焦化工序是钢铁企业废水治理的重点。钢铁企业产生固体废物的环节集中在炼铁和炼钢两个冶炼工序，其产生的大量高炉渣、钢渣占钢铁企业固体废物产生量的 70%以上。

8.1.5 污染治理技术特征

8.1.5.1 除尘技术

钢铁企业所采用的除尘技术，主要有以下几种：多管除尘、旋风除尘、重力除尘、袋式除尘、静电除尘、文丘里湿式除尘等。其中，多管除尘、旋风除尘、重力除尘由于除尘效率较低，在我国钢铁行业已经基本淘汰，只在个别小钢厂的老旧设备上有所使用，其除尘效率一般在 98%左右，出口粉尘质量浓度通常为 200 mg/m^3 左右。袋式除尘是钢铁企业使用最普遍的除尘技术，由于其除尘效率高，结构简单，维护方便，广泛应用于各生产工序，袋式除尘技术通常除尘效率能够达到 99%以上，出口质量浓度能控制在 50 mg/m^3 以下。由于烧结车间烧结机头、机尾烟气含氧量高、湿度大，烟气成分复杂，袋式除尘器难以适应其工况，因此钢铁企业一般在这两个产尘部位采用静电除尘器进行治理，除尘效率也可达到 99%以上，出口质量浓度控制在 50 mg/m^3 左右。而文丘里湿式除尘仅在高炉煤气、转炉煤气采用湿法净化时采用。

8.1.5.2 烧结（球团）脱硫技术

我国钢铁企业采用的烧结（球团）脱硫技术可分为湿法、（半）干法两类。湿法主要有石灰石-石膏法、氨法、氧化镁法、双碱法、离子液法。（半）干法主要有循环流化床法、半干法除氟脱硫法（ENS）、密相干塔法、高性能烧结废气净化法（MEROS）、烟道喷射法、活性炭吸附法、烟道循环法（NID）、旋转喷雾干燥法（SDA）等。单就脱硫效率而言，上述湿法烧结（球团）脱硫技术的脱硫效率一般都能达到90%以上，干法脱硫技术一般都能达到80%以上，而在采取延长反应时间、加大脱硫剂的投加量、保持合适的反应温度等措施后，无论干法还是湿法的脱硫效率都能够进一步的提升，达到95%以上。

正常情况下，由于钢铁烧结机（球团设备）定期会进行停机维护，脱硫设施完全可以做到同步检修，但目前我国钢铁烧结（球团）脱硫市场混乱，脱硫设施的建设质量良莠不齐，导致我国钢铁烧结（球团）脱硫设施的同步运行率普遍较低。即使采用同样的脱硫技术，由于工程质量的差异，可能体现出完全不同的同步运行率。随着钢铁烧结（球团）脱硫市场的不断完善，对于烧结（球团）脱硫设施建设和运行的经验不断积累，烧结（球团）脱硫设施的同步运行率也会逐步提高。

8.1.5.3 水处理技术

钢铁生产过程中产生的废水除焦化废水需要采用生化工艺进行处理外，其余大多采用混凝沉淀、过滤、气浮、磁分离、中和、膜分离等物化工艺去除废水中的悬浮物、油、盐等污染物。

焦化废水生化处理工艺最早多为活性污泥法，活性污泥法对酚、氰等污染物有很好的处理效果，当水力停留时间为12～24 h时，酚类物质的去除率可以达到99%以上；但由于焦化废水中含有一定量的难以生物降解的有机物，COD的去除较差，一般为60%～70%，出水COD为350～850 mg/L，排水的COD和氨氮难以达标。

为了提高COD和氨氮的处理效果，A-O、A-O-O、A-A-O、A-A-O-O、SBR等生物脱氮工艺开始得到应用，对COD等污染物的去除率可达90%以上，处理后出水水质：COD≤100 mg/L、石油类≤8 mg/L、氨氮≤15 mg/L、挥发酚≤0.5 mg/L、氰化物≤0.5 mg/L。

8.2 主要污染物核算要点

8.2.1 废水及污染物核算

8.2.1.1 钢铁行业废水的特点

钢铁工业排放的废水，大体可分为四类：第一类是生产工艺过程中冷却、冲洗等净循环水系统、浊循环水系统的排污水，主要含有悬浮物和石油类；第二类是炼焦及煤气清洗过程中产生的含酚、氰废水；第三类是冷轧工序产生的含酸、碱、油、乳化液的废水以及含铬废水；第四类是厂区生活污水。

钢铁工业废水具有以下特点：

1．废水排放量大

钢铁工业生产工艺复杂，用水点数量多，冶炼过程中冷却和冲洗需要大量用水。根据 2009 年中国环境统计数据，钢铁行业所排放废水总量约 12.6 亿 t，约占全国各行业工业废水排放总量的 6.03%。

2．废水排放口分布较广，建设综合污水处理厂是趋势

钢铁企业占地面积大，生产车间分布较广，且许多老企业是一个车间、一个车间逐渐发展起来，因此废水排放口数量较多且比较分散。但随着节水以及减排工作的推进，钢铁企业逐步开始建设综合污水处理厂，集中全厂各车间的废水统一处理后回用于生产。

3．焦化酚氰废水治理难度较大

钢铁企业大多数工序产生的废水污染物成分相对简单，多为悬浮物、油类、盐类物质。但焦化工序焦炭炼制、煤气净化及化工产品回收过程中均产生焦化酚氰废水，主要含有大量氨氮、氰化物、硫化物、硫氰酸盐、酚类化合物、多环芳香族化合物及含氮、氧、硫的杂环有机化合物等，总体性质表现为氨氮、酚类及油分浓度高，有毒及抑制性物质多，生化处理过程中难以实现有机污染物的完全降解，是一种典型的高浓度、高污染、有毒难降解的工业有机废水。此外，冷轧车间生产过程中酸洗、碱洗、钝化、彩涂等工序产生的含酸碱、乳化液的废水由于中和后含盐量高，处理难度也较大。

8.2.1.2　用水量核算

钢铁行业是用水大户，钢铁联合企业每生产 1 t 粗钢，需用水 150～250 m^3，企业的流程越完整、产业链越长、产品加工难度越大，企业所处地区蒸发量越大，生产用水量越大。采用干熄焦、煤气干法除尘、汽化冷却等节水技术会相应减少生产用水量。干熄焦比传统湿熄焦可节约熄焦用水 0.4～0.5 m^3/t 焦；每净化 1 000 m^3 高炉煤气，干法除尘可比传统湿法除尘节约煤气清洗用水 0.7～0.8 m^3；每净化 1 000 m^3 转炉煤气，干法除尘可比传统湿法除尘节约煤气清洗用水约 1.8 m^3；采用汽化冷却的炉窑冷却水用量也可比传统冷却方式节水 90%以上。

正常情况下，工艺不发生大的变化，钢铁企业的吨钢用水量不会出现较大差异，但通过提高水重复利用率、加大生产用水量中循环水的比重，可减少新水用量。图 8-9～图 8-11 分别列出了 2005—2013 年，重点统计钢铁企业吨钢用水量、吨钢新水量、生产水重复利用率变化情况，可以看出近年来我国钢铁企业平均吨钢用水量基本稳定在 150 m^3 左右，而吨钢新水量与重复用水率总体上呈现负相关趋势，随着重复用水率的不断提高，吨钢新水量逐步下降。在部分水资源较为紧张的地区，钢铁企业往往会把城市中水等其他非常规水源作为新水使用，相当多的企业将这种水源替代当作是节水成果，在统计时扣除了这部分水量，但无论采用何种外部水源，水量都应该统计在内。

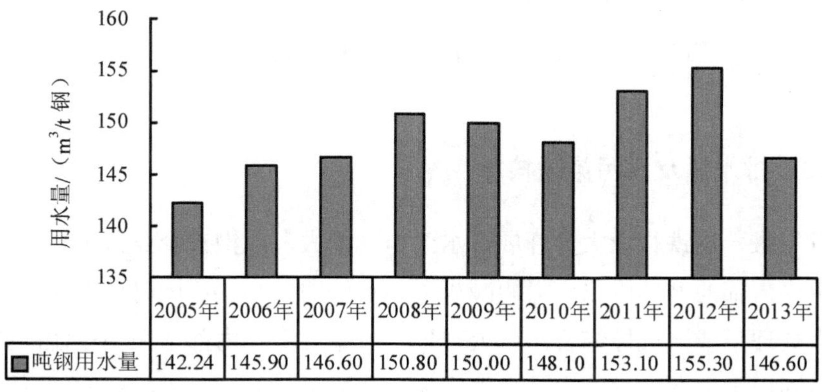

图 8-9　2005—2013 年重点统计钢铁企业平均吨钢用水量

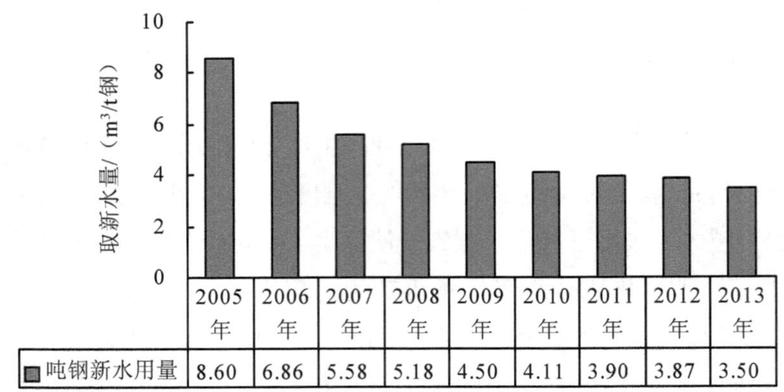

	2005年	2006年	2007年	2008年	2009年	2010年	2011年	2012年	2013年
吨钢新水用量	8.60	6.86	5.58	5.18	4.50	4.11	3.90	3.87	3.50

图 8-10　2005—2013 年重点统计钢铁企业平均吨钢取新水量

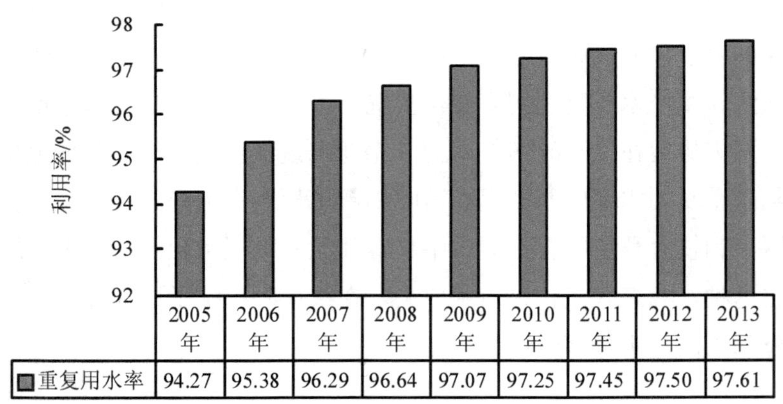

	2005年	2006年	2007年	2008年	2009年	2010年	2011年	2012年	2013年
重复用水率	94.27	95.38	96.29	96.64	97.07	97.25	97.45	97.50	97.61

图 8-11　2005—2013 年重点统计钢铁企业平均重复用水率

8.2.1.3　排水量及水污染物核算

近年来，钢铁行业大力开展节水工作，绝大多数钢铁企业都由直流用水实现了各工序内部的循环用水，大幅减少了各工序的排水量；同时通过建设全厂性综合污水处理厂或区域性综合污水处理厂，收集各工序内部水循环系统的排水统一处理后回用于生产，进一步减少外排水量（图 8-12）。在核算钢铁企业排水量时，不能将各工序排水量简单加和，只有直接向水体排水的工序排水量才能作为钢铁企业排水量的组成部分，而进入综合污水处理厂进一步处理的工序排水量不应计算在内，对于这部分排水，只能计算综合污水处理厂处理回用后的外排水量。

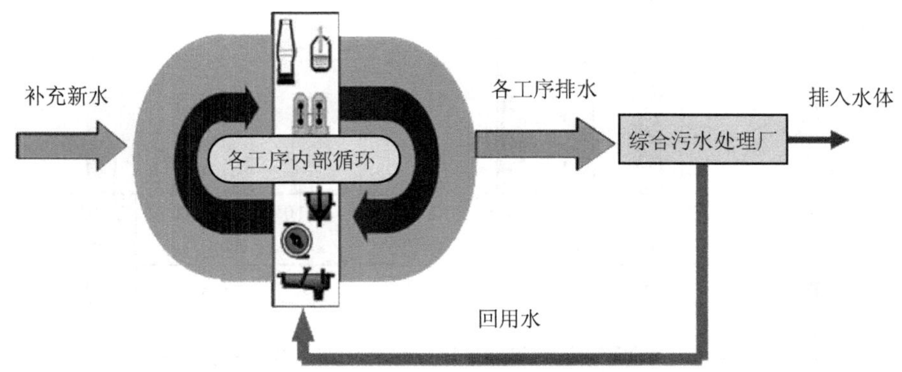

图 8-12　钢铁企业给排水系统示意

影响钢铁企业外排水量的因素很多，企业所处地区水资源状况、工艺流程、用水管理，包括节水的经济性等都直接影响钢铁企业外排水量的多少。根据钢铁生产的特点，钢铁企业补充的新水应该等于蒸发量、损失量和排放量之和。损失量一般是常值，通常占新水量的 10%以下，因此，要减少废水排放量，就必须提高浓缩倍数，增加蒸发量。过分地提高浓缩倍数，虽然可以节水，减少排水量，但会对管网和设备的安全生产带来隐患。一般而言，取新水量和排水量应该具有一定的比例关系。图 8-13 列出了 2005—2013 年，重点统计钢铁企业吨钢排水量的变化情况，从图中可以看出，与吨钢取新水量一样，吨钢排水量也呈大幅下降趋势。吨钢排水量占吨钢新水量的比例也由 53%下降至 29%，南方钢铁企业这一比例为 30%～40%，北方钢铁企业为 15%～20%，对于部分生产规模较小、生产工艺相对简单（没有焦化、冷轧工序，最终产品为棒线材）的企业，正常情况下可以做到不排水。另外，部分建设有废水深度处理设施的钢铁企业，其排水量可进一步降低。钢铁企业排放的废水量大，但废水中所含的污染物浓度相对较低，通常综合污水处理厂的排水中 COD 质量浓度为 50～60 mg/L，氨氮质量浓度为 5～8 mg/L。

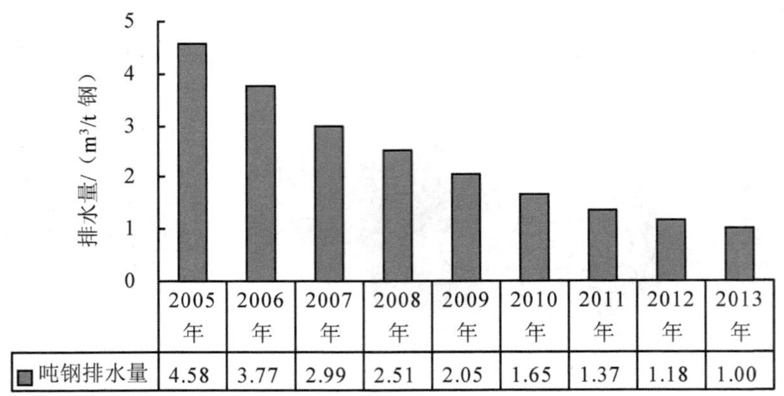

	2005年	2006年	2007年	2008年	2009年	2010年	2011年	2012年	2013年
吨钢排水量	4.58	3.77	2.99	2.51	2.05	1.65	1.37	1.18	1.00

图 8-13 2005—2013 年重点统计钢铁企业平均吨钢排水量

8.2.2 废气及污染物核算

8.2.2.1 废气及污染物特点

钢铁工业排放的废气大体可分为三类：第一类是生产工艺过程中排放的废气，如冶炼、炼焦和钢材轧制过程中产生的烟尘和有害气体；第二类是燃料在炉窑中燃烧产生的含尘和 SO_2 的烟气；第三类是原料、燃料在运输、装卸和加工过程中产生的粉尘。

钢铁工业废气具有以下特点：

1．废气排放量大，污染面广

钢铁企业的烧结、球团、焦化、炼铁、炼钢、轧钢、金属制品与铁合金、耐火材料、碳素制品以及动力等生产环节拥有数量众多的各种炉窑，设备集中，规模庞大。这些炉窑在生产过程中排放大量的废气，根据 2009 年中国环境统计数据，钢铁行业所排放的废气总量约 10.36×10^4 亿 m^3，约占全国各行业工业废气排放总量的 23.8%。

2．烟尘危害性较强

钢铁企业冶炼过程中排放的多为含铁烟粉尘，其粒径多数在 1 μm 以下。由于尘粒细，比表面积大，吸附力强，易成为吸附有害气体的载体，危害性较强。

3．废气温度高，治理难度大

由于烟气温度高，对管道材质、构件结构以及净化设备的选择均有特殊要求，烟气的冷却技术难度大，设备投资高；高温烟气中含硫、含水、含 CO，因此烟气在净化处理时，必须妥善处理好“露点”及防火防爆问题。

4．烟气阵发性强，无组织排放多

在工艺过程中，烟气排放集中在关键环节，且一般难以收集。

5．废气具有回收价值

钢铁生产排出的废气中，高温烟气的余热可通过热能回收装置转换为蒸汽或电能；炼焦及炼铁、炼钢过程中产生的煤气，已成为钢铁企业的主要燃料，并可外供使用；废气中的烟粉尘绝大部分含有氧化铁成分，可作为含铁原料采用各种方式回收利用。

8.2.2.2　烟粉尘核算

钢铁企业大量消耗无机矿物原料和煤，导致生产过程中烟粉尘产排量巨大，且排放源分布在钢铁生产各个工序、各个车间，数量众多，采用物料衡算法需要确定的输入/输出参数过于庞大，相当多的参数也难以计量，因此对于钢铁企业烟粉尘的核算，可以采用实测法或排放系数法。排放系数法相对简单，应用方便，但核算结果的误差相对较大，对于环境监测体系完备、监测点覆盖大多数产尘点的钢铁企业，建议尽量采用实测法。

采用实测法核算出的烟粉尘排放量仅为从烟囱或排气筒排放的有组织废气，在统计时应加上钢铁生产中排放的无组织粉尘。无组织粉尘量难以通过实测确定，可以采用排污系数手册中的无组织排放系数进行确定。手册中的无组织排放系数为一区间值，是按照生产规模大小选取的不同系数。近年来我国钢铁行业产能快速扩张，一些企业规模增加，导致通风除尘系统能力不足，烟粉尘捕集率低，形成新的无组织排放源；而也有部分小规模企业加大投入，完善了通风除尘设施，减少了无组织排放。因此，建议在取值时，可以结合企业的废气排放量进行分析，全流程钢铁联合企业在通风除尘设施配备齐全的情况下，吨钢废气排放量大于 2 万 m^3 的可以选择低值排放系数，吨钢废气排放量在 1 万 m^3 以下的可以选择高值排放系数，吨钢废气排放量越小，说明其无组织排放量越大，选取的排放系数也应越大。

同时，废气排放量也可以对核算出的烟粉尘排放量进行校核，钢铁企业排放的废气中都会含有烟粉尘，而 90%以上的含尘废气都采用袋式除尘器净化，净化后的含尘质量浓度为 30～50 mg/m^3，按照 50 mg/m^3 的质量浓度取值，乘以废气排放量，可以大致估算钢铁企业的烟粉尘排放量。

另外，从图 8-14 可以看出，2005—2013 年重点统计钢铁企业吨钢排尘量由 2.22 kg 降至 0.9 kg，呈逐年下降趋势。因此，在使用排放系数法时需注意，由于排污系数手册制定时间较长，完全套用系数，可能会放大钢铁企业的烟粉尘排放量，建议在手册系数基础上乘以 0.5～0.7 的系数进行调整。

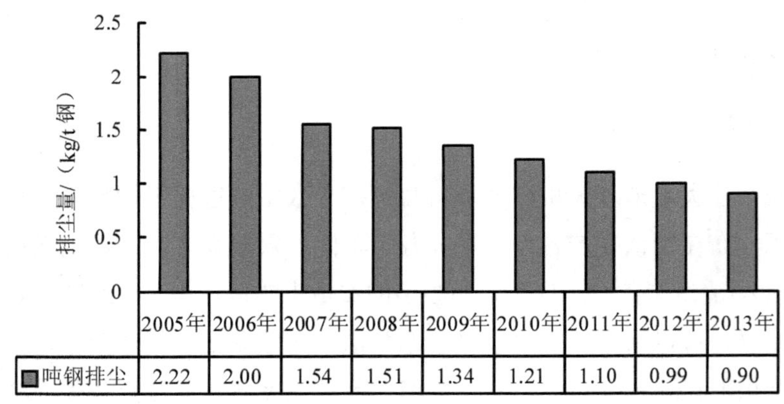

	2005年	2006年	2007年	2008年	2009年	2010年	2011年	2012年	2013年
■吨钢排尘	2.22	2.00	1.54	1.51	1.34	1.21	1.10	0.99	0.90

图 8-14 2005—2013 年重点统计钢铁企业平均吨钢排尘量

8.2.2.3 二氧化硫核算

钢铁企业二氧化硫排放量核算可以采用实测法、物料衡算法、排放系数法。其中，相对更加准确、更加便捷的是物料衡算法。

物料衡算法的理论基础是物质守恒，在二氧化硫核算过程中体现出的就是钢铁生产各种原、辅、燃料输入的硫要等于各种产品、废气、废水、废渣中输出的硫，硫的输入/输出守恒，也就是常说的“硫平衡”。

钢铁生产环节数量较多，上游工序的中间产品是下游工序的原料，中间产品含有的硫也依次向下游进行传递，直至生产结束；但同时，下游工序产生的某些副产品也会返回到上游工序重新投入生产，副产品中含有的硫也将重新返回上游工序。因此，核算钢铁企业二氧化硫排放量需要摸清各生产工序的硫平衡。

烧结工序硫的输入项有铁精矿、固体燃料、熔剂、含铁杂料和点火用的煤气，硫的输出项只有两项：烧结矿和排放入大气的烧结机头烟气。烧结工序硫的输入项全部混合后，除少量残留在烧结矿中，其余都转化为二氧化硫通过烧结机头烟气排入大气（表 8-2）。

表 8-2　烧结工序硫平衡

<table>
<tr><td rowspan="4">烧结</td><td colspan="10">输入</td></tr>
<tr><td colspan="2">铁精矿</td><td colspan="2">固体燃料</td><td colspan="2">熔剂</td><td colspan="2">含铁杂料</td><td colspan="2">点火煤气</td></tr>
<tr><td colspan="10">输出</td></tr>
<tr><td colspan="5">烧结矿</td><td colspan="5">烧结机头烟气排放</td></tr>
</table>

球团工序硫的输入项有铁精矿、膨润土以及用于焙烧的煤气，也有部分独立的球团企业会使用煤作为焙烧燃料。硫的输出项有球团矿和排放入大气的球团焙烧烟气。球团工序硫的输入项全部混合后，除少量残留在球团矿中，其余都转化为二氧化硫通过球团焙烧烟气排入大气（表 8-3）。

表 8-3　球团工序硫平衡

<table>
<tr><td rowspan="4">球团</td><td colspan="6">输入</td></tr>
<tr><td colspan="2">铁精矿</td><td colspan="2">膨润土</td><td colspan="2">煤气（煤）</td></tr>
<tr><td colspan="6">输出</td></tr>
<tr><td colspan="3">球团矿</td><td colspan="3">球团焙烧烟气排放</td></tr>
</table>

焦化工序硫的输入项有洗精煤以及用于焦炉加热的煤气，硫的输出项有焦炭、焦炉煤气、焦炉煤气净化产生的化工产品，以及焦炉烟囱排放的燃烧废气。焦炉炉体分为两个部分：炭化室和燃烧室，二者相互独立。焦炉煤气和高炉煤气作为燃料进入燃烧室燃烧对炭化室进行加热。洗精煤进入炭化室，在密闭高温的环境下干馏结焦，产生焦炭和焦炉煤气，焦炉煤气经过脱硫、脱氨、脱苯净化后，绝大多数的硫进入了硫黄等化工产品中，少量还残留在净化后的焦炉煤气中。因此，

在焦化工序，洗精煤作为炼焦的原料用煤，其带入的硫全部进入了焦炭、焦炉煤气和煤气脱硫副产品中，并没有转化为二氧化硫排放。焦化工序硫的输入项，仅有作为燃烧室燃料的焦炉煤气和高炉煤气在燃烧后转化为含二氧化硫的废气从焦炉烟囱中排入大气（表 8-4）。

表 8-4 焦化工序硫平衡

<table>
<tr><td rowspan="4">焦化</td><td colspan="4">输入</td></tr>
<tr><td colspan="2">洗精煤</td><td>焦炉煤气</td><td>高炉煤气</td></tr>
<tr><td colspan="4">输出</td></tr>
<tr><td>焦炭</td><td>焦炉煤气</td><td>硫黄等煤气脱硫副产品</td><td>焦炉烟囱燃烧废气</td></tr>
</table>

炼铁工序硫的输入项有焦炭、喷吹煤粉、烧结矿、球团矿、块矿、造渣剂、高炉煤气和焦炉煤气。其中焦炭、喷吹煤粉、烧结矿、球团矿、块矿、造渣剂都投入到高炉中发生还原反应，生产出铁水，并产生高炉煤气和高炉渣，高炉煤气和焦炉煤气进入高炉配套的热风炉燃烧，为高炉提供高温空气。因此，炼铁工序投入高炉物料中的硫最终进入了铁水、高炉渣和高炉煤气中，仅有进入热风炉燃烧的高炉煤气和焦炉煤气转化为含二氧化硫的废气排入大气（表 8-5）。

表 8-5 炼铁工序硫平衡

<table>
<tr><td rowspan="4">炼铁</td><td colspan="8">输入</td></tr>
<tr><td>焦炭</td><td>喷吹煤粉</td><td>烧结矿</td><td>球团矿</td><td>块矿</td><td>造渣剂</td><td>高炉煤气</td><td>焦炉煤气</td></tr>
<tr><td colspan="8">输出</td></tr>
<tr><td colspan="3">铁水</td><td colspan="2">高炉渣</td><td colspan="1">高炉煤气</td><td colspan="2">热风炉燃烧废气</td></tr>
</table>

炼钢工序硫的输入项中铁水先经过脱硫，绝大多数的硫进入铁水脱硫渣中，脱硫后的铁水与铁合金、废钢、造渣剂在转炉中反应生产出钢水，钢水中硫的含量极低，一般在几十个 mg/kg 级，其余的硫都进入钢渣中。在炼钢工序，钢包烘烤用到的高炉煤气、焦炉煤气中的硫会转化为二氧化硫排入大气（表 8-6）。

表 8-6　炼钢工序硫平衡

<table>
<tr><td rowspan="4">炼钢</td><td colspan="6">输入</td></tr>
<tr><td>铁水</td><td>铁合金</td><td>废钢</td><td>造渣剂</td><td>高炉煤气</td><td>焦炉煤气</td></tr>
<tr><td colspan="6">输出</td></tr>
<tr><td colspan="2">钢水</td><td colspan="2">钢渣</td><td>铁水脱硫渣</td><td>钢包烘烤烟气</td></tr>
</table>

炼钢工序以后，连铸、热轧、冷轧等工序都不会再投加含硫的物料，仅仅是在连铸坯切割、钢坯加热、热处理时燃烧高炉煤气、焦炉煤气会排放二氧化硫（表 8-7）。

表 8-7　连铸、热轧、冷轧工序硫平衡

<table>
<tr><td rowspan="4">连铸</td><td colspan="2">输入</td></tr>
<tr><td>高炉煤气</td><td>焦炉煤气</td></tr>
<tr><td colspan="2">输出</td></tr>
<tr><td colspan="2">连铸坯切割烟气</td></tr>
<tr><td rowspan="4">热轧</td><td colspan="2">输入</td></tr>
<tr><td>高炉煤气</td><td>焦炉煤气</td></tr>
<tr><td colspan="2">输出</td></tr>
<tr><td colspan="2">加热炉燃烧烟气</td></tr>
<tr><td rowspan="4">冷轧</td><td colspan="2">输入</td></tr>
<tr><td>高炉煤气</td><td>焦炉煤气</td></tr>
<tr><td colspan="2">输出</td></tr>
<tr><td colspan="2">热处理炉燃烧烟气</td></tr>
</table>

自备电厂硫的输入、输出和火电燃煤锅炉类似，作为燃料的动力煤以及煤气等燃烧后，除少量硫残留在煤灰渣中外，其余大部分的硫都转化成二氧化硫排入大气（表 8-8）。

表 8-8　自备电厂硫平衡

<table>
<tr><td rowspan="4">自备电厂</td><td colspan="3">输入</td></tr>
<tr><td>动力煤</td><td>高炉煤气</td><td>焦炉煤气</td></tr>
<tr><td colspan="3">输出</td></tr>
<tr><td>煤灰渣</td><td colspan="2">外排燃烧烟气</td></tr>
</table>

从对各生产工序硫平衡的分析可以看出，钢铁生产除烧结（球团）工序外，其他的焦化、炼铁、炼钢、连铸、热轧、冷轧、自备电厂（锅炉）等生产环节所排放的二氧化硫都来自焦炉燃烧室、高炉热风炉、轧钢加热炉等的燃料燃烧。因此，钢铁企业二氧化硫的排放量等于烧结（球团）工序的排放量与钢铁企业燃料燃烧的排放量。

1．烧结（球团）工序二氧化硫排放量

烧结（球团）工序硫平衡计算的基础是烧结机的生产报表和各种物料成分的检测报告。从生产报表中可得到计算期烧结矿产量、铁精矿的消耗量、固体燃料的消耗量、返矿添加量、含铁杂料添加量、熔剂消耗量、煤气使用量；从检测报告可以得到各种物料的含硫率，使用多种铁精矿的应计算出铁精矿的加权平均含硫率。将所有的铁精矿、固体燃料、返矿、含铁杂料、熔剂、煤气的使用量乘以含硫率后减去烧结矿产量再乘以烧结矿含硫率就可以得到进入烧结烟气中的硫，最后乘以 2，就可计算出烟气中的二氧化硫量。

由于含铁杂料、熔剂、返矿、煤气所使用的数量不多，含硫率也较低，因此，可以仅将铁精矿和固体燃料作为输入项，一般生产 1 t 烧结矿需要消耗 800～900 kg 的铁精矿和 40～50 kg 的固体燃料。根据烧结（球团）矿酸碱度的不同，一般烧结（球团）生产过程中硫的转化率为 80%～90%，因此，若将硫的转化率定为 85%，则可以得到烧结烟气中的二氧化硫产生量的简化核算方法：二氧化硫产生量=（铁精矿使用量×铁精矿平均含硫率+固体燃料使用量×固体燃料平均含硫率）×85%×2。

将二氧化硫产生量乘以烧结脱硫设施的综合脱硫效率就可以计算出烧结脱硫设施的减排量。烧结脱硫设施的综合脱硫效率为烧结机烟气收集率、脱硫岛效率及脱硫设施投运率之积。

对烧结机（球团设备）脱硫设施的烟气收集率，最准确的核算方法是脱硫塔进口烟气量与烧结机主抽风机风量的比值，目前大多数烧结脱硫设施的运行管理台账以及分散控制系统（DCS）历史数据中都没有将烧结机主抽风机风量作为参数记录，因此需要到烧结机生产中控系统调取。在无法调取烧结机主抽风机风量时，可以采用经验数值进行计算，通常每平方米烧结机每分钟的工况抽风量为 75～90 m^3，同时也可以采用污普产排污系数中的单位产品烟气量。脱硫岛效率是在标态情况下脱硫后出口烟气中二氧化硫平均浓度与原烟气二氧化硫平均浓度之比，通常湿法脱硫工艺脱硫效率可达 90%以上，（半）干法脱硫效率可达 80%以上，但不管是湿法还是（半）干法，在脱硫系统优化、增加脱硫剂投加量的情况下，脱硫效率提高到 95%以上都是可能的。脱硫设施投运率是指脱硫设施投运后，脱硫设施运行时间与烧结机（球团设备）运行时间之比。脱硫设施运行时间一般通过 DCS 数据、脱硫设施运行记录及企业上报环保部门停运时间等现场审计确定。烧结机（球团设备）运行时间需要调用相应的生产报表和烧结机（球团设备）停机记录进行确定。

2．燃料燃烧二氧化硫排放量

近年来，钢铁行业实施结构调整和节能减排，余能利用率大大提高，能源结构发生了较大的变化，企业自产的焦炉煤气、高炉煤气、转炉煤气等副产煤气逐步取代煤和重油成为工业炉窑和锅炉的主要燃料，只有少数企业还有一定数量的燃煤锅炉或煤粉煤气混烧锅炉。由于转炉煤气中一般不含硫，因此只要分别计算出焦炉荒煤气、高炉煤气以及用作燃料的煤所带入的硫就可以得到燃料燃烧二氧化硫的排放量。

焦炉荒煤气的硫化氢含量与炼焦煤的含硫量有关，通常荒煤气中的硫化氢含量为 3～5 g/m^3，常规的焦炉煤气脱硫工艺有 A-S 法、ADA 法、HPF 法、真空碳酸盐法、FRC 法。A-S 法脱硫后焦炉煤气中 H_2S 含量一般为 500 mg/m^3 左右，其他工艺 H_2S 含量一般为 200 mg/m^3 左右。但随着焦炉煤气净化设备使用时间的增加，设备故障率会增加，导致净化后的煤气中硫化氢含量也相应增加，因此，在核算时尽量使用取样实测的数据。焦炉煤气量可以通过焦炭的产量进行校核，通常每生产 1 t 焦炭，将产生焦炉煤气 400～450 m^3。

高炉煤气中的硫化氢含量相对较低，一般为 20～50 mg/m^3，在核算时也应尽量使用取样实测数据。高炉煤气量可以通过铁水的产量进行校核，一般每生产 1 t 铁水，将产生高炉煤气 1 700～1 800 m^3。

钢铁企业燃料煤的使用量可根据各燃煤锅炉的燃煤量相加得到，也可用全厂的煤炭消费量减去炼焦洗精煤、高炉喷煤、烧结用煤之后的数据进行校核。煤的含硫率应取用检测数据的加权平均值。

燃煤带入的硫转化为二氧化硫的系数与火电行业类似，一般取 1.7。煤气带入的硫转化为二氧化硫的系数一般取 1.88，即二氧化硫和硫化氢的分子量比值。

8.2.2.4 氮氧化物核算

氮氧化物是钢铁企业目前统计基础最为薄弱的废气污染物，氮氧化物主要来自两条途径：一是空气中氮与氧在高温下反应产生的氮氧化物，通过这种途径产生的氮氧化物称为高温型氮氧化物；二是燃料中的氮经燃烧分解产生的氮氧化物，称为燃料型氮氧化物。

钢铁行业氮氧化物主要来源于各种炉窑燃烧废气，包括球团回转窑、烧结机、石灰窑、电炉、焦炉、热风炉、轧钢加热炉、退火炉、锅炉等。这些都属于燃烧型。副产煤气成为钢铁企业最重要的能源，副产煤气中含氮量极低，钢铁行业产生的氮氧化物绝大多数都属于高温型，只有烧结（球团）和掺烧煤粉的锅炉产生的氮氧化物属于高温型、燃料型两种类型。

由于大量存在高温型氮氧化物产生途径，很难用物料衡算来核算钢铁行业氮氧化物排放量。而且，由于钢铁行业各种炉窑的燃烧温度多在 1 400℃以下，而且绝大多数炉窑使用气体燃料，空气过剩系数为 1.05～1.1，低于煤等其他燃料的空气过剩系数，整体来说，钢铁企业产生氮氧化物的炉窑数量多，单一炉窑氮氧化物产生量较小、浓度较低，一直以来未受到钢铁行业的重视，缺乏相关的监测数据。因此，采用实测法核算氮氧化物也不易实现，大多数钢铁企业都采用排放系数法对氮氧化物进行核算。

采用排放系数法核算钢铁企业氮氧化物排放量，需注意轧钢工序产品结构较为复杂，应对产品及工艺进行分类核算，有冷轧、热处理等深加工产品时，注意不要漏掉中间环节氮氧化物的排放量，如企业的最终产品为涂层板，还需要热轧、冷轧、镀锌等工序处理，则不但需要用涂层板的产量乘以涂层板的排放系数，还需要用涂层板的产量乘以镀层板卷、冷硬板卷、热轧板卷的排放系数。在核算完钢铁生产流程的氮氧化物排放量后，还需要用锅炉的排污系数核算出企业内所有锅炉的排放量，加和之后才能得到钢铁企业完整的氮氧化物排放量。

8.2.3　固体废物产排核算

8.2.3.1　固体废物的特点

钢铁冶炼所产生的固体废物是指在冶炼过程中所排放的因暂时没有利用价值而被丢弃的固体废物，主要包括高炉渣、钢渣等冶炼渣，各除尘系统收集的尘泥等。

钢铁工业固体废物具有以下特点：

1. 固体废物产生量巨大

钢铁冶金是资源密集型行业，在生产过程中产生大量的冶炼渣、除尘灰等固体废物。根据 2009 年环境统计数据，钢铁行业产生固体废物总量约 3.39 亿 t，约占全国各行业工业固体废物产生总量的 17.8%。

2. 大部分固体废物具有回收价值

钢铁生产过程产生的固体废物中，有相当一部分为含铁成分，可作为含铁原料回收利用；高炉渣、转炉渣等含有大量钙基化合物，可作为建材原料再利用；其他如废耐火材料、废油等也均可回收其有用成分再利用。

8.2.3.2　固体废物的核算

1. 高炉渣

高炉渣是冶炼生铁时从高炉中排出的矿石中的脉石、焦炭中的灰分、造渣剂和其他杂质形成的以硅酸盐和铝酸盐为主浮在铁水上面的熔渣，熔渣用大量水淬冷却粒化后，可制成以玻璃体为主的细粒水渣，高炉渣中主要成分为 CaO、SiO_2、Al_2O_3。高炉渣是很好的水泥、建材的原料，目前我国钢铁企业已基本实现了高炉水渣的资源化，高炉渣的综合利用率可达 97%以上。

高炉冶炼渣的产生量与入炉矿（烧结矿、球团矿、块矿）的含铁品位以及冶炼难度密切相关，矿石的品位越高，冶炼难度越小，炉料中带入的杂质和冶炼用到的还原剂、造渣剂就越少，相应产生的冶炼渣就越少；反之，矿石品位越低，冶炼难度越大，产生的冶炼渣就越多。

图 8-15 为 2005—2013 年我国重点统计企业高炉渣产生量的变化情况，从图

中可以看出，2007 年以后，吨钢高炉渣产生量明显增加，最主要的原因就是我国钢铁产量快速增加，高品位的优质矿不能满足钢铁行业的需求，企业开始使用部分品位较低的铁矿石代替高品位矿；并且随着高品位矿数量不断减少，高炉冶炼渣的产生指标可能仍会呈上升趋势。

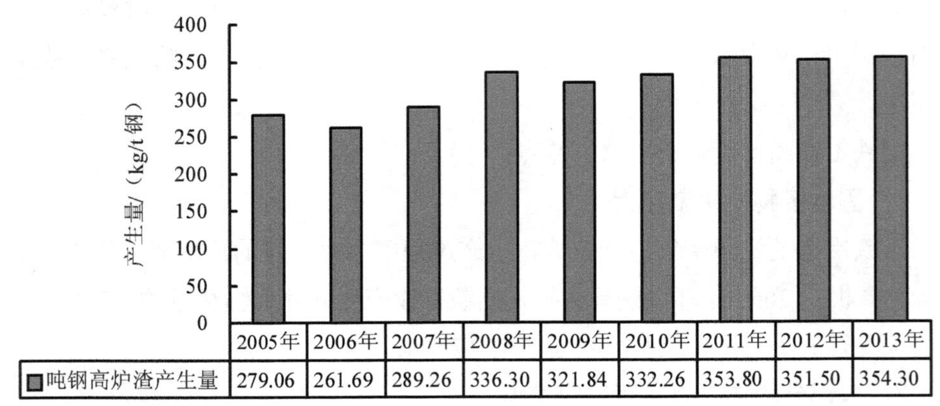

	2005年	2006年	2007年	2008年	2009年	2010年	2011年	2012年	2013年
■吨钢高炉渣产生量	279.06	261.69	289.26	336.30	321.84	332.26	353.80	351.50	354.30

图 8-15 2005—2013 年重点统计钢铁企业平均吨钢高炉渣产生量

2. 钢渣

炼钢是对铁水、废钢的进一步提纯的过程，原料中的硅、磷、硫等有害物质与造渣剂和其他杂质一起从钢水中分离出来，形成钢渣。钢渣主要由钙、铁、硅、镁和少量铝、锰、磷等的氧化物组成，有的地区因矿石含钛和钒，钢渣中也稍含有这些成分，经提钒、提钛后可用于生产钒钛产品。钢渣成分的含量因炼钢炉型、钢种以及每炉钢冶炼阶段的不同，有较大的差异。

钢渣通常采用热泼或热焖法，将液体钢渣冷却，然后进行破碎、筛分、磁选，回收其中的金属，尾渣则进行综合利用。目前，钢渣的综合利用率在 96%左右。

图 8-16 为 2005—2013 年我国重点统计企业钢渣产生量的变化情况，从图中可以看出，钢渣产生指标变化趋势与高炉渣有相似之处，在 2008 年以后，钢渣产生量有所增加。

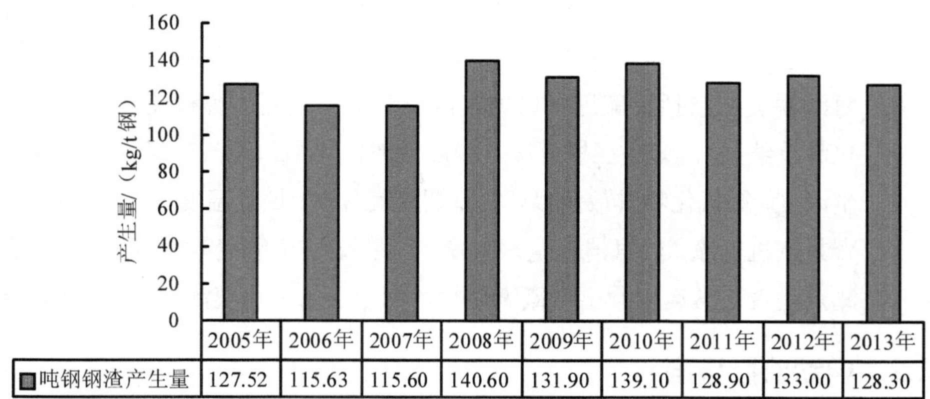

	2005年	2006年	2007年	2008年	2009年	2010年	2011年	2012年	2013年
吨钢钢渣产生量	127.52	115.63	115.60	140.60	131.90	139.10	128.90	133.00	128.30

图 8-16　2005—2013 年重点统计钢铁企业平均吨钢钢渣产生量

3．尘泥

尘泥是钢铁生产各工序通风除尘系统收集的除尘灰（泥），以及连铸、轧钢工序产生的氧化铁皮等。这些尘泥几乎都可以作为含铁原料或辅料重新返回生产利用，目前钢铁企业尘泥的综合利用率普遍在 99%以上。

8.3　审计要点

8.3.1　治污设施运行状况

8.3.1.1　运行台账

查阅运行台账，检查台账中所有自动监控测点是否正常；污染物浓度是否达标排放；除尘、脱硫是否符合环评批复要求；吸收塔浆液 pH 和浆液密度控制范围是否符合操作规范；主抽风机运行情况与烧结机运行负荷是否匹配；脱硫系统的进出口烟气浓度是否符合逻辑关系。

- 石灰石-石灰湿法脱硫：包括脱硫进出口烟气流量，铁矿石及固体燃料硫分（参考原料化验单结果），旁路挡板开度，脱硫效率，进出口烟气二氧化硫浓度、烟尘浓度，出口烟气氧含量、烟气温度，主抽风机电流，密封风机电流，氧化风机电流，浆液循环泵电流，浆液排出泵电流，吸收塔液位，浆液密度，浆液 pH，石灰石（石灰）浆液箱液位和浆液补充量等。

- 氨法脱硫：包括脱硫进出口烟气流量铁矿石及固体燃料硫分（参考原料化验单结果），旁路挡板开度，脱硫效率，进出口烟气二氧化硫浓度、烟尘浓度、氮氧化物排放浓度，出口烟气氧含量、烟气温度，主抽风机电流，密封风机电流，液氨消耗量，硫酸铵产量及纯度等。检查台账中自动监控测点是否正常运行，出口氮氧化物、烟尘、二氧化硫浓度是否达标排放。

8.3.2 自动监控设施

参见 7.3.2。

8.3.3 分散控制系统（DCS）

参见 7.3.3。

9 水泥行业环境审计技术指南

9.1 行业概述

9.1.1 行业发展状况和趋势

水泥是国民经济的重要产业，中国水泥行业由于经济发展的需要，无论是总产量还是技术与规模，近20年均呈现出飞速发展态势。

9.1.1.1 水泥产量巨大

中国水泥行业技术上已达国际先进水平，产量上更是从1985年开始已成为世界第一水泥生产大国。“十一五”末期（2010年）我国水泥产量已达18.7亿t，占世界总产量的56.1%，2013年更是达到了23.8亿t，接近世界水泥总产量的60%，其中新型干法窑水泥产量占水泥总产量的比例由2000年的12%上升到90%左右。随着经济的飞速发展和对水泥需求的不断增加，水泥产量以每年平均12%的速度增长，到2010年中国的水泥产量已分别是世界第二大水泥生产国（印度）和第三大水泥生产国（美国）的9倍和28倍。截至2013年年底，拥有水泥生产企业近4 000家（有生产许可证），已投产新型干法水泥（熟料）生产线1 700多条，立窑1 000多台，其他窑型约400台（主要用来生产特种水泥），水泥粉磨站2 000多家。

9.1.1.2 水泥行业能源消耗总量巨大

在我国的重工业中，水泥行业因其产量巨大而成为耗能大户。水泥行业的能源结构以燃煤为主，能源消耗总量接近 2 亿 t。其中，煤炭占水泥生产所消耗能源的 86%左右，电力消耗折合标煤所占比例约 11%，剩余 3%左右的能耗来自热力、柴油、煤矸石、工业废料及其他燃料。因煤炭高温煅烧工艺造成的烟气直接排放超过 5 万亿 m^3（标况下）。而欧美发达国家的水泥企业采用的是焦炭、油、天然气、替代燃料等，替代燃料造成的废气污染比煤炭要低一些。

水泥生产能耗中的电耗主要用于原料的破碎、均化和粉磨，熟料的煅烧与冷却，水泥的粉磨、包装和输送。热耗则主要源于原、燃料的烘干与脱水，碳酸盐原料分解和熟料的煅烧。

水泥行业主要能源消耗分布比例如图 9-1 所示。

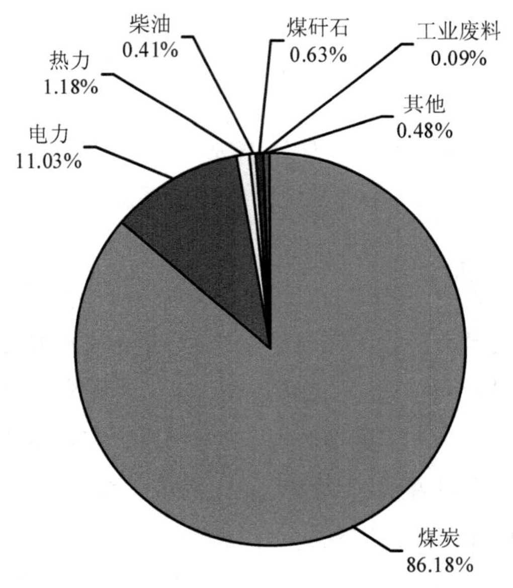

图 9-1 水泥行业主要能源消耗分布

由于工艺及产品的特点，化石燃料（煤、焦煤等）和替代燃料（轮胎和再生燃料等）都可以在水泥生产中使用。欧美国家近些年来已经广泛开展了水泥窑利用替代燃料的工作，部分工厂燃料替代率可以达到 80%以上，但是由于国内这项工作起步较晚，替代燃料品种少、热值低、供给不足，而水泥行业本身能耗总量大等原因，现阶段水泥行业的能源组成仍然以煤炭为主，替代燃料所占比例不高。

9.1.1.3 单位产品能源消耗下降明显

从总量上看，水泥是能源消耗的大户，根据国家统计局历年数据可以看到水泥行业的能源消耗占到了全国工业总能耗的 7.5%左右，占整个建材行业能源消耗的 73%左右。

根据中国水泥协会统计数据，2013 年水泥产量为 23.8 亿 t，总能耗已经接近 2 亿 t 标煤。总体来说，在水泥产量持续攀升的情况下，总能耗有所增加，单位产品能耗有所下降，占全国工业总能耗的比例也呈现出下降的趋势。

总能耗能够不随产量快速提升而提升，部分年度还能明显下降的主要原因是水泥行业生产技术水平一直在不断发展提高，国家淘汰落后和结构调整的宏观调控政策起到了重要作用，因此，单位熟料和单位水泥的生产综合能耗从 2000 年以来一直呈下降趋势。

9.1.1.4 行业整体能耗水平参差不齐

目前，国内水泥生产技术和装备水平、技术成熟程度都获得了极大的提升。但是，具体到企业，其能源消耗水平与技术装备水平均存在很大差异。一方面，不同的生产工艺的单位产品能耗有较大差别；另一方面，同一生产工艺过程，不同时期投产的工厂，技术装备水平不同，其能耗水平也存在较大差异。而同期投产的水泥工厂，由于先天设计选型以及后天管理控制水平不同，其煤耗和电耗也存在一定差异。但从行业整体趋势来看，随着工艺系统优化和节能技术的使用，其热耗和电耗较 20 年前还是有非常显著的降低。

目前国际上先进的水泥生产热耗指标约为 97 kg 标煤/kg 熟料，综合电耗为 82 kW·h/t 水泥。同国际先进水平相比，我国在水泥生产的整体能耗方面依然存在不小的差距。

表 9-1 给出了部分不同规模新型干法水泥生产线能耗实测值，虽不能代表行业平均水平，但是仍可以看出我国水泥行业能耗指标与国外先进值相比还存在一定差距。深化水泥产业结构调整、推行精细化管理、节能降耗，将水泥企业打造成绿色生态水泥工厂仍然任重道远。

表 9-1 部分不同规模新型干法水泥生产线能耗实测值

规模分类	项目	国际先进水平	国内先进水平
1 000～2 000 t/d	熟料综合电耗/（kW·h/t）	66	73
	熟料综合煤耗/（kg 标煤/t）	108	115
	水泥综合电耗/（kW·h/t）	89	100
2 000～4 000 t/d	熟料综合电耗/（kW·h/t）	58	65
	熟料综合煤耗/（kg 标煤/t）	104	108
	水泥综合电耗/（kW·h/t）	83	90
4 000 t/d 以上	熟料综合电耗/（kW·h/t）	55	57
	熟料综合煤耗/（kg 标煤/t）	97	104
	水泥综合电耗/（kW·h/t）	82	85

数据来源：“十一五”部分企业实际测试数据，具有一定代表性。

9.1.1.5 行业技术进步明显

经过 20 年的发展，中国水泥产业在装备与技术上已达国际先进水平。水泥生产技术自 1824 年诞生以来，历经多次变革。从最初的间歇作业的土立窑到 1885 年出现的回转窑，从 1930 年德国的立波尔窑到 1950 年联邦德国洪堡公司的悬浮预热器窑，到 1971 年日本在悬浮预热技术的基础上研究成功的窑外分解窑。新型干法窑外分解窑生产技术的出现，改变了原有的水泥生产技术格局和发展进程，成为现代最具代表性的生产工艺和装备。

新型干法水泥生产技术，是以悬浮预热和窑外预分解技术为核心，综合应用现代流体力学、燃烧动力学、热工学、流态化工程理论以及粉体工程学等科学理论和技术，采用计算机及其网络化信息技术进行水泥企业生产的系统综合技术。主要特点表现为：

生料在高度分散状态下进行预热和分解。

预热器中采用以对流、传导为主的传热方式，部分取代了回转窑内以辐射为主的传热方式，预分解过程中的这种传热方式使整个煅烧系统的热效率得到成倍提高。

采用窑外预分解技术，降低回转窑的热负荷，提高了回转窑的单机产量，使水泥产业规模的扩大和集约化发展成为可能。

同时通过快速烧成、快速冷却和燃煤灰分均匀分布等措施，熟料质量得到大幅提高。

由于窑外预分解窑独特的煅烧方式、大规模集约化的生产模式，工业废渣在水泥工厂得到更为广泛的利用，很大程度上实现了节能减排。

9.1.1.6　行业集中度不断提高

近十年来，新型干法生产工艺加快取代立窑、湿法窑、干法中空窑以及半干法立波尔窑等生产技术，把中国水泥行业生产技术与装备推向一个新的阶段。

2006 年国家水泥产业政策中明确提出“到 2010 年，新型干法水泥比重达到70%以上”这一产业目标。实际上，截至 2010 年新型干法水泥比重已经超过 80%，超额完成产业结构调整任务，2012 年更是达到 90%。近几年在市场、政策的双重作用下，一方面，各地方政府仍然在继续加大淘汰落后产能的力度；另一方面，全国排名前几位的大型水泥集团更是加快了兼并重组的力度，提高产业集中度和规模效益。根据中国水泥协会的数据，表 9-2 给出了截至 2019 年年底中国水泥年产量前十位的集团公司熟料产能数据，前十位水泥集团公司产能总和已经超过中国水泥总产量的 57%。

表 9-2　中国水泥产量前十位企业（2019）

排名	集团企业名称（联合体）	熟料产能/（万 t/a）
1	中国建材集团有限公司	39 020
2	安徽海螺水泥股份有限公司	21 077
3	唐山冀东水泥股份有限公司（含金隅）	10 481
4	华润水泥控股有限公司	6 495
5	华新水泥股份有限公司（含拉豪）	6 231
6	山东山水水泥有限公司	5 342
7	红狮控股集团有限公司	4 852
8	台湾水泥股份有限公司	4 067
9	天瑞水泥集团有限公司	3 395
10	亚洲水泥（中国）控股公司	2 062

9.1.2 生产投入和产出情况

9.1.2.1 主要原材料

通用水泥生产中所用原材料主要分为石灰质原料、黏土质原料、辅助原料三类。

1. 石灰质原料

石灰质原料指石灰岩、石灰质泥灰岩、白垩等，凡是以 $CaCO_3$ 为主要成分的原料均称为石灰质原料。我国生产水泥用的石灰质原料主要采用石灰岩，石灰质泥灰岩次之，再次之为大理石。石灰岩是一种沉积岩，主要由方解石微粒组成。石灰岩在我国分布非常广泛，资源丰富，它依成因可分为生物石灰岩、化学石灰岩和碎屑石灰岩三种。石灰岩中常有其他混合物，并含有白云石、黏土、石英或燧石及硫酸钙等杂质。石灰质原料是水泥熟料中 CaO 的主要来源，它是水泥生产中使用最多的一种原料，在生料中约占 80%，一般生产 1 t 熟料需 1.3～1.5 t 石灰质原料。石灰石中的白云石是熟料中 MgO 的主要来源。石灰石分解产生的二氧化碳是水泥工艺过程二氧化碳排放居高不下的直接原因。

2. 黏土质原料

黏土质原料一般由硅酸盐矿物在地球表面风化形成，主要化学成分是 SiO_2，其次为 Al_2O_3，还有少量 Fe_2O_3 以及 Mg、Na、K、Ca 等，主要是供给熟料所需要的各种氧化物。一般生产 1 t 熟料用 0.3～0.4 t 黏土质原料。由于地域广大，我国水泥行业采用黏土质原料种类较多，以黏土、黄土为主，其次为页岩、泥岩、粉砂岩及河泥等。黏土的质量主要取决于黏土的化学成分，含砂量，碱含量及黏土的可塑性、热稳定性、需水量等工艺性能。这些性能随黏土中所含的主导矿物不同、黏粒多寡及杂质不同而异。根据主导矿物不同，黏土可分成高岭石类、蒙脱石类与水云母类等。南方的红壤与黄壤属于高岭石类，华北与西北的黄土属于水云母类。黏土中常常有石英砂、方解石、黄铁矿、氧化铁、碳酸盐、硫酸盐及有机物等杂质，化学成分差别很大，因此呈现出黄色、褐色或红色等不同的颜色。

3．辅助原料

水泥生产配料除使用石灰质原料和黏土质原料两种物料以外，还有一些用量较少，但对保证正常生产、提高质量、改善操作条件等起着良好的作用，或者可以起到节能减排、保护环境作用而搭配利用的废料，一般称为辅助原料。常用的有铁质校正原料、铝质校正原料、硅质校正原料、综合利用的废料等。例如，部分水泥企业采用粉煤灰双掺工艺，在生料配料过程中掺加少量的粉煤灰；利用水泥窑进行污泥、生活垃圾中惰性物质的协同处置等。

从以上三类原材料可以看出，由于水泥生产使用大量无机材料，原材料在输送、转运、破碎、筛分等生产与预处理过程中极容易造成粉尘污染，对周围环境有一定影响。

9.1.2.2 产品

从 1824 年第一份水泥专利标志着水泥的发明算起，水泥至今已有 100 多年的历史。水泥这种产品为社会发展和经济建设起到了重要的作用，水泥是建筑工程的物质基础，始终是用途最广、用量最多的一种胶凝材料。

水泥呈粉末状，与水混合后，经过物理化学过程由可塑性浆体变成坚硬的石状体，并能将砂、石等散粒材料胶结成为整体，形成坚固的石状体的水硬性胶凝材料。水泥不仅能在空气中硬化，还能更好地在水中硬化，保持一定强度，属于水硬性胶凝材料。为了适应不同建筑工程的需要，水泥品种不断增加，已达 200 多种，通常按以下几个方面的特点分类。

1．水泥按用途及性能分类

①通用水泥：一般土木建筑工程通常使用的水泥。通用水泥主要是指以硅酸盐水泥熟料、适量的石膏和混合材料制成的水硬性胶凝材料，是以水泥的主要水硬性矿物名称冠以混合材料名称或其他适当名词命名的。通用硅酸盐水泥按混合材料的品种和掺量分为硅酸盐水泥、普通硅酸盐水泥、矿渣硅酸盐水泥、火山灰质硅酸盐水泥、粉煤灰硅酸盐水泥和复合硅酸盐水泥。

②专用水泥：具有专门用途的水泥，如 G 级油井水泥、道路硅酸盐水泥，可冠以不同型号。

③特性水泥：具有某种比较突出性能的水泥。如快硬硅酸盐水泥、低热矿渣

硅酸盐水泥、膨胀硫铝酸盐水泥。特性水泥是以水泥的主要水硬性矿物名称冠以水泥的主要特性命名的，并可冠以不同型号或混合材料的名称。

2. 水泥按其主要水硬性物质名称分类

①硅酸盐水泥，即国外通称的波特兰水泥；

②铝酸盐水泥；

③硫铝酸盐水泥；

④铁铝酸盐水泥；

⑤氟铝酸盐水泥；

⑥以火山灰或潜在水硬性材料及其他活性材料为主要组分的水泥。

3. 水泥按需要标明的主要技术特性分类

①快硬性：分为快硬和特快硬两类；

②水化热：分为中热和低热两类；

③抗硫酸盐性：分为中抗硫酸盐腐蚀和高抗硫酸盐腐蚀两类；

④膨胀性：分为膨胀和自应力两类；

⑤耐高温性：铝酸盐水泥的耐高温性以水泥中氧化铝的含量分级。

9.1.3 主流生产工艺和过程

9.1.3.1 工艺流程

水泥生产工艺路线一般包括以下过程：

①原材料的采运；

②原材料（能源）的贮存和制备；

③熟料煅烧；

④水泥粉磨和贮存；

⑤包装和发送。

水泥企业的主要设备是“两磨一窑”，“两磨”指生料磨和水泥磨，“一窑”指水泥窑，即回转窑或立窑等窑。从能源消耗与环境保护的角度来说，粉磨过程在水泥生产中电耗最大，同时伴随粉尘排放。窑系统则是水泥企业最主要的废气污染源，排放大量的粉尘、NO_x、CO_2和少量SO_x、CO、VOCs（挥发性有机物）等，同时窑系统的煤炭消耗、电消耗也很大。

9.1.3.2 主要窑型

在水泥生产过程中，其中心环节是熟料煅烧系统，包括窑、冷却机、预热设备和其他附属设备。熟料煅烧系统是大量消耗燃料的地方，煅烧系统的选择非常关键，要充分考虑窑的热效率、产品质量和单机产量，综合比较是否便于操作和维护。目前通用硅酸盐水泥窑型分为回转窑和立窑两种。

1．回转窑

回转窑采用低速旋转、内衬耐火材料的钢制圆形筒体作为煅烧水泥熟料的主要设备，它以一定斜度安装，依靠筒体上的滚圈安放在数对托轮上，由电机拖动或液压传动使筒体在一定转速范围内转动，生料自高端（窑尾）喂入，向低端（窑头）运动。部分燃料自低端喷入，产生火焰，在筒体内将生料完全煅烧成熟料，熟料由窑头篦冷机卸出。烟气以和物料相反的方向从窑尾排出。回转窑是水泥行业的主要热工设备，可分为干法窑和湿法窑。

干法窑有中空式窑、悬浮预热器窑、窑外分解窑、立波尔窑等。湿法窑有料浆蒸法机窑、窑内装有链条的长窑等。

其中，预分解窑生料预烧得好，燃料的燃烧放热过程与生料的吸热分解过程在预热器内基本完成，且是在悬浮态或流化态下极其迅速地进行，使生料在入回转窑之前基本上完成碳酸盐的分解反应，因而窑内温度能保持较高，窑系统的煅烧效率大幅提高。同时配合熟料快速冷却，烧制出高硅酸率、高饱和比以及高铝氧率的熟料，熟料强度高、产量大。这种将碳酸盐分解过程从窑内移到窑外的煅烧技术现在统称窑外分解技术，这种窑外分解系统简称预分解窑或新型干法窑。新型干法窑投资相对较高，规模大，技术水平和工业配套能力也更为优良，是目前公认的行业发展方向。

2．立窑

立窑属半干法生产工艺，是水泥行业应用最早的煅烧窑，由石灰立窑演变而来。自 19 世纪中期开始应用于水泥生产，到 1910 年发展成为机械化立窑。传统立窑生产规模小，设备简单，投资相对较低。立窑适用于对水泥市场需求较小、交通不便的地区。中国是世界上立窑最多的国家，立窑生产技术水平相对较高。

但是，传统立窑由于其自身的工艺特点，熟料煅烧不易均匀，不宜烧高硅酸率和高饱和比的熟料，单窑的生产能力太小，日产熟料量一般在几百吨，投入少、污染控制水平相对较低，实现高水平的现代化控制难度较大。

近年来，国内在原有立窑技术的基础上进行改造，推出了新型半干法 JT 窑水泥生产技术。JT 窑破除原有立窑的高径比，降低通风阻力，有效改变了立窑通风不均和由此引发的不完全燃烧及煅烧不均现象，较传统立窑自动化控制水平有所提升，能耗显著降低。此外，从污染排放的角度看，JT 窑 NO_x 排放浓度远远低于新型干法窑水泥生产线，但是 SO_2 排放浓度高于一般新型干法窑水泥生产线。

9.1.4 产排污状况及关键环节

分析水泥行业技术和原料特点可以看出，一方面，从原料进厂至水泥产出整个生产过程都有粉尘的排放。在输送、转运、破碎、煅烧、粉磨等生产过程中，必须采取粉尘控制措施进行控制，防止大量粉尘排放到大气中，导致严重的空气污染。另一方面，水泥窑在煅烧过程中由于消耗大量原煤以及生料高温煅烧反应造成大量的 NO_x、SO_x 及温室气体（CO_2）排放，对环境影响较大。

现阶段，水泥行业污染严重的主要原因是多数水泥企业，特别是中小水泥厂缺乏严格的污染控制设施。随着水泥行业化技术及装备的进步，近年来，新型干法生产技术逐渐取代了传统的立窑和干法中空窑。单位产品的粉尘、废气排放强度呈现下降趋势，对大气环境的污染有了明显的改善。

9.1.4.1 粉尘

水泥行业对环境影响最为直观的是粉尘污染。近 20 年来，国家对水泥企业的环保问题日益重视，水泥生产中的粉尘排放总量逐年降低。随着收尘技术不断革新，收尘设备的收尘效率有了很大提高，水泥窑用布袋收尘和电收尘效率可以达到 99.99%以上，可以在入口粉尘质量浓度每立方米达到几十甚至上百克的条件下，满足排放质量浓度 30 mg/m^3（标况下）的要求。2012 年国家统计局数据显示全国废气中烟（粉）尘排放总量为 1 234.3 万 t，工业废气中烟（粉）尘排放量 1 029.3 万 t，占总量的 83.4%。同年国家统计局水泥行业数据为规模以上企业水泥熟料产量 12.79 亿 t、水泥产量 22.1 亿 t，以现行的污染物排放系数进行行业估算，水泥排放的烟（粉）尘占全国排放总量的 4%～6%（不含无组织排放），所占比例较以往数据大幅下降。

由于工艺原料多为颗粒或粉状物料，原材料露天堆放、长距离大范围转运等，部分工厂由无组织排放带来的污染问题仍然比较严重。表 9-3 和表 9-4 分别为设计能力 3 200 t/d 的新型干法水泥线的基本情况和污染源测试结果，测试点涵盖破碎机、窑尾、窑头、煤磨、水泥磨、包装机等主机设备收尘器颗粒物排放。监测结果清楚表明，通过企业严格的管理和控制，正常生产情况下，污染源颗粒物排放完全能够控制在一个比较先进的水平。

表 9-3 监测企业基本情况

企业代码	生产工艺	主机设备规格	投产时间	设计生产能力	年实际产量
A	新型干法窑	Φ4.3×66 m	2005 年	3 200 t/d	3 139.2 t/d

表 9-4 颗粒物排放数据

企业代码	主机设备	排放点	废气排放量*/（m^3/h）	颗粒物排放质量浓度/（mg/m^3）	颗粒物排放量/（kg/h）	单位产品排放量**/（kg/t）
A	回转窑	窑尾袋收尘	338 237	14.1	4.77	0.035
		窑头袋收尘	238 706	26.0	6.21	0.045
	煤磨	煤磨袋收尘	30 766	28.9	0.89	0.044
	1#水泥磨	磨尾袋收尘	51 785	11.6	0.60	0.006
	2#水泥磨	磨尾袋收尘	68 002	11.9	0.81	0.010
	3#水泥磨	磨尾袋收尘	63 422	10.7	0.68	0.006
	包装机	包装机袋收尘	40 115	12.6	0.51	0.010
	3#水泥磨	磨尾袋收尘	22 270	18.9	0.42	0.008
		选粉机袋收尘	41 885	12.0	0.50	0.010
	包装机	包装机袋收尘	10 444	6.1	0.06	0.002
	烘干机	烘干机袋收尘	12 113	13.0	0.16	0.020

注：*表中废气排放量为标准状态下废气排放量。

**表中单位产品排放量的计算，采用的是测定时主机设备的产量。

水泥企业粉尘的污染源较多，主要包括：储存原料、燃料、熟料、水泥用的堆厂、筒仓、原料储库、水泥库，原料、燃料及产品的破碎和粉碎设备，如石灰石破碎机、煤磨、生料磨和水泥磨、窑头和窑尾，以及各类物料输送机械等。为了有效地控制粉尘排放，应该从设备和管理两方面采取措施，具体如下。

- 合理的设计和布局

水泥行业粉尘污染的一个特点是尘源比较分散、物料倒运次数多、粉尘排放点多且不易控制，易出现二次扬尘。因此，在工艺设计中，应选用合理的辅助设备和运输设备，紧凑布局，减少倒运次数，降低物料落差，实现生产过程的机械化和自动化。

- 以工程技术措施为基础

水泥企业应根据烟气量、粉尘浓度、烟气温度等特点合理选用收尘设备。企业应对设备之间的连接处（无论是动态与动态连接处还是静态与动态连接处）都采取密闭罩、负压等密封措施防止粉尘外逸，避免跑气漏灰。

- 严格管理，有效控制

通过制定切实可行的管理制度，对通风收尘系统设备的检修与验收进行严格管理、定期监测、及时维护，同时加强岗位培训落实。

9.1.4.2 NO_x

水泥窑煅烧过程中温度能达到 1 500℃以上，煅烧过程中煤炭消耗量也较大，由此过程所产生的 NO_x 是水泥企业排放的主要污染物之一。燃料燃烧时形成的 NO_x 中 NO 约占 90%，NO 排入大气后可缓慢氧化成 NO_2。NO_x 酸雨对树木和农作物的危害比 SO_x 还要大，即使浓度不高的情况下对人体健康也十分有害。并且，NO_2 在阳光照射下分解为 NO 和 O 原子，O 原子形成的臭氧会再和大气中的碳氢化合物形成毒性很强的光化学雾，环境危害极大。因此，从环境保护的角度讲，水泥企业应该严格控制 NO_x 的排放。

水泥生产线 NO_x 排放点一般集中在窑尾烟气排放口，产生点主要在窑尾烟室和窑筒体内（图 9-2）。

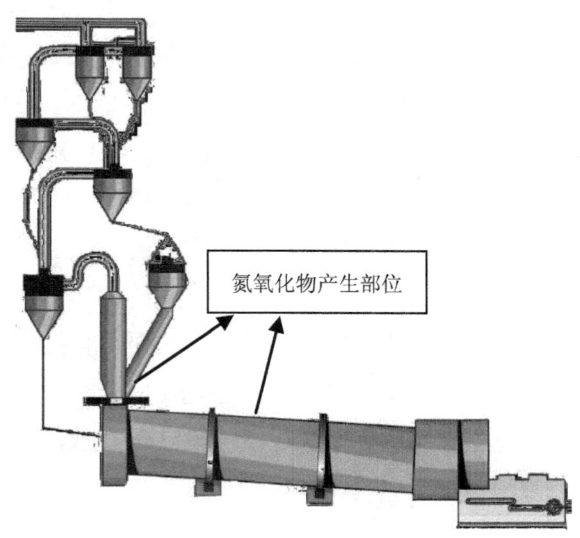

图 9-2　氮氧化物产生部位示意

表 9-5 给出了四条生产线的实测质量浓度，可以看出即使是相同工艺过程，其 NO_x 排放质量浓度仍然存在较大的差距。

表 9-5　氮氧化物排放测试结果

企业代码	主机设备	排放点	氮氧化物	
			排放质量浓度*/（mg/m^3）	单位产品排放量**/（kg/t）
A	新型干法窑	窑尾袋收尘	622	1.133
B	新型干法窑	窑尾袋收尘	586	0.949
C	新型干法窑	窑尾袋收尘	760	1.556
D	新型干法窑	窑尾袋收尘	408	0.909

注：*表中氮氧化物排放质量浓度为折算烟气中 O_2 含量 10%状态下的数值。

**表中单位产品排放量的计算，采用的是测定时主机设备的产量。

与燃煤电厂锅炉不同，水泥企业的 NO_x 排放浓度与生产过程控制息息相关。应积极采取燃烧前控制、燃烧中控制以及燃烧后脱硝技术应用等多种方式协同进行减排。例如，在回转窑的窑头采用大速差、大推力的燃烧器，降低一次用风量，避免局部高温产生；采用分级燃烧的分解炉，即煤粉及助燃风多点加入，分区控制燃烧气氛、燃烧温度与停留时间；控制原料成分、煤质及煤粉细度进行工艺优化管理；采用 SNCR 烟气脱硝技术进一步降低 NO_x 的排放浓度等技术。对于新型干法水泥生产线，为确保经济可行地实现 NO_x 减排，通常需要协同采用多种 NO_x 减排措施。随着《水泥工业大气污染物排放标准》（GB 4915—2013）的实施，企业对控制 NO_x 排放的重视程度逐步加强，行业整体排放水平将有大幅降低。

此外，还需要说明的是，由于窑型不同，立窑采用直接传导、生料与煤粉共同粉磨成球烧成的工艺特点，NO_x 排放浓度普遍比回转窑要低很多。立窑不需要安装任何脱硝装置，完全能够达到 GB 4915—2013 的排放浓度要求。

9.1.4.3 SO_2

水泥生产中，由于原料及燃料中含硫，煅烧熟料时产生的 SO_x，大部分与原料中的 CaO 作用生成 $CaSO_4$ 留存在熟料中，很少部分随废气排出。

目前，国内现有水泥生产工艺线，很少对 SO_x 采用任何治理措施。SO_2 排放量既与原料、燃料的硫含量有关，也与熟料煅烧工艺密切相关。在窑外分解及预热器窑中，窑尾高温废气在预热器中与水泥生料粉充分接触，使生料预热并充分分解，废气中的 SO_2 被生料吸附，可有效地降低排放浓度；同时由于窑尾废气常被用于生料磨烘干，为出窑废气提供了再次与生料充分接触的机会，更加降低了烟气中的 SO_2 含量。

立窑生产过程中，由于窑面保持一定的湿料层，同样可以对出窑废气中 SO_2 的排放起到抑制作用，稳定的暗火或浅暗火煅烧制度也可以有效地控制立窑 SO_2 的排放。与新型干法窑不同，控制立窑 SO_2 的排放需要更加严格的操作制度与管理水平。

历年抽样监测的新型干法生产线数据中 SO_2 排放浓度极少出现超标现象，说明水泥工艺自身特点能对 SO_2 起到有效的控制作用。相比于其他特征污染物，水泥行业 SO_2 的排放问题并不严重。

9.1.4.4　噪声

水泥行业的噪声也是一个较严重的污染源，主要噪声源包括水泥磨、生料磨、煤磨、破碎机、空压机、各类风机等，应该说遍布厂区范围内。

噪声的治理主要采取对声源单独治理和整体预防的方法进行。可以采用：

- 优化布局，增大强噪声设备与各厂界之间的距离。
- 对厂房进行声学设计，采取内部吸音处理、墙壁隔声处理、减少面向敏感点一侧的开空率、安装隔声门窗等方式。
- 优化选型，精细安装。设备选型时充分进行比较，选用高效低噪设备；设备安装过程中提高精度，做好转动机械动静平衡，防止共振的发生。
- 采取适当的减震措施。水泥磨、生料磨、煤磨、破碎机、空压机、各类风机等在运行过程中往往产生剧烈震动，适当的减震措施能够起到有效的缓解作用。
- 对风机等设备可以采取消声措施，安装消声器，同时控制气流通过消声器的流速，防止造成二次污染。

通过一系列的噪声污染防治措施，完全可以使厂界噪声达标排放，能有效地降低对厂界外近距离居民点的影响。

9.1.4.5　废水

目前新型干法水泥厂通过采用循环水冷却，完全可实现生产系统的废水零排放。生活废水可以通过集中处理实现达标排放。废水不是常规水泥企业的控制重点。

9.1.5　污染治理技术特征

9.1.5.1　粉尘

水泥企业通过除尘设备对粉尘集中排放点进行有效控制。除尘器用于生产工艺过程的颗粒尘收集，不同种类、规格的除尘器废气处理能力也不尽相同，需要根据实际情况选择适用于窑头、窑尾、粉磨、烘干机、破碎机等工艺设备的除尘设备。目前，行业常见的除尘设备包括袋式除尘器、静电除尘器和电袋复合除尘器。

1．袋式除尘器

袋式除尘器是一种干式滤尘装置，非常适用于捕集细小、干燥、非纤维性粉尘。滤袋采用纺织的滤布或非纺织的毡等制成，主要原理是利用纤维织物的过滤作用对含尘气体进行过滤。当含尘气体进入袋式除尘器时，颗粒大、密度大的粉尘，由于重力的作用首先沉降下来，落入灰斗；而含有较细小粉尘的气体随后在通过滤料时，粉尘被滤料阻留，使气体得到进一步净化。

常规的袋式除尘器主要由上部箱体、中部箱体、下部箱体（灰斗）、清灰系统和排灰机构等部分组成。图 9-3 为袋式除尘器示意图。

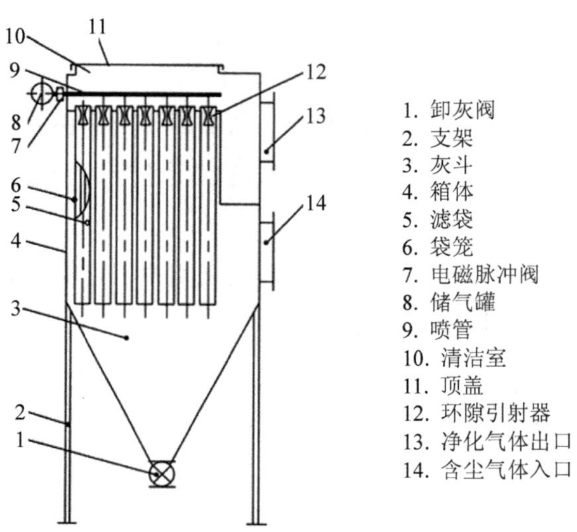

图 9-3　袋式除尘器示意

袋式除尘器具有以下优点：

- 除尘效率高，一般在 99%以上。水泥生产线由于工艺特点，粉尘进口质量浓度甚至可以达到每立方米上百克，经布袋除尘器处置，出口气体含尘质量浓度可达到每立方米几毫克或几十毫克的水平，对亚微米粒径[①]的细尘有较高的分级效率。
- 袋式除尘器处理风量范围广，可达每分钟数万立方米，既适用于水泥窑

① 指直径为 100 nm～1.0 μm。

头和窑尾的大风量烟气除尘，也适用于磨机等风量相对小一些的设备除尘，可以有效地减少粉尘排放。

- 采用玻璃纤维、聚四氟乙烯、P84（聚酰亚胺）等耐高温滤料时，可在200℃左右高温条件下运行，能够满足水泥窑头、窑尾高温、高尘气体处置的基本要求。
- 袋式收尘器对粉尘的特性不敏感，不受粉尘及电阻的影响，结构简单，维护、操作均方便。

2. 静电除尘器

静电除尘器是指利用强电场使尘粒带电，并在静电场的作用下将尘粒分离、捕集的装置。作用原理是利用高压电场使烟气发生电离，气流中的粉尘荷电，在电场作用下与气流分离。负极由不同断面形状的金属导线制成，叫放电电极。正极由不同几何形状的金属板制成，叫集尘电极（图9-4）。

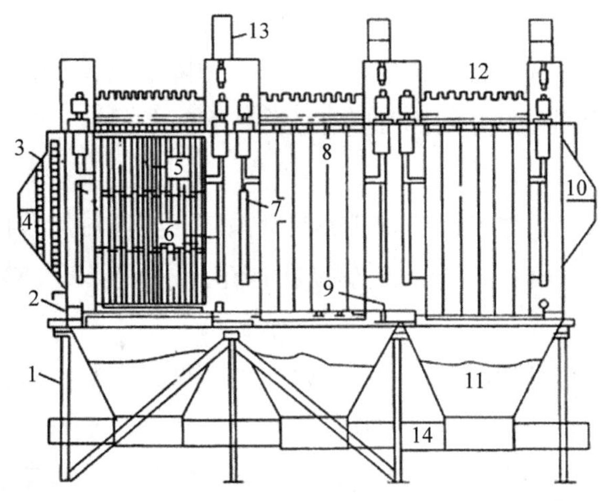

图9-4 静电除尘器示意

静电除尘器的性能受粉尘性质、设备构造和烟气流速三个因素的影响。粉尘的比电阻是评价导电性的指标，它对除尘效率有直接的影响。比电阻过低，尘粒难以保持在集尘电极上，致使其重返气流。比电阻过高，到达集尘电极的尘粒电荷不易放出，在尘层之间形成电压梯度会产生局部击穿和放电现象，这些情况都会造成除尘效率下降。

电除尘整体运行成本更为经济，在设计合理、维护到位的情况下能够满足GB 4915—2013 的要求。

静电除尘器与布袋除尘设备相比，运行与维护成本低，适用于除去烟气中0.01～50 μm 的粉尘，较适用于烟气温度高、压力大的场合。

9.1.5.2 NO_x

目前，国内、国外水泥窑 NO_x 排放控制技术主要是根据燃烧过程的特点来设计的，基本分为燃烧前控制技术、燃烧中控制技术和燃烧后控制技术三大类。燃烧前控制技术包括燃料的脱氮和配方控制等工艺改进；燃烧中控制技术主要有低 NO_x 燃烧器及分级燃烧技术运用等；燃烧后控制技术通常指的是烟气脱硝技术。近年来，国际上常用的控制技术主要是低 NO_x 燃烧器、分级燃烧与 SNCR 烟气脱硝技术协同降氮。

1．燃烧前控制技术

燃烧前控制技术主要指水泥制备工艺的优化，通常采用降低热耗、提高熟料质量等手段。工艺优化如果应用得好，同样可以有效降低 NO_x 的排放。常用的工艺优化方法有：

- 改进生料入窑的均匀性。通过调整生料的配合系统，实现对加入物料的化学计量实时控制，从而降低窑内烟气温度的峰值，实现降低 NO_x 排放的目的。
- 调节生料含水量、入窑风量，循环利用废烟气的热量、窑灰，提高热效率，降低 NO_x 的排放。

由于工艺的复杂性、条件易变性，通过工艺优化降低 NO_x 排放的效果很难给予定量的评估，如何在达到提高窑炉热效率、工艺最优化的同时降低 NO_x 的排放仍然有许多细致的工作要做。

2．燃烧中控制技术

燃烧中控制技术，主要基于以下的基本策略：降低燃烧室内火焰的峰值温度；减少燃烧器内过剩空气系数和减少着火区的氧浓度；加入 NO_x 还原剂等。其主要方法有低过量空气燃烧（LEA）、分级燃烧（OFA）、烟气再循环（FGR）、低氮燃烧器（LNB）、加入替代燃料等，其目的主要是在分解炉或窑内营造还原性气氛或条件。

● 分级燃烧法

分级燃烧法是将燃料、空气和生料分阶段引入，还原 NO_x 为 N_2，实现 NO_x 生成的最小化。窑燃烧阶段产生的 NO_x，一部分可在分解炉加燃料产生的还原气氛下实现化学还原。还原气氛的控制主要是通过调节系统内的空气来实现，例如，先使燃料在空气不足的状态下燃烧以降低 NO_x 的生成，再使其在空气过量的条件下燃烧以完成反应。此外，控制生料的加入还可以调节燃烧器的温度。以上这些方法，均可以在一定程度上控制燃料型 NO_x 和热力型 NO_x 的产生。

具体的分级燃烧可以分为三种方式：空气分级燃烧、燃料和空气分级燃烧及原料顺序投加与分级。

空气分级燃烧是将空气的加入分阶段进行。第一阶段，将炉膛的供空气量减少到燃烧总空气量的 70%～75%，使燃烧首先在缺氧的条件下进行。此时，第一级燃烧区内过量空气系数 $\alpha<1$，降低了燃烧速度和温度水平；同时，燃烧生成的 CO 和燃料中含氮化合物分解的中间产物（如 HCN 和 NH_3 等）均可使 NO_x 还原，抑制了 NO_x 总的生成量。第二阶段，将燃烧用空气的剩余部分以二次空气输入，营造富氧燃烧，此时一些中间产物虽然被氧化为 NO_x，但因火焰温度低，NO_x 生成量不大，因而总的 NO_x 生成量是降低的。采用空气分级燃烧一般可使 NO_x 排放量降低 30%～40%，但同时也存在着结渣和受热面易腐蚀等问题。燃料和空气分级是指燃料和空气都分阶段加入分解炉。该方法能够更好地控制燃料型 NO_x 和热力型 NO_x 的产生，并提供需要的还原气氛。

● 低过量空气燃烧法

低过量空气燃烧法，就是使窑炉燃烧过程尽可能地在接近理论空气量的条件下进行，随着烟气中过量氧的减少可以抑制 NO_x 的生成。但这种方法有以下不足之处：

由于炉内氧的浓度过低，分解炉燃烧效率会降低。

灰熔点降低引起系统结渣和腐蚀，需要选取合理的过量空气系数。

降低 NO_x 排放浓度的幅度相对有限，通常采用该法只可降低 NO_x 排放浓度的 10%～20%。

● 烟气再循环法

烟气再循环法是抽取一部分低温烟气（约占烟气总量的 10%）直接送入炉内，

或者与一次风混合后送入炉内，或者与二次风混合后送入炉内。比如在分解炉区，引入三次风等改进措施，调整燃烧区气氛，有益于降低 NO_x 的排放。一般来说，烟气再循环配合分级燃烧技术能够取得比较好的效果。

通过降低燃烧温度和氧气浓度，NO_x 的排放浓度可以降低 25%～35%。烟气再循环法降低 NO_x 排放的效果与燃料品种、烟气再循环率有关。通常，NO_x 的降低率随着烟气再循环率的增加而增加；但当烟气再循环率过高时，容易增加不完全燃烧热损失，造成 NO_x 的排放变动较大。烟气再循环率一般控制在 10%～20% 比较适宜。

● 使用低氮燃烧器

低氮燃烧器（low NO_x burner，LNB）运行时主要采用的方法是减弱火焰强度，延迟燃料、空气的混合，在初始燃烧时形成富燃料的还原性气氛，可降低 30%热力型 NO_x 的形成。LNB 分成两个燃烧区，第一燃烧区是富燃料缺氧、高温的环境条件，在这种条件下，热力型 NO_x 由于缺氧而产生量大为降低；同时通过循环通入一定比例的废烟气，其中的 NO_x 能在第一燃烧区被大量还原。第二燃烧区是富氧缺燃料、氧化的环境，其温度较低；随着第一燃烧区的气体通入，其体系温度进一步降低，使得还原性气体不易被氧化成 NO_x。

LNB 的研究起步较早，到目前为止，是主要的低氮燃烧技术方法。国外报道 LNB 对 NO_x 的降解效率为 30%～40%，成本为 0.07～0.16 欧元/t 熟料，折合 0.615 7～1.407 2 元/t 熟料，由于成本低已在许多国家的水泥生产中得到应用。

● 使用替代燃料

在水泥窑使用替代燃料，特别是含氨基的替代燃料，可以实现降低 NO_x 排放的效果。其作用原理主要包括两个方面：一方面，替代燃料可以有效降低煤炭消耗，在协同处置的过程中可在分解炉形成部分还原性气氛；另一方面，含氨基的废弃物可以进行还原反应，作用原理与 SNCR 相近。该方法由于可同时处置生活垃圾、污泥等固体废物，实现协同处置与污染减排双重效果，具有很好的应用前景。

3．燃烧后控制技术

燃烧后控制技术，是通常意义上的烟气脱氮技术，包括湿法脱氮和干法脱氮两大类。湿法脱氮主要包括碱吸收法、络合吸收法、氧化吸收法等；干法脱氮包括选择性催化还原法（SCR）、选择性非催化还原法（SNCR）、微波法和电子束照射法（EBA）等。总地看来，目前水泥行业应用的方法主要是选择性非催化还原法。

需要指出的是，近年来国外水泥企业也有个别工厂采取 SCR 方法，但是由于存在催化剂易于失效中毒现象，催化剂的适应性等技术难题尚需克服，以及运行成本高、投资费用大的问题，国内与国外水泥行业均处于小规模试验研发阶段，工程应用实例相对较少。

选择性非催化还原法（SNCR），最早由美国 Exxon 公司发明并于 1974 年投入使用。该方法的原理是在高温（900～1 100℃）和无催化剂的条件下，向烟气中喷射还原剂（氨气和尿素），选择性地将 NO_x 还原为 N_2 和 H_2O，其反应式为

$$4NH_3 + 4NO + O_2 \longrightarrow 4N_2 + 6H_2O \qquad (1)$$

$$4NH_3 + 2NO_2 + O_2 \longrightarrow 3N_2 + 6H_2O \qquad (2)$$

若温度稍高，则可能发生反应：

$$4NH_3 + 5O_2 \longrightarrow 4\,NO + 6\,H_2O \qquad (3)$$

当温度低于 800℃时，式（1）进行得比较缓慢；若温度高于 1 050℃，式（3）反应更为显著。可以看出，温度对 SNCR 的影响很大，除此之外，反应时间、NH_3 和 NO_x 的物质的量之比、初始 NO_x 浓度等均对 SNCR 的净化效率有所影响。

SNCR 法与 SCR 法相比，其运行费用低、投资较小，但存在还原剂消耗量大、脱除效率较低（25%～50%）、脱除效率变化大等不足；但是在新型干法水泥窑温度窗口的选择和控制方面，SNCR 具有明显优势，因此在国际与国内也有了比较多的工程应用实例。

9.2　主要污染物核算要点

9.2.1　废水及污染物核算

由于水泥行业本身的工艺特点，生产用水主要用于设备冷却等方面，基本能够实现零排放。水泥行业内重点关注的是煤耗、电耗和原材料消耗的控制与管理。

目前的国际、国内标准中均没有对水泥行业用水方面提出强制性控制指标。

国际上大的水泥集团通常只是在设计中要求建立循环水系统，实现冷却水的循环利用，循环率要求达到85%以上。冷却水的补充量需要根据生产规模、产品、所选设备来确定，设备选择不同，单位产品的直接耗水量也会有所不同。在生产冷却水全部循环使用、生活用水进行处理再回用的情况下，国外最优化生产线的新鲜水用水量小于 0.3 m^3/t 熟料，甚至可以达到 0.2 m^3/t 熟料以下。

国内，由于南方与北方、不同地域、不同省市之间水资源的拥有量存在较大差异，各地区对水资源利用的管理程度也有所不同。水泥生产过程中对水质要求不高，在水资源相对较丰富的我国南方地区，部分水泥企业生产用水采取的方式是将地表水进行简单过滤后直接使用，再将冷却水经过简单处理后排入地表水域，企业用水无控制指标要求；对水资源较缺乏地区水泥企业生产用水的控制，也仅限于将冷却水循环使用，达到《水泥工厂设计规范》（GB 50295—2016）中生产用水重复利用率在85%以上的标准。

由于水泥生产废水主要含不同粒径的细小颗粒，有机物含量低，而水泥生产对用水水质要求不高，进行相对简单处理即可回用。好的企业循环水利用率能够达到95%以上，基本能够实现零排放。

而生活水消耗量的计算，根据《水泥工厂设计规范》规定，一般采用如下系数：

厂区生活用水量，宜采用 30～50 L /（人·班）；

厂区淋浴用水量，宜采用 40～60 L /（人·班）；

浇洒道路和场地用水量，宜采用 2.0～3.0 L /（m^2·d）；

绿化用水量，宜采用 1.0～3.0 L /（m^2·d）。

生活污水量的确定应符合《室外排水设计规范》（GB 50014—2006）的有关规定，污水量按生活用水量的80%～90%计算。

由于水泥行业废水量较少，总量减排核算采用宏观核算方法进行，具体见《“十二五”主要污染物总量减排核算实施细则》，在此不做过多描述。

如果希望获得更为准确的单一工厂的废水量、化学需氧量结果，建议采用监测数据方法进行具体工厂的核算。这是因为水泥企业在新鲜水用量及污水排放控制方面存在较大差距。水泥生产线布局相对集中，部分水泥企业在地方生态环境保护部门的要求下，建有污水处理设施，将生活污水进行处理后用于降尘、绿化等用途，实现了污水零排放。当然也存在少部分企业没有集中式污水处理设施，甚至于存在部分企业循环水利用率不能达到标准要求的现象。实际监测值更能反映企业真实排放情况，但由于难以获得准确的监测数据，在线监测直接测量法实现起来存在一定难度。

9.2.2　废气及污染物核算

水泥作为一种传统产业，生产过程包括原材料的采运、原材料（能源）的贮存和制备、熟料煅烧、水泥粉磨和贮存、包装和发送。生产工艺原理和产品特性决定了整个生产过程中要释放大量的废气和粉尘。

从工艺技术和原料特点分析可以看出，从原料输入至水泥产出整个生产过程中都有粉尘的排放，同时，窑头、窑尾又有大量烟气排放。生产过程中，为提高热效率、更好地控制产品质量，各类物料均以粉状进入窑内进行煅烧。废气的控制主要通过集中除尘进行，除尘控制不好的情况下，仍然会有大量粉尘、废气排放到大气中，导致较为严重的空气污染，水泥行业的主要污染物是废气、粉尘。

20 世纪 90 年代以前，水泥行业污染严重的主要原因是多数水泥企业，特别是中小水泥企业缺乏有效的污染控制设施。随着水泥工业化程度提升，企业实现现代化、规模化，老旧设备被完全取代，单位产品污染排放逐年降低，对环境的影响大大改善。

根据设计规范要求，常规情况下水泥生产各设备的风量见表 9-6。2008 年根据全国污染源普查系数确定的排污系数见表 9-7。

表 9-6　水泥窑设计风量

序号	设备名称	风量（标况下）/（m^3/h）	备注
1	立窑	（2 000～3 500）G	G 为窑台时产量，t
2	窑外分解窑	（1 400～2 500）G	G 为窑台时产量，t
3	熟料篦冷机	（1 200～2 500）G	G 为篦却机台时产量，t

表 9-7 不同工艺生产线工业废气排放系数（2008 年）

序号	工艺名称	规模等级	废气来源	单位	排污系数
1	新型干法	≥4 000 t 熟料/d	窑炉	m^3/t 熟料	3.964
			工艺	m^3/t 产品	1.286
2	新型干法	2 000～4 000 t 熟料/d	窑炉	m^3/t 熟料	4.069
			工艺	m^3/t 产品	1.286
3	新型干法	＜2 000 t 熟料/d	窑炉	m^3/t 熟料	4.069
			工艺	m^3/t 产品	2.427
4	立窑	≥10 万 t 水泥/a	窑炉	m^3/t 熟料	2.644
			工艺	m^3/t 产品	1.691
5	立窑	＜10 万 t 水泥/a	窑炉	m^3/t 熟料	3.275
			工艺	m^3/t 产品	1.879
6	粉磨站	≥60 万 t 水泥/a	工艺	m^3/t 产品	1.135
	粉磨站	＜60 万 t 水泥/a	工艺	m^3/t 产品	1.135
7	新型干法	≥4 000 t 熟料/d	窑炉	m^3/t 产品	3.964
			工艺	m^3/t 产品	0.857
8	新型干法	＜4 000 t 熟料/d	窑炉	m^3/t 产品	4.069
			工艺	m^3/t 产品	0.857

从表 9-7 可以看出，同样是新型干法水泥生产线，不同规模的窑，工业废气产生量有所区别，但是单位产品排放强度差别不是很大。实际上在水泥生产线的设计过程中，由于设备选型的不同，即使同样规模的生产线，废气量也难免会有所差别。同时，实际生产过程中企业中控操作人员的习惯与偏好不同，也造成了即使是同一条生产线，窑的废气量仍然存在着比较明显的区别。因此，建议在核算过程中，如果需要单独使用新型干法窑的窑尾风量，则应根据企业实际测试数据，参考现有设计规范进行进一步核算。

9.2.2.1 粉尘

水泥行业对环境最直观的影响来自粉尘污染，虽然国家对水泥行业的环保问题日益重视，政府和企业投入大量人力与物力进行控制，单条水泥生产线粉尘排放浓度逐年降低，但排放总量依然较高。

总体来说对生产线上的集中排放点控制非常严格。随着除尘技术的发展与进步，行业适用的除尘设备效率有了很大提升。水泥窑用布袋除尘和电除尘能够在入口粉尘质量浓度较高的条件下，确保出口粉尘质量浓度（标况下）达到 30 mg/m^3 的排放水平。大部分环境管理好的企业完全可以实现 0.1 kg/t 的排放水平。

水泥窑粉尘排放量可以通过实测烟气除尘后的烟气量及烟气中的粉尘质量浓度得到，二者乘积即为粉尘排放量，即在线监测直接测量法。

粉尘排放量也可以采用排污系数法进行计算，相关系数参见 2008 年第一次全国污染源普查系数表。根据系数可以核算不同生产企业的粉尘排放量，计算公式如下：

$$M_{粉尘}=\sum_{j=1}^{n}P_{ij}\times ef_{ij粉}\times 10$$

式中：$M_{粉尘}$——第 i 个水泥企业新型干法窑粉尘排放量，t；

P_{ij}——第 i 个水泥企业第 j 条新型干法窑生产线水泥熟料产量，万 t；

$ef_{ij粉}$——第 i 个水泥企业第 j 条新型干法窑生产线粉尘排污系数，kg/t。

例：某水泥企业有两条生产线，分别为一条日产 5 000 t 熟料生产线、一条日产 3 000 t 熟料生产线，2011 年熟料产量分别为 150 万 t 和 100 万 t，计算该企业粉尘排放量。

$$M_{粉尘}=(0.126+0.059)\times150\times10+(0.126+0.065)\times100\times10=468.5\text{ t}$$

9.2.2.2 氮氧化物

氮氧化物的核算较为复杂。根据《“十二五”主要污染物总量减排核算实施细则》的规定，水泥行业氮氧化物总量减排核算分为全口径核算和行业宏观核算两种方法，逐步推行全口径核算方法。核算范围为辖区内所有水泥企业。对于新型干法窑，分生产线采用排污系数法逐一核算氮氧化物排放量；对于立窑，基于立窑产品产量按照排污系数法统一核算。通过累加法核算出全行业氮氧化物排放总量。条件暂不具备的地区或企业累计熟料、水泥产量与统计部门公布的数据误差在 8%以上的，采用宏观方法进行核算。

1．新型干法窑氮氧化物排放量核算方法

严格按照有关规定将在线监测点位设置在烟囱上、监测数据经省级及以上环保部门审核合格的水泥窑，可采用在线监测直接测量法核算氮氧化物排放量。实测烟气脱硝后的烟气量及烟气中的氮氧化物浓度，二者乘积即为水泥窑氮氧化物排放量。

新型干法窑氮氧化物排放量也可根据水泥熟料产量、治理工程建设和运行情况采用排污系数法分生产线逐一进行核算。基于排污系数法氮氧化物排放量的核算公式为

$$E_{新i}=\sum_{j=1}^{n}P_{ij}\times ef_{ij}\times\left(1-\frac{\eta_{ij}}{100}\right)\times 10$$

式中：$E_{新i}$——第 i 个水泥企业新型干法窑氮氧化物排放量，t；

P_{ij}——第 i 个水泥企业第 j 条新型干法窑生产线水泥熟料产量，万 t；

ef_{ij}——第 i 个水泥企业第 j 条新型干法窑生产线氮氧化物产污系数，kg/t 熟料，见表 9-8；

η_{ij}——氮氧化物去除率，%，根据治理设施投运前后氮氧化物排放质量浓度比确定，治理设施包括新建脱硝设施和进行低氮燃烧技术改造；

n——第 i 个水泥企业新型干法生产线条数，条。

表 9-8 不同工艺生产线氮氧化物产污系数（2008 年）

序号	工艺名称	规模等级	单位	产污系数
1	新型干法	≥4 000 t 熟料/d	kg/t 熟料	1.584
2	新型干法	2 000～4 000 t 熟料/d	kg/t 熟料	1.746
3	新型干法	<2 000 t 熟料/d	kg/t 熟料	1.746
4	立窑	≥10 万 t 水泥/a	kg/t 熟料	0.243
5	立窑	<10 万 t 水泥/a	kg/t 熟料	0.202

对于现役水泥窑新建治理工程，核算期氮氧化物排放量根据治理设施投运前后水泥熟料产量分段进行核算。

在实际的计算过程中，应参考企业的历史数据灵活选用产污系数，而不仅仅是根据生产线规模来确定。

2．立窑氮氧化物排放量核算方法

对立窑也可采用在线监测直接测量法核算氮氧化物排放量，即实测烟气脱硝后的烟气量及烟气中的氮氧化物浓度，二者乘积即为水泥窑氮氧化物排放量。

立窑氮氧化物排放量排污系数法核算是根据企业立窑生产熟料总产量与排污系数相乘得到，核算公式为

$$E_{Li}=P_i\times ef_{立}\times 10$$

式中：E_{Li}——第 i 个水泥企业立窑氮氧化物排放总量，t。

P_i——第 i 个水泥企业立窑水泥熟料总产量，万 t；

$ef_{立}$——水泥立窑氮氧化物排污系数，kg/t 熟料，见表 9-8。

3．参数选取原则

核算期由企业上报水泥熟料产量、外购量及外销量，水泥产量，煤炭消耗量等数据。水泥熟料的产量需要根据水泥产量进行校核。2013 年全行业的平均系数为 0.63 左右，即生产 1 t 水泥平均消耗约 0.63 t 熟料。具体到每一个企业每一个产品，由于通用硅酸盐水泥产品品种较多，吨水泥产品消耗熟料量占比从 30%到 95%均是合理的，范围非常宽，要根据实际情况进行分析。相关产品的熟料消耗量可以参考《通用硅酸盐水泥》（GB 175—2007）的要求。

原则上，进行水泥窑低氮燃烧技术改造的氮氧化物去除率不超过 35%，SNCR 脱硝设施的综合脱硝效率不超过 60%。不同温度下，不同催化剂（尿素、氨水等）的效率有所不同，如图 9-5 所示。无论是采用尿素还是氨水作为催化剂，分解炉基本能够满足其需要的反应条件，出于鼓励企业实施清洁生产、从源头减少氮氧化物的产生的目的，SNCR 的综合脱硝效率认定比较低。对于进行低氮燃烧改造和采用 SNCR 脱硝设施的机组，必须保存改造前的在线监测历史数据，依此来核定改造后的氮氧化物去除率。在核算水泥窑氮氧化物去除率时，治理措施投运前的氮氧化物的排放质量浓度取值根据在线监测历史数据取值，并根据监督性监测数据进行校核，取值不得高于按 2010 年污普动态更新填报的排污系数折算出的氮氧化物排放质量浓度，不得高于水泥窑出厂时设计的最高氮氧化物排放质量浓度。在无法获得企业数据的情况下，可以参考表 9-9。

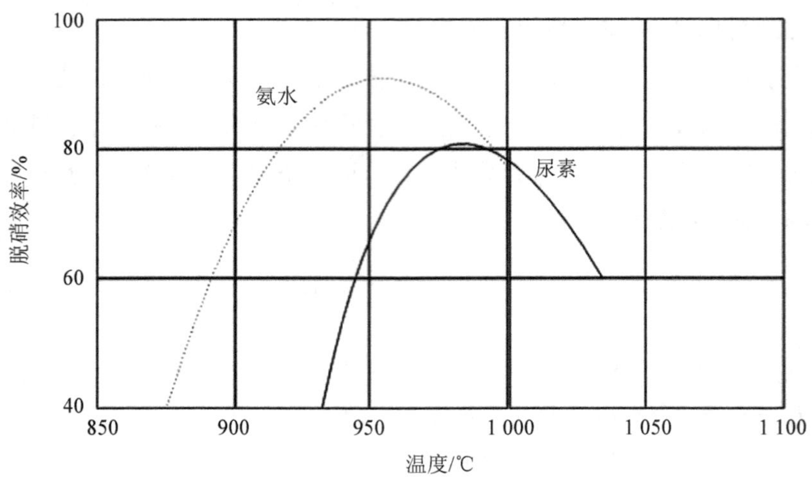

图 9-5　氨水与尿素的脱硝效率

表 9-9　不同生产线氮氧化物初始排放质量浓度参考值

序号	生产线改造现状	排放质量浓度/（mg/m^3）
1	没有进行分级燃烧改造，没有采用低氮燃烧器的新型干法水泥窑	700～800
2	采用低氮燃烧器的新型干法水泥窑	600～700
3	进行分级燃烧，并采用低氮燃烧器的新型干法水泥窑	500～600
4	协同处置废物的生产线	根据在线监测数据确定

对于采用 SNCR 脱硝设施的水泥窑，氮氧化物综合脱硝效率需要根据还原剂（液氨、氨水、尿素）的消耗量进行校核。

还原剂为氨水时，氮氧化物削减量推算公式为

$$R=(A_{氨水}\times W-A_0)\times\frac{\mathrm{Mr(NO}_x)}{\mathrm{Mr(NH}_3)}$$

还原剂为尿素时，氮氧化物削减量推算公式为

$$R=(A_{尿素}\times\frac{34}{60}-A_0)\times\frac{\mathrm{Mr(NO}_x)}{\mathrm{Mr(NH}_3)}$$

还原剂为液氨时，氮氧化物削减量推算公式为

$$R=(A_{液氨}-A_0)\times P\times\frac{\mathrm{Mr(NO}_x)}{\mathrm{Mr(NH}_3)}$$

式中：R——脱硝设施氮氧化物削减量，t；

$A_{氨水}$——氨水消耗量，t；

$A_{尿素}$——尿素消耗量，t；

$A_{液氨}$——液氨消耗量，t；

P——脱硝效率，%；

W——氨水的质量分数，%；

A_0——氨逃逸量（根据监测的烟气中氨的质量浓度进行测算），t；

$\mathrm{Mr(NO}_x)$——氮氧化物分子量（取 46）；

$\mathrm{Mr(NH}_3)$——氨分子量（取 17）。

根据以上公式进行核算，某生产线窑尾设计风量 2 500 m^3/h，SNCR 系统未使用前氮氧化物排放质量浓度为 600 mg/m^3，氨逃逸率为 10 mg/m^3，脱硝后排放质量浓度为 400 mg/m^3，SNCR 系统使用氨水的质量分数为 20%，可以估算吨熟料消耗氨水理论上约 1.1 kg，大部分新型干法水泥生产企业氨水消耗量估计为 1.5～3 kg/t。

永久性关停的水泥窑，原则上削减量根据上一年环境统计排放量认定，且在核算期一次性结清。审计期 1 月 1 日—6 月 30 日淘汰关闭的水泥窑，氮氧化物新增削减量按上年环境统计排放量结清；7 月 1 日—12 月 31 日淘汰关闭的水泥窑，氮氧化物新增削减量在次年核算。半年核算时，氮氧化物新增削减量按上年环境统计的全年排放量计。2015 年关停的水泥窑按照实际关停时间，从次月起核算减排量。如果上一年环境统计排放量相比 2010 年污普基数或前几年排放量明显偏大的，且排放量与产品产量逻辑关系明显不合理的，则按照 2010 年污普基数核算削减量。

9.2.2.3　二氧化硫

水泥熟料煅烧过程中，原料及燃料中含有的硫会生成大量 SO_2。但是与其他工艺不同，新型干法生产技术具有独特的固硫工艺特点，国内现有水泥生产线大

部分不需要对 SO_2 采用任何治理措施，基本能够实现达标排放。在窑外分解预热器中，煅烧产生的大部分 SO_2 随窑尾高温废气，在预热器中与水泥生料粉充分接触，使生料预热并充分分解，废气中的 SO_2 被生料中的 CaO 吸附生成 $CaSO_4$ 留存在熟料中，排放质量浓度降低。此外，工艺设计中，窑尾废气常被引入生料磨，被用于生料烘干，这一过程为废气提供了再次与生料充分接触的机会，以进一步降低排放烟气中的 SO_2 含量。历年的监测数据表明，一般的新型干法水泥生产线不需要采取治理措施，SO_2 排放质量浓度就能够低于 50 mg/m^3。

SO_2 排放量也与熟料煅烧工艺相关。立窑窑面保持一定的湿料层，同样可以对出窑废气中的 SO_2 排放起到抑制作用，连续暗火或浅暗火煅烧也可以有效地控制立窑 SO_2 的排放。相对于新型干法窑，立窑对 SO_2 控制更为困难一些，立窑也更容易出现 SO_2 超标排放的情况。

常规的水泥行业的二氧化硫排放量，根据水泥熟料产量、排污系数进行测算，排污系数建议参考表 9-10，核算公式如下：

$$I_{建材} = \sum_{i=1}^{n} \Delta P_{建材i} \times ef_{建材i} \times 10$$

式中：$\Delta P_{建材i}$——核算期熟料产品产量的增长量，万 t 熟料；

$ef_{建材i}$——建材第 i 个子行业单位产品二氧化硫的排放系数，kg/t 熟料。

表 9-10 二氧化硫排污系数

序号	工艺名称	规模等级	单位	排污系数
1	新型干法	≥4 000 t 熟料/d	kg/t 熟料	0.066
2	新型干法	2 000～4 000 t 熟料/d	kg/t 熟料	0.073
3	新型干法	＜2 000 t 熟料/d	kg/t 熟料	0.079
4	立窑	≥10 万 t 水泥/a	kg/t 熟料	0.352

值得注意的是，极少部分新型干法窑由于所用原料、燃料问题可能导致 SO_2 排放偏高。主要原因是燃料中的有机硫含量高或矿石中含有较多低温易分解的硫化物，在低温、尚未充分反应的情况下，就已经随烟气排出。因此，如果常规监

测中发现新型干法水泥生产线 SO_2 排放浓度异常的情况，就更适合采用在线监测直接测量法核算 SO_2 排放量，即实测烟气量及烟气中的 SO_2 质量浓度，二者乘积即为水泥窑 SO_2 排放量。

9.3　审计要点

9.3.1　治污设施运行状况

主要是对治污设施运行状况进行现场核证，具体包括：

9.3.1.1　运行台账

根据不同氮氧化物减排技术查阅运行台账，检查台账中所有自动监控测点是否正常；污染物浓度是否达标排放；除尘、脱硝效率是否符合环评批复要求；除尘器和脱硝装置运行是否符合操作规范；除尘系统、脱硝系统的进出口烟气相关指标浓度是否符合逻辑关系；异常情况与生产设施运行情况是否一致。

对采用低氮燃烧技术的水泥窑，应当关注低氮燃烧器的安装点位，对于旧窑改造的要判断是否具备足够空间安装低氮燃烧器。

对采用 SNCR 脱硝的水泥窑，应关注窑炉生产负荷、脱硝入口温度、进出口氮氧化物浓度、脱硝效率、脱硝剂使用量等参数间的关系。检查所有自动监控测点是否正常；脱硝效率是否符合环评批复要求；氮氧化物浓度出口是否符合要求。SNCR 运行温度一般为 850～1 100℃。NH_3/NO_x 体积比为 0.8～2.5。运行正常状态下氨逃逸率为 3～5 mg/kg。SNCR 技术必须加强对氨的逃逸、氨的储运安全方面的管理，应注意液氨储罐液位正常，罐内压力和温度正常，氨区应无漏氨，并设置必要的卫生防护距离。

9.3.1.2　现场试验

现场退出脱硝系统，稳定运行 5 min，观测和记录各项参数的变化；降低脱硝剂用量，稳定运行 10 min，观测和记录各项参数的变化。

9.3.2 自动监控设施

参见 7.3.2。

9.3.3 分散控制系统（DCS）

参见 7.3.3。

10 政府环境审计评价指标体系研究

10.1 总体框架

一套科学合理的、具有可操作性的环境审计评价指标体系能够为环境审计开展提供依据，通过对我国环境监测数据分析比对，结合国内外生态环境审计实践工作，提出我国政府环境审计评价指标体系框架（图 10-1）。

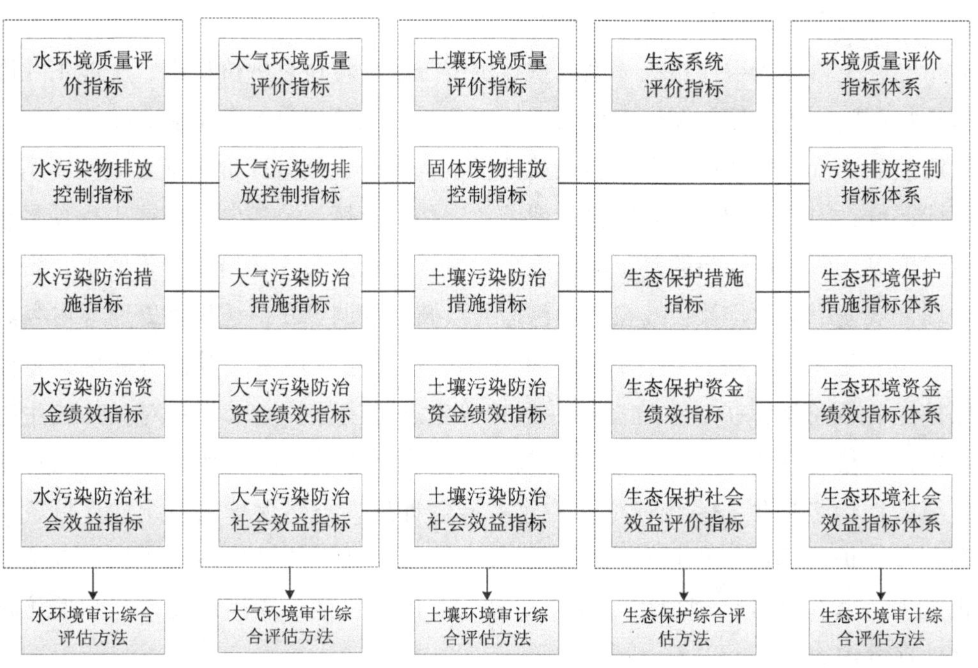

图 10-1 政府环境审计评价指标体系框架

从环境介质和环境要素来看，政府环境审计指标体系可分为水、大气、土壤和生态四大审计体系：

（1）水环境审计指标体系：重点围绕水环境质量评价标准、水污染物排放控制要求，针对具体的水污染治理措施和工程项目，开展绩效评价、资金审计和社会效益评价。具体来说绩效评价包括水环境质量达标评价、水污染物排放控制达标评估、水污染控制措施或工程项目绩效评价等，资金审计指的是水污染防治专项和相关水生态环境保护投资项目资金合理合规使用审计，社会效益评价包括公众满意度调查和信访投诉处理等内容。

（2）大气环境审计指标体系：重点围绕大气环境质量评价标准、大气污染物排放控制要求，针对具体的大气污染治理措施和工程项目，开展绩效评价、资金审计和社会效益评价。具体来说绩效评价包括空气质量达标评价、大气污染物排放控制达标评估、大气污染控制措施或工程项目绩效评价等，资金审计指的是大气污染防治专项和相关生态环境保护项目资金合理合规使用审计，社会效益评价包括公众满意度调查和信访投诉处理等内容。

（3）土壤环境审计指标体系：重点围绕土壤环境质量评价标准、一般工业固体废物和危险废物控制和管理要求，针对具体的土壤污染治理措施和工程项目，开展绩效评价、资金审计和社会效益评价。具体来说绩效评价包括土壤环境质量达标评价、固体废物或危险废物管理绩效评估、土壤污染控制措施或工程项目绩效评价等，资金审计指的是土壤污染防治专项和相关生态环境保护投资项目资金合理合规使用审计，社会效益评价包括公众满意度调查和信访投诉处理等内容。

（4）生态环境审计指标体系：重点围绕生态系统环境质量评价标准，自然保护区、栖息地保护、生物多样性保护等生态环境保护要求，针对具体的生态环境保护措施和工程项目，开展绩效评价、资金审计和社会效益评价。具体来说绩效评价包括生态系统评价、生物多样性评价、自然保护区系统性评价、生态环境保护措施或工程项目绩效评价等，资金审计指的是生态环境保护专项和相关项目资金合理合规使用审计，社会效益评价包括公众满意度调查和信访投诉处理等内容。

按照政府环境审计过程来划分，政府环境审计指标体系主要包括六部分内容：

（1）环境质量评价指标体系：指包括水环境质量评价指标、大气环境质量评价指标、土壤环境质量评价指标、生态环境质量评价指标在内的各种环境质量评价指标体系。具体来说：一是评价依据，如各项法律、规划、标准等；二是评价指标，为了使评价结果全面反映环境项目的实际状况，可选择影响较大的主要污染物浓度参数和一般环境质量评价的常用等级指标，两者综合起来构成环境质量评价指标；三是评价方法，环境质量评价指标既可以是一个数值，也可以是一个范围。在环境质量评价的具体实施过程中，需要参考环境质量评价指数结合环境监测结果，定性与定量相结合，综合考量环境质量状况变化情况，准确研判变化趋势。

（2）污染排放控制指标体系：包括水污染排放控制指标、大气污染排放控制指标、固体废物排放控制指标等各类污染排放控制指标体系，如化学需氧量、氨氮、二氧化硫、颗粒物、氮氧化物、细颗粒物、挥发性有机物、一般工业固体废物倾倒丢弃量等具体指标。结合环境审计项目的实际和对当地主要污染物排放和排污口进行的调查，选择主要的污染物和污染源具体制定污染物排放总量控制指标体系。重点是在加强工业污染防治的同时，实行工业、农业、生活污染全面治理。工作重点是污染物排放总量控制指标的制定，首先选择主要污染物；其次确定主要污染物排放控制总量，一般以年度或季度为标准；最后确定主要污染物排放量控制的标准与方法，可采用定性与定量相结合的方法进行对比分析，可以行业为标准，也可以地区为标准。

（3）生态环境保护措施指标体系：具体指的是审计对象具体实施了哪些生态环境保护措施，包括但不限于产业结构调整、流域环境监管等政策措施和具体开展的系列工程项目。污染防治措施的审计是审计程序中的符合性测试。在环境项目审计过程中，首先要注意被审计单位是否遵守国家有关环境保护方面的法律法规，是否建立本单位的环境保护管理体系，采取的主要污染物控制措施是什么，通过评估其采取的污染控制措施来确定项目可能带来的风险或确定是否需要进行更细的实质性测试。污染控制措施包括目标责任分解落实、污染治理投入、产业结构调整、流域水环境监管及污染预警和应急处置、推进清洁生产、严格环保准入等。这些污染控制措施反映出来的指标主要包括污染治理投资占 GDP 的比例等。在研究制定污染控制措施指标时，需要从以上方面综合考虑，同时采用与规划目标相对比的定性与定量相结合的评价方法进行。

（4）生态环境保护资金绩效指标体系：包括资金审计和绩效审计两部分内容，既要对资金使用过程中是否合理合规开展评价，又要对资金支出后是否达到项目预期进行评价。从污染防治资金的筹集、分配、管理和使用情况等方面研究制定资金使用效益评价指标，主要涉及资金筹集、分配、管理和使用的真实性、合规性和效益性等方面，具体包括评价以下内容的指标：资金来源是否落实，资金是否筹集、拨付到位，资金分配是否遵循并体现国家有关规定和规划的要求，资金分配是否科学，资金使用是否真实、合规，资金的投入与产出比，资金的损失浪费情况等。

（5）生态环境社会效益指标体系：评估的是所有生态环境保护措施、工程项目实施后由此产生的社会效益，由于生态环境保护的社会效益具有一定的隐蔽性和隐藏价值属性，所以评估起来难度较大，具体来说可以通过公众满意度调查、信访投诉率等指标间接反映。环境社会效益的评价指标的选择主要从减少污染事件、减少投诉率等方面进行考虑。与环境质量改善和污染物排放控制指标不同，由于社会效益在短时间内很难显现出来，所以对社会效益的评价方法可采取专家打分、问卷调查等方法。

（6）环境审计的综合评估方法。为全面、准确地判断和评价污染防治工作的整体效果，需要对指标体系的利用加以规范和指引。建立一套环境审计综合评估方法，明确综合评估的原则、规范和方法，是合理、高效地运用该指标体系开展政府环境审计工作的必要前提。

10.2 环境质量评价指标体系

（1）地表水质量达到或好于Ⅲ类水体比例：根据被审计生态环境保护规划或各类行动计划中的目标表，参照《地表水环境质量标准》（GB 3838—2002）逐个分析地表水监测断面水质是否达到了预定目标。

计算方法：

$$\text{地表水质量达到或好于Ⅲ类水体比例}=\frac{\text{达到或好于Ⅲ类水体断面数量}}{\text{目标地表水监测断面总数}}\times 100\%$$

数据来源：国家和地方生态环境监测机构。

（2）地表水质量劣Ⅴ类水体比例：根据被审计生态环境保护规划或各类行动计划中的目标表，参照《地表水环境质量标准》（GB 3838—2002）逐个分析地表水监测断面水质是否达到了预定目标。

计算方法：

$$地表水质量劣V类水体比例=\frac{劣V类水体断面数量}{目标地表水监测断面总数}\times 100\%$$

数据来源：国家和地方生态环境监测机构。

（3）重要江河湖泊水功能区水质达标率：根据被审计生态环境保护规划或各类行动计划中的目标表，参照《地表水环境质量标准》（GB 3838—2002）逐个分析重要江河湖泊水功能区监测点位水质是否达到了预定目标。

计算方法：

$$重要江河湖泊水功能区达标率=\frac{达标水功能区数量}{目标江河湖泊水功能区总数}\times 100\%$$

数据来源：国家和地方生态环境监测机构。

（4）近岸海域水质优良比例：根据被审计生态环境保护规划或各类行动计划中的目标表，参照《近岸海域环境监测规范》（HJ 442—2008）逐个分析近岸海域水质监测点位水质是否达到了预定目标。

计算方法：

$$近岸海域水质优良比例=\frac{水质一类监测点位数量+水质二类监测点位数量}{目标近岸海域水质监测点位总数}\times 100\%$$

数据来源：国家和地方生态环境监测机构、生态环境管理部门。

（5）空气质量优良天数比例：根据被审计区域全年空气质量监测结果，参照《环境空气质量标准》（GB 3095—2012）计算空气质量优良天数占全年天数的总比例，判断是否达到生态环境保护规划或各类行动计划中的目标。

计算方法：

$$空气质量优良天数比例=\frac{空气质量优天数+空气质量良天数}{全年总天数}\times 100\%$$

数据来源：国家和地方生态环境监测机构。

（6）重度及以上污染天数比例：根据被审计区域全年空气质量监测结果，参照《环境空气质量标准》(GB 3095—2012)计算空气质量重度及以上污染天数占全年天数的总比例，判断是否达到生态环境保护规划或各类行动计划中的目标。

计算方法：

$$空气质量重度及以上污染天数比例=\frac{空气质量重度及以上污染天数}{全年总天数}\times100\%$$

数据来源：国家和地方生态环境监测机构。

(7)受污染耕地安全利用率：根据被审计区域农用地土壤污染状况详查或相关调查结果，计算安全利用的受污染耕地数占受污染耕地总数的比例，判断是否达到生态环境保护规划或各类行动计划中的目标。

计算方法：

$$受污染耕地安全利用率=\frac{安全利用的受污染耕地数}{受污染耕地总数}\times100\%$$

数据来源：国家和地方生态环境监测机构、生态环境管理部门。

(8)受污染耕地安全利用率：根据被审计区域农用地土壤污染状况详查或相关调查结果，计算安全利用的受污染耕地数占受污染耕地总数的比例，判断是否达到生态环境保护规划或各类行动计划中的目标。

计算方法：

$$受污染耕地安全利用率=\frac{安全利用的受污染耕地数}{受污染耕地总数}\times100\%$$

数据来源：农业农村管理部门、生态环境管理部门。

(9)污染地块安全利用率：根据被审计区域土壤污染状况详查或相关调查结果，计算安全利用的污染地块数占污染地块总数的比例，判断是否达到生态环境保护规划或各类行动计划中的目标。

计算方法：

$$受污染耕地安全利用率=\frac{安全利用的受污染耕地数}{受污染耕地总数}\times100\%$$

数据来源：自然资源管理部门、生态环境管理部门、农业农村管理部门。

(10)森林覆盖率：根据被审计区域统计和调查结果，计算该区域森林覆盖率，判断是否达到生态环境保护规划或各类行动计划中的目标。

计算方法：

$$森林覆盖率=\frac{森林覆盖面积}{区域国土面积}\times 100\%$$

数据来源：自然资源管理部门。

（11）森林蓄积量：根据被审计区域统计和调查结果，计算该区域森林中现存各种活立木的材积总量，判断是否达到生态环境保护规划或各类行动计划中的目标。

计算方法：

$$森林蓄积量=\sum 各类活立木材积量$$

数据来源：自然资源管理部门。

（12）湿地保有量：根据被审计区域统计和调查结果，计算该区域湿地总面积，判断是否达到生态环境保护规划或各类行动计划中的目标。

计算方法：

$$湿地保有量=\sum 各类湿地面积$$

数据来源：自然资源管理部门。

（13）草原综合植被盖度：根据被审计区域统计和调查结果，计算该区域各主要草地类型的植被盖度与其所占面积比重的加权平均值，判断是否达到生态环境保护规划或各类行动计划中的目标。

计算方法：

$$草原综合植被盖度=\frac{\sum 主要草地类型各类植被盖度\times 该类植被所占面积}{草地总面积}\times 100\%$$

数据来源：自然资源管理部门。

10.3　污染排放控制指标体系

（1）重点区域主要污染物总量控制达标率：根据被审计生态环境保护规划或各类行动计划中对重点区域的主要污染物总量控制目标完成程度，逐个分析每个区域是否达到了预定目标。

计算方法：

$$重点区域主要污染物总量控制达标率=\frac{达标区域数量}{目标区域数量}\times 100\%$$

数据来源：国家和地方生态环境监测站、生态环境管理部门。

（2）重点行业主要污染物总量控制达标率：根据被审计生态环境保护规划或各类行动计划中对重点行业的主要污染物总量控制目标完成程度，逐个分析每个行业是否达到了预定目标。

计算方法：

$$重点行业主要污染物总量控制达标率=\frac{达标行业数量}{目标行业数量}\times 100\%$$

数据来源：国家和地方生态环境监测站、生态环境管理部门。

（3）企业主要污染物排放达标率：根据被审计生态环境保护规划或各类行动计划中确定的重点企业名录，逐个分析是否完成达标排放，再综合评价区域重点监控企业达标排放情况。

计算方法：

$$重点企业主要污染物排放达标率=\frac{达标排放企业数量}{目标企业总数}\times 100\%$$

数据来源：国家和地方生态环境监测站、生态环境管理部门。

（4）企业危险废物五联单管理比例：根据被审计生态环境保护规划或各类行动计划中确定的危险废物产生、经营和处置企业名录，逐个分析是否实行 100%危险废物五联单管理，综合评价区域危险废物管理情况。

计算方法：

$$区域危险废物五联单管理比例=\frac{按要求落实危险废物五联单管理企业数量}{危险废物产生、经营和处置企业总数}\times 100\%$$

数据来源：国家和地方生态环境监测站，生态环境管理部门，危险废物产生、经营和处置企业。

10.4 生态环境保护措施指标体系

（1）生态环境管理手段实施率：根据被审计的生态环境保护规划或各类行动计划中提出的各项管理措施，逐项分析每一项管理手段是否都已推动实施，主要从总量分解及落实、环境应急及治理方案制定、淘汰关停企业实施、环境管理制度（主要是环境影响评价和“三同时”制度）执行率、经济手段实施等方面评价。

计算方法：

$$生态环境管理手段实施率=\frac{已实施的管理手段数量}{规划或计划目标管理手段总数}\times 100\%$$

数据来源：各级人民政府、生态环境管理部门。

（2）生态环境保护工程运行率：根据被审计的生态环境保护规划或各类行动计划中的污染防治工程，逐项分析每一项工程措施是否已经施工建设以及处于何种运行状态，评价各类生态环境保护工程的运行情况。

计算方法：

$$生态环境保护工程运行率=\frac{\sum 运行的生态环境保护工程数量}{规划或计划目标工程总数}\times 100\%$$

数据来源：各级人民政府、生态环境管理部门。

（3）生态环境监管执法能力建设水平：根据地方生态环境管理部门监测及监管能力现状，结合生态环境监管能力建设规划和标准化建设要求，分析监管能力、执法队伍、执法装备、取证能力等是否符合生态环境监管和执法需求，是否存在不达标等问题，进而影响生态环境保护工作开展。

数据来源：生态环境管理部门。

10.5 生态环境保护资金绩效指标体系

10.5.1 生态环境保护投资决策与监督

该指标主要包括生态环境保护投资决策的目的和程序，投资决策责任监督，投资决策责任落实与追究，资金分配合理性、公平性四个方面。

一是主要从生态环境保护投资决策的目的和程序两方面评价投资决策的合理性和科学性。决策目的方面主要从投资项目对生态环境保护的有效性和符合性进行评价；决策程序方面主要分析投资决策是否建立制度化、科学化的决策程序，决策程序是否得到严格执行，投资项目筛选的程序是否符合规定。投资决策审计要审计投资决策的咨询评估是否流于形式，专家意见是否得到尊重，是否存在决策的行政首长干预现象，项目决策的“一言堂”或“首长工程”是否存在；项目投资决策是否是内部“暗箱”操作，项目的透明化和公众参与是否得到落实。

二是决策责任监督，主要从监督制度与机制建立、监督结果运用，确保建立各方有效制衡的决策监督机制，以及从投资决策的全过程入手，引入多方力量进行决策的制衡。例如，建立审计、人大、媒体与公众监督等制衡力量参与的监督格局，建立对中介及技术咨询机构的监督机制，同时加强监督成果的应用，改进和完善决策。

三是决策责任落实与追究，主要从投资决策行为的行政问责和投资决策行为考核角度对投资决策行为进行考量，确保违规决策和不合理决策得到责任追究和问责；投资决策责任落实，从投资决策的制度化建设和决策岗位责任制等入手，确保投资决策责任得到有效落实。投资监督的审计要评价投资监督的制度是否建立，投资规划及项目的投资决策程序、决策依据和决策结果是否进行信息公开，接受媒体、社会公众对投资决策的监督；是否存在违反招投标规定的现象；投资决策行为的行政问责和投资决策行为考核制度的建立可以有效避免投资决策责任不清问题。

四是从投资资金分配的合理性、公平性，结合地区差异、环境现状、工作基础等，分析资金决策分配的合理性、公平性，是否建立了科学合理的资金分配原则和相关制度，是否存在违背制度要求的资金分配现象，是否存在人为因素影响资金分配效果的现象，投资项目筛选是否科学合理，项目立项是否经过专家论证，主要评价资金分配是否符合法定要求。

10.5.2 生态环境保护投资到位率

该指标用来评价一个地区一段时间内生态环境保护资金投入的计划资金和实

际到位资金情况。可从规划或计划整体和单个项目或工程两个层面评价。

计算方法：

$$投资到位率=\frac{\sum 已到位投资额}{规划/计划（或项目/工程）投资总额}\times 100\%$$

数据来源：各级人民政府、财政融资管理相关部门。

一般情况下，0≤项目投资到位率≤100%，数值越大，说明资金到位情况越好。如果投资到位率远远高于投资完成率，则可能存在项目建设缓慢的问题。

10.5.3　生态环境保护资金拨（支）付率

该指标用来评价生态环境保护资金的拨付和支付情况。该指标主要依据财政预算或施工合同约定的资金拨（支）付进度要求，对资金拨（支）付情况进行评价。

计算方法：

$$资金拨（支）付率=\frac{\sum 已拨（支）付资金}{预算（或合同）要求应拨（支）付资金总额}\times 100\%$$

资金拨（支）付率<100%，说明未按预算或合同约定拨（支）付资金；资金拨（支）付率＝100%，说明按预算或合同约定拨（支）付资金；资金拨（支）付率＞100%，说明超预算或合同约定拨（支）付资金。

数据来源：各级人民政府、财政融资管理相关部门、项目或工程管理相关部门和实施主体。

10.5.4　生态环境保护投资完成率

该指标用来评价生态环境保护资金的投资完成情况。

计算方法：

$$投资完成率=\frac{已规划/计划（或项目/工程）投资完成额}{规划/计划（或项目/工程）投资总额}\times 100\%$$

数据来源：各级人民政府、财政融资管理相关部门、项目或工程管理相关部门和实施主体。

一般情况下，0≤投资完成率≤100%，数值越大，说明项目建设进展越快。

10.5.5 生态环境保护违规资金比率

该指标用来评价资金使用的安全性。

计算方法：

$$违规资金比例 = \frac{审计发现的违规资金额}{审计资金总额} \times 100\%$$

数据来源：审计结果。

一般情况下，0≤违规资金比率≤100%，数值越大，说明资金的安全性越差。

10.5.6 生态环境保护投资拉动作用

该指标用政府生态环境保护投资拉动指数表示，指由政府投资带动的社会投资（包括企业投资、社会团体投资等）与政府生态环境保护投资之比。从社会资金的带动作用角度评价生态环境保护投资的效益。指数越大，说明政府投资的引导作用越强，总体资金投入越高。

计算方法：

$$政府生态环境保护投资拉动指数 = \frac{社会生态环境保护投资总额}{政府生态环境保护投资总额} \times 100\%$$

数据来源：各级人民政府、财政融资管理相关部门、项目或工程管理相关部门和实施主体。

10.5.7 生态环境保护资金使用

主要包括资金使用的合规性评价和绩效评价两个方面。合规性评价指生态环境保护使用过程中是否遵循相关资金使用规范，有无违规行为，是否能够通过项目或工程验收审计，相关评价标准参见财务审计相关规范。绩效评价是指项目或工程完成后，是否完成了合同或任务书中的规定要求，是否达成合同任务书中相关成果或产出要求，是否达到预期目标和要求。

10.6 生态环境社会效益指标体系

（1）突发性污染事故（事件）：统计在审计的区域和时段范围内所发生的污染事故数量，可以从现状事故量和规划年度污染事故数量对比两方面评价分析。

数据来源：应急管理部门、生态环境管理部门。

（2）环境信访总量：统计在审计的区域和时段范围内的信访总量，可以从现状信访量和规划年度信访量对比两方面评价分析。

数据来源：人民政府、生态环境管理部门。

（3）群众满意度：利用群众满意度可以有效确定生态环境保护的社会效益，可以利用标准化问卷调查的方式获得，可以重点从水、气、生态等方面开展调查。

数据来源：问卷调查。

第四篇

我国政府环境审计试点

11　兰州市政府环境审计试点

11.1　兰州市基本情况

11.1.1　经济社会发展

兰州市是甘肃省省会，位于黄河上游，东临定西市，南接宁夏回族自治区，西与青海省毗邻，北靠武威市和白银市。地理坐标为北纬 34°，东经 103°40′，处在中国版图的几何中心，距西北其他四省（自治区）的省会（首府）平均距离最近，是唯一黄河穿城而过的省会城市。城市东西长 153 km，南北宽 130 km，面积 13 086 km^2。市区依山傍水，山静水动，形成了独特而美丽的城市景观。南北群山对峙，东西黄河穿城而过，蜿蜒百余里，有着“西部黄河之都，丝路山水名城”的美誉。

人口总量和结构。2011—2014 年全市常住人口总量由 362.09 万人增至 366.49 万人，增加 4.4 万人，年均增长率 3.34‰，人口密度由 2011 年的 277 人/km^2 增加至 2014 年的 280 人/km^2。2011—2014 年，非农业人口由 202.67 万人增至 294.44 万人，比重提升了 17.65 个百分点；农业人口由 120.63 万人降至 72.05 万人，比重降低了 17.65 个百分点。按性别分，2011—2014 年，男性人口由 164.35 万人增长为 187.57 万人，比重提升了 0.34 个百分点；女性人口由 158.95 万人增长为 178.92 万人，比重降低了 0.34 个百分点。

经济总量与增长结构。2011—2014 年全市生产总值呈现逐年上涨的趋势，由 2011 年的 1 360.03 亿元提高到 2014 年的 1 913.5 亿元；增长速度稳步回落，由 2011 年的 15%逐年回落到 2014 年的 10.4%，年平均增长速度为 13.4%。2011—

2014年兰州市三次产业结构得到进一步优化，由2.95∶48.27∶48.78优化为2.80∶43.34∶53.86，其中第一产业比重下降了0.15%，增长速度由5.2%增至6.3%，提升了1.1个百分点；第二产业比重下降了4.93%，增长速度由16.3%降至9.1%，降低了7.2个百分点；第三产业比重上升了5.08%，增长速度由14.3%降至11.8%，降低了2.5个百分点。兰州市的第二产业比重高于我国发达地区城市和西北部分城市，作为老牌工业基地，第二产业是兰州市经济发展的支柱产业。

11.1.2 能源发展变化情况

相较2011年，2013年兰州市全市规模以上工业企业原煤年消费量增加119.83万t，焦炭增加97.11万t，原油减少4.21万t，汽油减少0.13万t，煤油减少0.01万t，柴油增加0.73万t，燃料油消费量减少1.35万t，天然气消费量减少1.19亿m^3，热力消费量减少224.22万GJ，电力消费量增加64.58亿kW·h。2011—2013年兰州市规模以上工业企业能源消费情况见表11-1。

表11-1 2011—2013年规模以上工业企业能源消费情况

能源名称	2011年消费量	2012年消费量	2013年消费量
原煤/万t	1 149.11	1 214.51	1 268.94
焦炭/万t	145.74	160.5	242.85
原油/万t	1 055.28	1 003.33	1 051.07
汽油/万t	0.75	0.79	0.88
煤油/万t	0.03	0.02	0.02
柴油/万t	2.36	2.92	3.09
燃料油/万t	2.67	1.99	1.32
天然气/亿m^3	7.95	9.36	6.76
热力/万GJ	2 673.65	2 666.03	2 449.43
电力/（亿kW·h）	251.93	283.46	316.51

兰州市2011—2013年主要工业行业的煤炭消费总量逐年增加，由1 208.57万t增至1 329.1万t，其中，电力、热力和供应业煤炭消费量年均超过600万t，占工业行业煤炭消费量比重超过49%；有色金属冶炼及压延加工业煤炭消费量由232.74万t增至254.2万t，占工业行业煤炭消费量的比重超过19%；非金属矿物

制品业煤炭消费量由 112.35 万 t 增至 135.5 万 t，占工业行业煤炭消费量的比重超过 9%；黑色金属冶炼及压延加工业煤炭消费量由 90.59 万 t 增至 119.7 万 t，占工业行业煤炭消费量的比重超过 7%；石油加工、炼焦及核燃料加工业煤炭消费量由 40.35 万 t 增至 41.4 万 t，占工业行业煤炭消费量的比重超过 3.1%。以上五个行业累计煤炭消费量占比超过 90%。2011—2013 年兰州市主要工业行业的煤炭消费量见表 11-2。

表 11-2 2011—2013 年兰州市主要工业行业的煤炭消费量 单位：万 t

行业名称	2011 年	2012 年	2013 年
电力、热力的生产和供应业	627.32	687.00	656.6
有色金属冶炼及压延加工业	232.74	245.21	254.2
非金属矿物制品业	112.35	125.21	135.5
黑色金属冶炼及压延加工业	90.59	89.37	119.7
石油加工、炼焦及核燃料加工业	40.35	41.67	41.4
其他行业	105.22	88.14	121.7
总计	1 208.57	1 276.60	1 329.1

11.1.3 大气污染状况

11.1.3.1 污染源分析

兰州市区大气污染呈工业、煤烟、扬尘及机动车尾气混合型污染特征，其中工业污染源所占比重最大，其次为生活和交通污染源，且点源分布广、面源范围大、流动源增长快。同时带有明显的季节性，春季以沙尘浮尘等输入性污染为主，冬季以煤烟等低空面源污染为主，中、重度污染主要集中在每年 11 月至次年 3 月的供暖期。兰州市大气污染形成有客观因素和人为因素。

客观因素主要有以下 3 个方面：

（1）特殊的城市地貌。兰州市位于青藏高原东北侧的黄河河谷盆地内，南面皋兰山海拔 2 129 m，北面九州台海拔 2 067 m，市区中心海拔 1 517.2 m，盆地呈椭圆形，相对高差为 660 m，中间是狭窄的连接地段，地形呈明显的半封闭巨大哑铃形。市区位于盆地内，南北两山对峙，南北宽 2～8 km，自东向西延伸约 35 km，明显的盆地地形造成污染物不易向外流动。

（2）不利的气象因素。兰州市年均静风率为 62.7%，冬季静风率达 80%以上，日均风速小于 0.8 m/s。冬季稳定类天气占 70%以上，大气层结稳定，形成逆温层，不利于大气污染物的湍流扩散。造成静风的原因是兰州西北东南分别有乌鞘岭、华家岭、兴隆山、马衔山、冷龙岭等大山，大风经常被阻挡和屏蔽，这种特殊的闭塞地形导致了静风现象的产生。尤其在冬季，大气边界层内静风频率高，各种工业、生活污染源排放的大量污染物因缺乏大气流动不易扩散出去，在盆地中形成昼夜不消散的烟雾。烟雾层顶高度为 500～800 m，平均高度为 600 m，严重影响了大气质量。

（3）脆弱的区域生态环境。兰州市地处黄土高原、内蒙古高原和青藏高原三大高原的交会处，四季干旱，是典型的半干旱内陆地区，常年干旱少雨，年均降雨量不足 300 mm，但蒸发量却达到 1 800～2 200 mm。同时由于气候干旱不利于植物生长，地表植被覆盖率不高，森林覆盖率仅为 12.21%，分别低于全国和全省平均水平 8.15%和 1.2%，因此沙尘暴和浮尘天气容易波及和形成。

兰州市特殊的河谷盆地地形、先天不好的自然环境，以及静风强和逆温强且干旱雨水少的气象条件，导致其大气环境容量较小，大气污染较为严重，是造成兰州市大气污染的主要地形气候原因。

人为因素主要有以下 4 个方面：

（1）二次扬尘污染。

在建筑、拆迁、道路施工及堆料、运输等过程中由于管理不够完善，不能及时清理建筑垃圾、渣土，施工现场的路面未能及时清扫，出入工地的机动车也不能及时冲洗，料堆、运输车辆虽有密闭遮挡，但还是有部分物料、渣土外溢，这些都会造成二次扬尘污染。

交通运输过程中撒落于道路上的渣土、煤灰、沙土、垃圾等各种固体，以及沉积在道路上的其他排放源排放的颗粒物，被往来车辆碾压后形成粒径较小的颗粒进入空气，形成道路扬尘。在道路等级不高、道路两旁绿化不好的路面上常常积有大量的尘土，汽车行驶在路面上会造成尘土飞扬，反复沉降，这些也都会造成二次扬尘污染。

随着城市化步伐加快和城市建设力度加大，人为因素造成的扬尘污染日益严重，且防控和管理难度较大。

（2）机动车尾气污染。

2012 年，兰州地区机动车超过 50 万辆，近年来年均增幅均超过 10%。由于市区交通不畅，机动车低速或怠速行驶，尾气排放量增大，主要交通干道形成明显的污染带，汽车尾气中污染物成分较为多样，主要有 CO、未燃碳氢化合物（HC）、颗粒物（PM_{10} 和 $PM_{2.5}$）、氮氧化物 NO_x（NO 和 NO_2）、硫氧化合物 SO_x（SO_2 和 SO_3）、CO_2、氟氯烃、含铅化合物、苯并[*a*]芘等。近年来，汽车尾气排放带来的氮氧化物污染占比呈加速上升趋势。

（3）生活燃煤污染。兰州市区分布着 800 余台、5 000 多蒸吨①的燃煤供暖锅炉，城区周边有 10 万户城乡居民小火炉和 200 余台供热立式小锅炉，还有相当数量的沿街烧烤摊点，使得冬季采暖期燃煤结构性污染特别突出。

（4）不尽合理的产业和能源结构。兰州的工业基础都是“一五”、“二五”和“三线”时期发展形成的，工业结构以能源、石油化工、有色冶金等原材料工业为主，重化工业占整个工业的近 80%。企业工艺装备总体水平不高，“三高一低”型企业约占一半。同时，能源结构单一，80%能耗以煤为主，且增长快速。

11.1.3.2　大气污染排放的结构分析

2014 年全市废气中主要污染物二氧化硫排放总量为 74 000.95 t，其中工业源排放量为 67 616.38 t，占全市二氧化硫排放总量的 91.37%；城镇生活源排放量为 6 384.57 t，占全市二氧化硫排放总量的 8.63%。氮氧化物排放总量为 90 612.32 t，其中，工业源排放量为 66 026.01 t，占全市氮氧化物排放总量的 72.87%；机动车排放量为 21 754.97 t，占全市氮氧化物排放总量的 24.01%；城镇生活源排放量为 2 831.34 t，占全市氮氧化物排放总量的 3.12%。烟（粉）尘排放总量为 70 274.83 t，其中工业源排放量为 63 801.32 t，占全市烟（粉）尘排放总量的 90.79%；机动车排放量为 904.67 t，占全市烟（粉）尘排放总量的 1.29%；城镇生活源排放量为 5 568.84 t，占全市烟（粉）尘排放总量的 7.92%。2014 年废气中主要污染物年排放及占比见表 11-3。

---

① 1 蒸吨=1 t/h。

表 11-3 2014 年兰州市大气污染物排放状况

项目	二氧化硫		氮氧化物		烟（粉）尘	
	排放量/t	占比/%	排放量/t	占比/%	排放量/t	占比/%
工业源	67 616.38	91.37	66 026.01	72.87	63 801.32	90.79
机动车	—	—	21 754.97	24.01	904.67	1.29
城镇生活源	6 384.57	8.63	2 381.34	3.12	5 568.84	7.92
合计	74 000.95	100	90 612.32	100	70 274.83	100

11.1.4 试点优势和意义

兰州是传统老工业基地，曾经一度是全国大气污染最严重的城市之一。目前正处于经济发展和环境保护矛盾突出时期，在西北地区具有很强的代表性。2011年，兰州市启动实施了大气污染治理攻坚战，近几年大气污染治理取得明显成效，得到了党中央、国务院的充分肯定，在大气污染治理中，建立了一整套行之有效的制度。为进一步贯彻落实党中央和国务院决策部署，积极探索和推动环境审计制度建设，兰州市主动申请开展政府环境绩效审计试点工作，成为全国首个开展政府环境审计的城市。

本次政府环境绩效审计是主动适应当前生态文明建设和环境保护新常态的一项制度创新，其意义在于：

（1）开展环境绩效审计工作顺应了社会公众的需求。环境问题已成为社会公众最为关注的社会热点问题之一。政府要树立良好的形象，顺应社会公众对环境的需要。而环境绩效审计的开展，可以让民众根据相关的环境绩效审计报告了解政府的环境责任，更大地满足社会公众的需要。

（2）开展环境绩效审计有利于发现兰州市目前大气污染防治工作中的薄弱环节，从而优化大气污染防治工作管理工作，防范和化解环境风险。

（3）开展环境绩效审计工作可以督促并提升各相关部门的工作效率和环境管理水平，强化环境责任落实，为全国探索建立环境绩效审计制度的可行路径提供支持。

（4）开展环境绩效审计工作可以督促环保专项资金的合规、合法使用。

11.2 兰州市政府环境审计总体框架设计

11.2.1 兰州市政府环境绩效审计的目标

本次兰州市政府环境绩效审计的主要目标是对兰州市大气污染防治责任的落实情况开展政府环境绩效审计，以发现兰州市大气污染防治工作中的薄弱环节，提升兰州市大气污染防治工作效率，探索建立政府环境审计制度的可行路径，为全国建立和完善政府环境审计制度框架提供支持。

11.2.2 兰州市政府环境审计的主体

兰州市政府环境审计领导小组是负责开展本次审计试点工作的领导机构，代表兰州市政府负责试点工作的总体部署。兰州市政府环境审计试点工作办公室负责具体的审计实施，试点办公室主任兼任兰州市政府环境审计组组长。本次审计坚持第三方审计原则，由试点办公室通过公开公正方式选择本次审计的技术支持机构，由技术支持机构、社会审计组织和独立咨询专家组成审计组开展试点审计工作。

11.2.3 兰州市政府环境审计的内容与方法

兰州市政府环境绩效审计主要对兰州市政府《兰州市大气污染防治行动计划工作方案（2013—2017 年度）》以及兰州市 2013 年度、2014 年度大气污染防治实施方案（以下统称《行动方案》）落实情况实施政府环境审计，审计范围包括《行动方案》涉及的行政辖区和责任主体，以及依据该《行动方案》应承担相应义务或责任的延伸主体。

兰州市政府环境绩效审计试点工作主要针对《行动方案》进行全面的合规性审计、绩效审计和财务审计。其中，对《行动方案》中明确规定的环境质量指标完成情况实施绩效审计；对《行动方案》中明确规定的各政府部门（含市辖县区）责任落实情况实施合规性审计；对《行动方案》中重点工业企业污染深度治理、工业及生活燃煤锅炉改造、空气清新工程、扬尘管控、黄标车淘汰五个方面实施重点项目审计。相关内容界定如下：

11.2.3.1 环境绩效审计内容和方法

审计内容：主要是针对《行动方案》中规定的环境质量指标完成情况进行审计。其中环境质量指标主要指优良天数目标、质量改善目标（SO_2、NO_x、PM_{10}、$PM_{2.5}$、CO 和 O_3 排放浓度）以及总量减排目标（SO_2 和 NO_x）。

审计方法：优良天数指标和质量改善指标主要以政府公开发布的数据为依据，并对相关数据指标的可靠性进行外部审核；总量控制指标应根据总量减排考核情况、大气污染源解析结果，明确重点排放源清单，并对清单上所有主体环境污染防治绩效进行审计；总量控制指标绩效审计与重点项目审计清单重复的，合并实施审计。

11.2.3.2 合规性审计内容和方法

审计内容：主要审计《行动方案》中各类主体大气污染防治责任的落实情况，包括是否制定了大气污染控制目标、是否明确了责任主体、是否按照时限要求采取了切实的措施等。

审计方法：合规性审计主要依据《行动方案》对各主体责任的界定，将大气污染防治和监管责任拆解到不同的责任主体，以责任清单的形式明确各主体应当承担的职责。各部门应根据职责清单，提供相应的证明材料。审计组根据提供的资料和调查情况，对重点事项进行核实取证。各部门无法提供相关证明材料或证明材料不充分的，视为履责不到位或未履责。

11.2.3.3 重点项目审计内容和方法

审计内容：主要是针对《行动方案》中涉及的重点工业企业污染深度治理、工业及生活燃煤锅炉改造、空气清新工程、扬尘管控、黄标车淘汰等重点项目实施的合法合规性及其绩效进行审计。

审计方法：重点项目审计遵循措施-能力-变化逻辑，由资金和措施入手，对各类重点项目分别建立审计责任清单，逐一落实资金投入的合法、合规性及其绩效。重点项目的绩效体现为两个方面：一是责任主体治污能力或监管能力的提升，二是能力或效率提升带来的实际减排量变化。对各类措施所带来的减排量变化主要依据治污措施生效前后污染物排放量的变化（通过统计数据或监测数据的变化）对比进行定量评价，无法获得统计或监测数据的，应参考行业平均水平取值。

11.2.4 兰州市政府环境审计工作程序

本次审计共包括四个阶段，分别是下达审计通知书、进点审计、编制审计报告和结果反馈四个阶段。

11.2.4.1 下达审计通知书

由兰州市政府环境审计试点办公室统一下发政府环境审计试点审计通知书，审计通知书的内容主要包括被审计单位名称、审计依据、审计范围、审计起始时间、审计组组长及其他成员名单和被审计单位配合审计工作的要求。同时，还应当向被审计单位告知审计组的审计纪律要求。

被审计单位应当按照审计通知书要求，在规定时间内整理并提供相关证明材料，无法提供的应说明理由。

审计组应对各部门提供的材料进行逐一核实，并根据所提供材料明确下一步进点审计的重点内容。

11.2.4.2 进点审计

根据审计计划和审计通知书要求，审计组应按照规定的时间进点审计。针对具体的审计事项，应根据对象特征逐一编制审计底稿，审计底稿应标明如下事项：

（1）审计项目名称；

（2）审计事项名称；

（3）审计过程和结论；

（4）审计人员姓名及审计工作底稿编制日期和签名；

（5）审核人员姓名、审核意见及审核日期和签名；

（6）索引号及页码；

（7）附件数量。

其中，审计工作底稿记录的审计过程和结论主要包括：

（1）实施审计的主要步骤和方法；

（2）取得的审计证据的名称和来源；

（3）审计认定的事实摘要；

（4）得出的审计结论及其相关标准。

审计组组长审核审计工作底稿，应当根据不同情况分别提出下列意见：

（1）予以认可；

（2）予以认可，但需要补充适当、充分的审计证据；

（3）不予认可，纠正或者要求纠正不恰当的审计结论。

审计底稿完成后，对具体事项作出的审计结论或建议，应征求被审计单位意见。

11.2.4.3 编制审计报告

审计组起草审计报告前，审计组组长应当对审计工作底稿的下列事项进行审核：

（1）具体审计目标是否实现；

（2）审计措施是否有效执行；

（3）事实是否清楚；

（4）审计证据是否适当、充分；

（5）得出的审计结论及其相关标准是否适当；

（6）其他有关重要事项。

进点审计工作完成后，应编制审计报告，审计报告主要包括如下内容：

（1）标题；

（2）被审计单位名称；

（3）审计依据，即实施审计所依据的法律法规规定；

（4）实施审计的基本情况，一般包括审计范围、内容、方式和实施的起止时间；

（5）被审计单位基本情况；

（6）审计评价意见，即根据不同的审计目标，以适当、充分的审计证据为基础发表的评价意见；

（7）针对审计发现的问题，根据需要提出的改进建议。

审计期间被审计单位对审计发现的问题已经整改的，审计报告还应当包括有关整改情况。

审计报告编制完成后，应征求被审计单位意见并记录审计单位的反馈建议。

11.2.4.4　结果反馈

审计报告编制完成并征求被审计单位建议后，由审计组负责总报告的汇总编制，提交兰州市政府环境审计试点办公室，由试点办公室向兰州市政府环境审计领导小组汇报审计工作开展情况、主要结论和审计建议，根据领导小组建议修改完善审计报告并由领导小组决定审计报告的公示内容和方式。

11.3　兰州市政府环境审计试点实施情况

11.3.1　试点工作总体部署

兰州市人民政府高度重视政府环境审计试点工作，为完成试点任务，兰州市政府牵头成立了试点工作领导小组和试点办公室，组织编制了《兰州市大气污染防治政府环境审计工作方案》和《兰州市大气污染防治政府环境审计试点实施方案》，有序推动了试点工作开展。在具体内容和程序上，主要依据上述两个方案进行细化，具体审计技术路线如图 11-1 所示。

11.3.2　审计依据

主要包括：

（1）《国务院关于进一步加强淘汰落后产能的通知》（国发〔2010〕7 号）；

（2）《国务院关于化解产能严重过剩矛盾的指导意见》（国发〔2013〕41 号）；

（3）《产业结构调整指导目录（2011 年本）》；

（4）《工业和信息化部关于下达 2014 年工业行业淘汰落后和过剩产能目标任务的通知》（工信部产业〔2014〕148 号）；

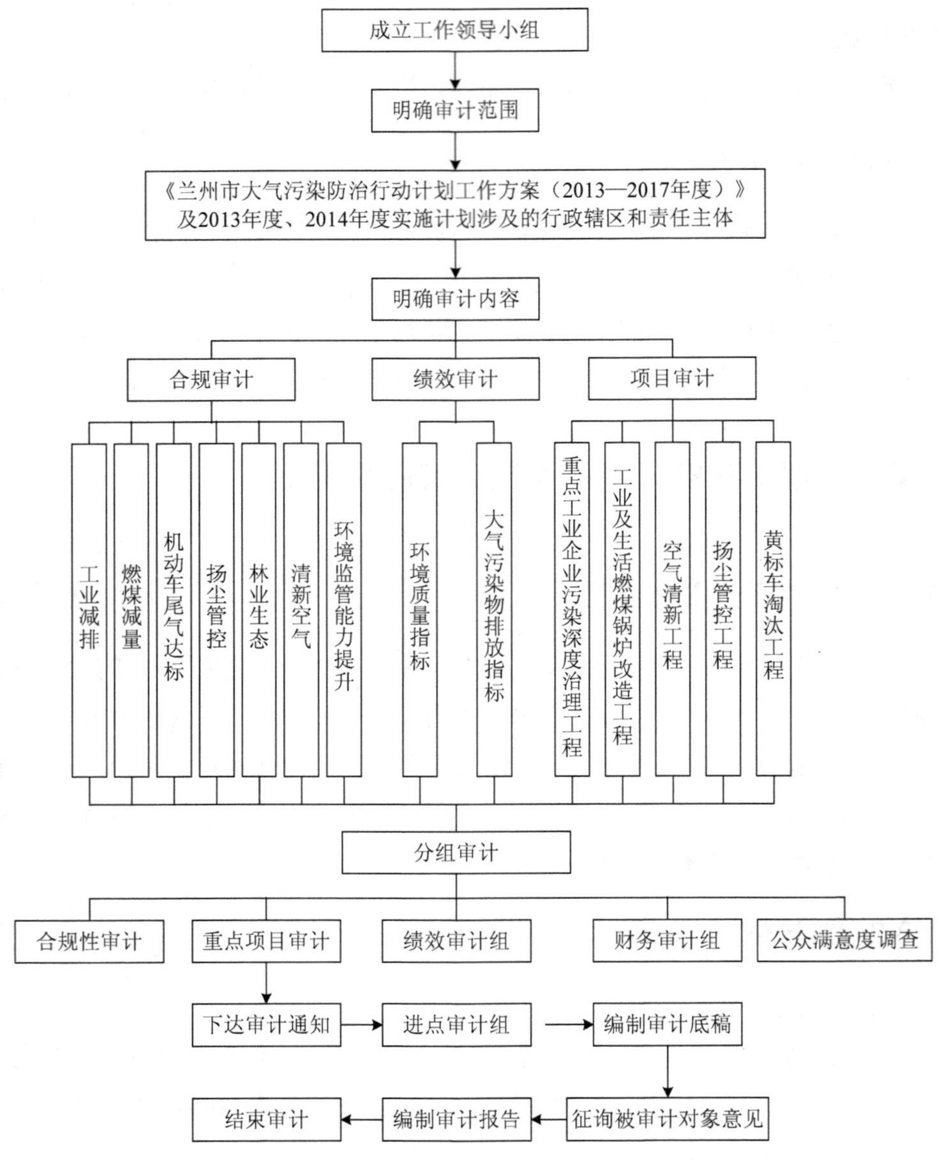

图 11-1　兰州市政府环境审计试点总体技术路线

（5）《关于开展政府环境审计试点工作的通知》（环办函〔2015〕240 号）；

（6）工信部、财政部和国家发改委等 18 部门印发的《关于印发淘汰落后产能工作考核实施方案的通知》（工信部联产〔2011〕46 号）；

（7）《淘汰落后产能中央财政奖励资金管理办法》（财建〔2011〕180 号）；

（8）《甘肃省淘汰落后产能财政奖励资金管理办法》（甘财建〔2012〕69 号）；

（9）《兰州市人民政府办公厅关于印发大气污染防治行动计划工作方案（2013—2017 年度）的通知》（兰政办发〔2014〕25 号）；

（10）兰州市环境审计试点办公室《兰州市政府环境审计试点工作方案》（兰政发〔2015〕73 号）以及《兰州市政府环境审计试点实施方案》；

（11）《兰州市实施大气污染防治法办法》（2013 年 12 月 9 日施行）；

（12）《兰州市扬尘污染防治管理办法》（兰州市人民政府令〔2013〕第 10 号）；

（13）兰州市城市管理综合行政执法局关于印发《兰州市城市路面清扫保洁实施方案》的通知（兰城执法字〔2015〕018 号）；

（14）兰州市城市管理委员会关于印发《兰州市道路洒水作业标准》的通知（兰城执法字〔2015〕065 号）；

（15）兰州市城市管理综合行政执法局《关于进一步加强施工工地及渣土车辆管理的通知》（兰城执法字〔2014〕316 号）；

（16）兰州市人民政府办公厅《关于印发兰州市城乡接合部市容环境卫生一体化管理工作实施方案的通知》；

（17）兰州市城市管理委员会关于上报《2015 年度扬尘污染防治实施方案》的报告（兰城执法字〔2015〕080 号）；

（18）兰州市二次扬尘污染治理工作办公室《关于加强全市建筑（拆迁）工地扬尘污染管理的通知》（兰城尘治字〔2014〕01 号）；

（19）《兰州市 2014—2015 年度冬防扬尘污染源管控方案》；

（20）兰州市人民政府《关于加快推进全市低丘缓坡沟壑等未利用地综合开发利用试点工作的意见》（兰政发〔2012〕85 号）；

（21）兰州市二次扬尘污染治理工作办公室《关于加强环保监测点范围内施工工地扬尘管理相关事宜的紧急通知》；

（22）兰州市城市管理综合行政执法局《关于“冬防”期间严格管控工地扬尘

污染的几点要求》(兰城执法字〔2014〕337号);

(23)兰州市城市管理综合行政执法局《关于进一步加强治污日报填写和“冬防”每日检查工作的通知》。

11.3.3 实施审计的基本情况

根据《兰州市政府环境审计试点工作方案》(兰政发〔2015〕73号)以及《兰州市政府环境审计试点实施方案》,兰州市政府环境审计试点主要对兰州市政府2013—2014年度大气污染防治责任的落实情况实施审计,审计对象包括《行动方案》涉及的行政辖区和责任主体,以及依据该《行动方案》应承担相应义务或责任的延伸主体。其中,对《行动方案》涉及的26个政府部门及区县政府223条治理责任落实情况实施合规性审计,对《行动方案》规定的18个深度治理项目、20个落后产能淘汰项目实施绩效审计,对198个燃煤锅炉清洁能源改造项目和深度治理项目实施财务审计,对35个扬尘管控工地实施合规性和绩效审计,对2个恶臭治理项目实施绩效审计。

根据具体的审计对象,审计组通过资料调研、现场走访、记录审计表格和日记、拍摄现场照片等方式进行了审计调查。审计调查时间为2015年6月5日—11月22日。各专项审计小组审计完成后,编制审计底稿并进行了反馈,在各单位反馈基础上,形成本报告。

11.3.4 审计评价意见

11.3.4.1 环境质量改善,污染治理“兰州模式”得到肯定

2013年以来,兰州市把治理大气污染作为一号工程,全面推行城市网格化管理,层层签订责任书,向社会作出明确承诺,打响整体攻坚战,实施环境立法、工业减排、燃煤减量、机动车尾气达标、扬尘管控、林业生态、清新空气和环境监管能力提升八大治污工程,凝练实施916个项目,涵盖工业出城入园、落后产能淘汰以及燃煤、扬尘、机动车尾气污染治理等,取得了明显效果。

空气质量改善明显。2013年和2014年兰州市环境空气质量由全国末位上升至中游,成为全国环境空气质量指数下降最快的城市之一。2013年,空气质量新

标达标天数 193 天，位于全国 74 个新标发布城市第 36 位；2014 年新标达标天数 247 天，同比增加 54 天，其中优级天数由 7 天增加到 18 天，达标率 68.5%，同比增加 15.6 个百分点，横向比较高于全国 74 个城市 241 天的平均达标天数。提前完成了《兰州市大气污染防治行动计划工作方案（2013—2017 年度）》制定的目标。从浓度指标看，兰州市 2014 年 SO_2 年均浓度较 2012 年下降 29.3%；2014 年可吸入颗粒物（PM_{10}）年均浓度较 2012 年下降 7.3%；2014 年 $PM_{2.5}$ 年均浓度较 2012 年下降 10.45%。SO_2 和 $PM_{2.5}$ 目标均提前完成，PM_{10} 已提前完成下降指标要求，但 NO_2 减排压力较大。

污染治理效果显著，污染治理模式形成“兰州经验”在全国推广。兰州市大气污染纵向比较实现了 2011 年以来优良天数的“五连增”；城市月度和年度排名均退出全国空气污染十大城市行列。治理效果得到中央领导、国务院和国际社会的肯定。习近平总书记在甘肃调研时说，到了兰州市就像到了“天然氧吧”；李克强总理、张高丽副总理批示要求京津冀和各地借鉴相关经验做法，推动区域空气质量不断改善。国务院充分肯定了兰州市大气污染治理的“兰州经验”。在 2015 年 11 月 30—12 月 12 日召开的巴黎气候大会上，兰州市作为国内唯一一个非低碳试点城市应邀参会，获得《联合国气候变化框架公约》组织秘书处、中国低碳联盟、美国环保协会、中国低碳减排专委会联合颁发的“今日变革进步奖”。

11.3.4.2 污染治理推动经济社会发展转型，环境保护与经济发展实现“双赢”

兰州市政府深刻认识到环境质量改善关键在推动产业结构转型升级和实施清洁能源改造，从源头上减少大气污染物排放。2013 年以来，先后采取改、停、关、搬等措施。两年来共引导投入近 10 亿元，对火电、化工、钢铁等 210 家企业全部实施深度治理，重点实施燃煤电厂除尘脱硫脱硝改造。推动第二产业向产业园区集中，兰州新区设立后，推动 100 多户工业企业出城入园向新区集聚。以污染治理为契机，兰州市大力发展新兴产业，重点支持新材料、新能源、节能环保等重点领域和企业技术创新。

环境治理加快了产业结构优化升级，提高了发展质量，为可持续发展注入了活力。据兰州市统计，2011—2013 年，兰州 GDP 增速分别为 15%、13.4%、13.4%。2014 年以来，在全国经济下行压力较大的形势下，兰州市 GDP 仍然保持了 10.4%

的增速。产业结构得到优化，来自兰州市发改委的数据表明，2014 年兰州市三次产业结构从 2013 年的 2.77∶46.19∶51.04 调整为 2.80∶43.34∶53.86，第三产业比重较 2012 年提高了 4.35 个百分点，较 2013 年提高了 2.82 个百分点。2015 年上半年，经济仍然实现稳步增长，实现地区生产总值 926.18 亿元，增速达到 8.6%。好的空气质量带动旅游和招商引资工作，2013 年，兰州 GDP 增幅排全国省会城市第四位，全市接待国内外游客人数增长近三成，招商引资到位资金增长七成多。2014 年，兰州市招商引资到位资金增长 38.52%。

11.3.4.3 污染治理效果得到公众认同，政府公信力提升

根据第三方对兰州市城关区、七里河区、安宁区、西固区常住人口中 18 岁以上、70 岁以下的全体居民中 1 500 个/户居民的分层三阶段随机抽样入户访问和街头随机拦截访问调查，兰州市民对兰州市空气质量三年来的变化总体持肯定态度，对当前的空气质量表示“比较满意”和“非常满意”的居民人数累积占 52.9%，加上持一般态度的 19.8%，评价态度趋于积极的居民人数占到了 72.7%。

公众对各项大气污染治理措施的效果评价持肯定态度，对兰州市环保工作近年来取得的成绩持肯定态度。民意调查显示，兰州市民对工业企业废气减排、道路洒水除尘、施工扬尘防治、燃煤污染治理及机动车尾气治理五种具体治污措施效果基本满意。居民对兰州市环保工作近年来所取得的成绩给予了充分肯定，满意度评价得分为 4.30 分（总分 5 分）。调查结果显示，累积 71.3%的居民对兰州市的环保工作成效持满意态度。

11.3.4.4 污染治理措施针对性强、大气污染防治责任落实情况总体较好

《兰州市大气颗粒物来源解析研究报告》结果显示，2014 年兰州市首要污染物以颗粒物为主，占全年的 89.32%（PM_{10} 为主占比 56.99%，$PM_{2.5}$ 为主占比 32.33%）。兰州市环境空气 PM_{10} 综合来源解析结果显示：扬尘（裸露表面、建筑施工、道路扬尘等排放）贡献 32.5%，工业生产（工业锅炉及窑炉、生产工艺过程等排放）贡献 15%，机动车贡献 16.5%，燃煤（燃煤电厂、居民散烧）占 15.8%，其他（包括餐饮油烟、农业生产等）贡献 20.2%。兰州市环境空气 $PM_{2.5}$ 综合来源解析结果显示：扬尘（裸露表面、建筑施工、道路扬尘等排放）贡献 29.9%，机

动车贡献 23.0%，工业生产（工业锅炉及窑炉、生产工艺过程等排放）贡献 18.8%，燃煤（燃煤电厂、居民散烧）占 17.8%，其他（包括餐饮油烟、农业生产等）贡献 10.5%。

兰州市 2011 年以来，采取工业减排、燃煤减量、机动车尾气达标、黄标车淘汰、扬尘管控、林业生态、清新空气和环境监管能力提升八大治污工程，针对颗粒物排放的重点贡献领域实施治理，这是兰州市大气污染防治取得实效的重要前提和保障。从现场审计来看，重点工程相关措施落实情况总体较好，重点项目落实率达到 95%以上，较好地支撑了大气污染治理工作。

11.3.4.5　削山造地生态环境影响巨大、扬尘管控任重道远

颗粒物污染来源解析结果显示，兰州市扬尘对可吸入颗粒物和细颗粒物的贡献均在三成左右，是颗粒物最大的贡献源。2014 年扬尘对兰州市环境空气中的 PM_{10} 和 $PM_{2.5}$ 分别贡献了 32.5%、29.9%。根据审计组对兰州市扬尘管控项目抽样调查结果来看，扬尘管控措施落实情况有待提升，尤其是削山造地项目，规模较大，生态环境影响严重。兰州市地处黄土高原，土质本身存在结构疏松、孔隙度大、透水性强、遇水易崩解、抗冲抗蚀性弱等特点。削山造地等人工活动加剧了地表生态破坏，极易引发山体滑坡等自然灾害。

第三方对兰州市大气污染防治扬尘管控措施满意度调查结果显示：居民对兰州市道路洒水除尘效果表示满意以上的居民人数占到 57.2%，而对施工扬尘防治效果的满意度评价偏低，综合满意率只占 39.2%。

11.3.5　改进建议

特殊的城市地貌、不利的气象因素、脆弱的区域生态环境等因素对兰州市大气环境质量改善形成刚性制约，尽管 2013 年以来兰州市大气环境治理取得了突出成效，但在此基础上继续实现大气环境质量改善的难度极大。结合兰州市源解析报告和审计中发现的主要问题，对兰州市进一步改善大气环境质量提出如下建议：

一是要加强兰州市空间规划管理，以资源环境生态红线引导经济和产业发展的空间格局，鼓励人口适当疏散。以资源承载力和环境容量为先导，划定兰州市资源环境生态红线，统筹城建、国土、农业、林业和环保等部门规划，编制并实

施兰州市“十三五”国土空间开发利用与保护规划，实现城市发展与生态保护在空间上的统一。在此基础上，依据该空间规划，调整城市结构和产业布局，建设兰州市新区生态工业园，引导兰州市城区尤其是西固工业区企业向兰州市新区搬迁，降低兰州市生态环境压力。

二是要实施煤炭总量和质量双控，提高煤炭清洁利用比例。在确保电力行业大气污染物排放得到有效控制、排放总量下降的前提下，重视煤炭消费向燃烧效率高、治污水平先进的行业集中，发展高效、洁净的超临界发电技术。针对目前湿法脱硫工艺烟气中含硫细颗粒物和含硫浆液滴的排放问题，采取有效治理，减轻燃煤排烟对含硫细颗粒物的影响。深化产业结构调整，加强第二产业能耗的控制与管理，大幅提高能源利用效率，全面推进煤炭清洁利用。

三是要加强机动车污染防治工作，推广使用新能源汽车。兰州市城区呈“两山夹一河”的狭窄形态，受地形条件限制原有道路建设不足，城市道路饱和度远远高于同类城市。解决兰州市机动车污染问题，关键是要大力发展新能源汽车，降低机动车污染排放。加快城市轨道交通建设，增加公共交通出行分担率，引导个体交通向公共交通转移。在推广应用新能源汽车缓冲期，应加大黄标车淘汰力度，推广使用国V汽油。

四是要继续加强扬尘管控。严格削山造地项目准入，对现有和新增削山造地项目实施严格环境准入和红线管控。明确施工主体扬尘控制主体责任，项目招标单位应将扬尘控制纳入施工预算。建立扬尘污染防治保证金制度，建议由环保局、城管局牵头，在施工工地场界周边安装 PM_{10} 浓度监控仪器，所有摄像监控和场界浓度监控设备实现同步联网，实现场界 PM_{10} 浓度超标自动报警功能。在扬尘污染防控重点区域安装摄像头，将现场状况实时传输至环保局、城管执法局的扬尘污染防治管理平台，结合兰州市大气污染防治航拍系统，建立起“全方位、全天候、全覆盖”的实时在线监控体系，提高兰州市大气污染防控的科技化水平和监管效率。

五是要管治并重，增强企业环保责任意识和环境治理主体责任。禁止市区“两高”行业新增产能，停建过剩产能行业建设项目。严格按照国家《产业结构调整指导目录（2011 年本）》规定，对全市环境污染严重的落后产能企业进行关闭淘汰。结合淘汰企业的生产工艺等情况，加快推进企业厂房和设备的拆除工作，开展废弃场地的环境风险评估，做好治理和生态修复工作，防范次生环境风险，推动原有厂地的平整和开发利用。科学评估湿法脱硫技术的环境性，针对具体项目抓好重污染企业深度治理项目落实。制订并发布重污染企业全面达标计划，严格企业环境监管、在线监测和信息公开，倒逼企业落实环境责任。

六是要加快推进挥发性有机物（VOCs）污染治理。全面推进重点行业的挥发性有机物（VOCs）的摸底调查工作，对兰州石化开展新一轮泄漏检测与修复，并在重点行业实施 VOCs 综合治理。按时建设成立兰州市环境监测站石化分站，对兰州石化厂界周边全面布防，严控石化行业挥发性有机物。

七是要注重治理措施的协调性，突出体现人性化管理。前文已指出，公众对兰州市大气污染防治效果总体满意，但满意度还处在比较低的水平，分析原因，可能与政策措施的制定不够精细、配套性不够强以及执行过程缺乏人性化等不无关系。以道路洒水降尘措施为例，道路洒水尽管在一定程度上遏制了扬尘，但并没有能够除尘，而且不分下雨还是晴朗、不管道路是泥泞还是干燥、不论白天还是黑夜，高密度大水量进行洒水，给公众的生活和出行也带来了极大的不便，在一定程度上影响了公众对污染治理满意度的评价结果。

第五篇

政策建议

12 关于加快建立我国环境审计制度的建议

当前，我国的环境审计制度尚处于起步阶段，为进一步落实党中央、国务院生态文明体制改革“1+6”方案提出的“到2020年要构筑起产权清晰、多元参与、激励约束并重、系统完整的生态文明制度体系”，结合试点工作开展情况，以建立经常性政府环境审计制度为目标，提出政策建议。

12.1 关于未来政府环境审计制度总体框架的建议

12.1.1 政府环境审计的主体

政府环境审计主体决定了我国政府环境审计制度的建设目标、建设路径和建设模式。考虑国际实践和我国国情，政府环境审计主体有两种方案。方案一是由审计机关牵头实施政府环境审计制度，环保部门作为配合机构，主要负责政府环境审计中相关环境绩效审计技术指南的编制，并根据审计机关统一部署，开展相关审计工作。由审计机关牵头负责政府环境审计工作，能够从外部监督的角度充分保障政府环境审计的独立性、权威性和威慑力。但由于目前我国现行法律法规对政府环境审计实施主体及各资源环境管理部门在政府环境审计制度实施中的界定不明确，审计机关开展政府环境审计工作的依据、方法等尚不健全，相关机构和配套的人员队伍严重不足，制约了政府环境审计制度建设和实施。方案二是由环保部门牵头组织实施政府环境审计制度。此种情形下，应将政府环境审计制度作为环境管理体系的组成部分，从内部风险控制的角度对各级政府环境保护监督管理责任的落实情况实施审计。由环保部门组织实施政府环境审计工作面临如下三个方面的挑战。一是在法律法规方面，存在授权和依据不足的问题，影响审计实施。二是无法避免“自己审自己”的弊端，环保部门既做裁判员，又做运动员，政府环境审计的客观性和权威性难免受到质疑。三是绩效考核制度、环保督查制度和政府环境审计制度等不同环保督政制度的衔接问题。环保部门实施政府环境审计制度建设既要从立法层面上解决审计授权问题，又要从制度协调上解决好督政问责同步实施问题，将绩效考核和环保督查结果与审计追责挂钩，使政府环境审计制度成为环保部门“撒手锏”，发挥制度合力。同时也要从技术上解决审计实施的标准化和规范化问题。

12.1.2 政府环境审计的对象和内容

就对象而言，政府环境审计的对象既包括各级政府、同级政府组成部门，也包括国有企业，延伸审计对象还包括各类产污治污主体。从内容上看，包括对环境立法、规划、计划、政策和项目的审计。具体审计内容应根据年度审计计划进一步明确。建议在政府环境审计制度初期阶段，选择具体而明确的审计对象，比如对环境影响评价制度执行情况、重污染天气应急管理责任落实情况等开展专项审计。具体实施中，建议根据具体的审计目标定位，围绕当前影响公众健康的突出环境问题和公众反响强烈的环境问题实施审计，具体围绕负有环境保护监督管理责任的部门是否按照法律法规要求履责并产生实际绩效为核心，从合规性和绩效性两个方面实施。需要强调的是在具体审计过程中，应对合规性审计和绩效性审计予以同样的重视，合规性审计有助于发现政府环保监督管理责任落实中存在的问题，为进一步改进环境绩效、提升环境质量提供依据。

12.1.3 政府环境审计的方法

政府环境审计方法解决的是如何开展审计的问题，从实施层面看，审计方法应从如下两个方面予以完善：

（1）操作指南。即政府环境审计准则，解决的是政府环境审计的审计依据、评价标准、审计程序等问题。

（2）技术方案。也称技术指南，解决的是审计过程中如何进行鉴证的问题。

除了常规的审计方法外，政府环境审计的特殊性在于环境问题的特殊性，因此要编制专门的技术指南。由于不同要素和行业环境问题存在较大差异，在技术方案上，建议从要素和行业两个层面拓展，先期覆盖不同的要素和行业，然后再考虑分区域状况进一步细化。

12.1.4　政府环境审计结果的应用

建议一方面将审计结果与人事部门、纪检部门对领导干部个人的工作成效、选拔任用挂钩；另一方面应更加重视审计报告的社会公开，充分发挥社会监督的作用。

12.2　以建立常态化制度为核心，强化审计实施体系

一是强化政府环境审计实施法律法规支持。目前，我国政府环境审计的研究尚未形成一个系统的理论框架。现已颁布实施的审计规范和准则中均没有环境审计的具体实施办法和评估标准。虽然我国到目前为止形成了以环境保护法为主体、包括《大气污染防治法》《海洋环境保护法》等在内的六部环保法律和包括《土地法》《森林法》《渔业法》等八项资源管理开发利用和保护法律以及“征收排污费暂行办法”等在内的22项行政法规的全国性法律法规体系，还有600多项环境保护地方性法规，为环境审计的证据收集和专业判断提供了一定的参考标准，但缺乏统一性和规范性，缺乏开展环境审计的直接依据。《宪法》《审计法》等仅仅是对传统审计业务的授权，没有明确规定环境审计的具体实施办法和相关的技术标准；中国注册会计师独立审计准则更没有环境审计的具体准则。由于缺乏相关的审计依据或评价标准，审计机构在执行环境保护审计时缺乏依据，审计机关和审计人员在对被审计单位的环境业绩进行分析与评价时缺乏法律法规依据和评价标准，以致产生审计风险。针对我国环境审计的依据不足问题，建议完善中国的环境审计法规，在《环境保护法》《审计法》《独立审计准则》中增加环境审计的内容，明确环境审计的具体实施办法；在《证券法》《公司法》中增加环境审计内容，规定对上市公司项目审批及年审，必须经过具有环境审计资格的注册会计师审计，出具有环境信息披露内容的审计报告。

二是进一步明确政府环境审计制度的主体定位。以建设最强有力的审计督政手段为目标，将政府环境审计制度建设成为一项具有高度权威性和威慑力的常规

性管理制度，使政府环境审计制度成为国家环境保护“撒手锏”，推动各级政府切实保护和改善环境质量。建议以国务院名义出台《关于开展政府环境审计工作的指导意见》，明确政府环境审计实施主体、工作目标、内容、程序和方法。建议配套《生态环境损害赔偿制度改革试点方案》，由国务院牵头编制并发布《政府生态环境保护责任划分及考核办法》，为审计评价提供依据。

三是建立政府环境审计机构和工作体系。建议在明确主体的前提下，强化政府环境审计机构和工作体系建设。在机构设置上，应与现有机构衔接，通过职能整合实现职能扩充和能力提升。在工作体系建设上，建议成立全国统一权威的审计机构，该审计机构直接向审计主体单位最高领导或者国务院总理负责，实现全国政府环境审计垂直统一管理。在具体的审计实施上，建立多部门联合工作机制，充分利用社会资源，依据具体的审计目标和审计任务，组织相关职能机构、业务管理部门骨干、专家和注册审计师等成立审计组，负责审计实施。建议针对审计主题建立审计专家库，每次审计从审计专家库中抽取专家组成审计组，建立稳定的工作机制。

四是加强部门合作和联动机制建设。首先，应在组织形式上建立由审计署、生态环境部、财政部等有关部门参加的统一工作机制，在统一协调部署下，共同制定工作方案及目标，并负责组织开展研究、试点及实施工作。其次，审计部门应加强与生态环境部门配合，或聘用环保部门专家、法律专家，充分利用外部专家的专业知识和技能进行工作。审计部门应联合环保部门加强对现有审计人员进行培训或轮训，提高他们的环境业务素质和工作能力，保证环境审计工作的常规性开展。生态环境部门也应加强与审计部门的协调配合，对从事环境专业的人员进行必要的审计、会计知识培训，提高他们在审计方面的业务水平，以更好地协助做好环境审计工作。

五是建立健全环境审计工作人员持证上岗制度和资格考试制度，加强审计人员职业化和社会化建设。依据《中华人民共和国审计法实施条例》第十一条审计人员实行审计专业技术资格制度的规定，审计署、生态环境部及人力资源和社会保障部应联合建立环境审计人员持证上岗和资格考试制度，配合内部审计和社会审计机构建设，建立健全环境审计专业技术队伍。

12.3 以建立规范化制度为核心，强化政府环境审计技术体系

12.3.1 加强研究实践，完善政府环境审计依据

建议建立可操作的环境审计准则体系，借鉴国际环境审计准则的经验，结合中国国情，研究提出环境审计的定义、对象、范围、内容、职责、实施方法、评价标准等可操作的环境审计规范和工作细则，避免环境审计的片面性和局限性。建议研究和制定一套统一的环境会计准则和基本核算体系，为环境审计建立基础，促进环境审计工作的深入开展。

12.3.2 加强研究与试点，推进企业环境审计开展

企业环境审计是通过审计企业环境报告，审查环境污染是否严重以及环境污染造成的经济损失，审查企业是否以经济节约和高效率的方式运用受托环境资源，审查企业用于环保方面的开支是否真实、合法，计算环境污染造成的损失，评价其资源的综合利用程度及其对环境的影响，揭示废弃物处理、存放和排放情况是否有利于生态平衡。而目前一系列的制度和技术障碍，限制了企业环境审计的开展，因此，有必要在以下方面进行研究与试点，推进企业环境审计工作：

12.3.2.1 研究加强环境会计制度建设

环境会计资料是环境审计的重要对象。现行企业会计准则中没有必须向社会披露有关环境信息的规定，更没有对环境信息的记录、计量的具体标准，环境审计难以入手。因此必须修改企业会计准则，增加企业披露和报告环境责任的要求，尽快建立起有关环境责任信息的记录、计量、计价、报告的统一的环境信息会计制度，提供完整、有效的环境会计资料。目前应加强企业环境会计研究与试点，尤其是要加强上市公司中重污染企业的环境会计研究与试点，在以下 3 个方面取得突破：

- 加强企业环境成本核算研究。对环境成本的定义、环境成本的分类、环境成本的确认、环境成本科目设置、环境成本的计量与记录、环境成本的会计处理等进行规范化和标准化，逐步建立和完善科学、规范的企业

环境成本核算体系。

- 规范上市公司环境信息披露。在环境会计报告形式方面、在环境会计报告内容方面应明确规范，逐步建立上市公司环境会计报告制度。要注意与现行其他环境管理制度的衔接，这些制度主要包括企业环境行为公开、环境友好企业评选、环境管理体系审核认证、环境标志产品认证以及公众参与制度等。
- 开展环境信息披露试点研究。调查国内外有关企业环境会计和企业环境报告制度的实施情况，尤其是重点污染行业和跨国公司的环境会计制度。在理论研究和调查的基础上，在重点行业和重点地区选择多家企业开展企业环境会计试点工作，总结试点经验进行推广。

12.3.2.2 研究推进企业环境审计立法

西方国家环境审计的发展是在比较宽松的空间中进行的，企业自身较强的环境意识使其成为环境审计发展的主导者，由于受到经济发展水平的限制，我国企业的环境保护意识仍比较差，目前的环境审计实践主要是由国家审计机关开展的财务审计，内部环境审计力度十分薄弱，在这种情况下通过环境审计法规的方式促进企业内部环境审计实践的发展不失为一个好选择。政府可以通过环境审计法律条文的具体化，使内部环境审计成为企业的日常行为，使环境审计制度在企业内部真正建立起来，促进企业内部环境审计的开展。

12.3.2.3 研究建立上市公司环境审计制度

对环境污染严重、耗用环境资源较多、国家财政资金支持的污染治理工程较多的国家大中型上市公司开展环境审计试点。通过审计，促进这些公司加大环境治理的力度，合理利用环境资源，从源头上治理好环境问题，保护投资者利益，从而推动证券市场的良性发展和整个社会的可持续发展。在试点的基础上，建立上市公司环境审计的相关制度，为企业环境审计积累经验。

12.3.3 结合热点问题，开展国际环境审计跟踪研究

随着人类活动对环境影响的深度和广度的增强，环境问题已超越国界，形成

和发展为国际环境问题，越来越多的环境问题不再是仅靠一国的国力就可以解决的，而需要各国的共同努力、共同应对。环保部门和审计机关在关注环境问题的同时也应该注意环境保护国际化的特点，结合中国实际，加强环境审计的国际交流和合作，学习其他国家先进的环境审计经验，积极探索，不断创新，减少在环境审计理论和方法研究方面的重复劳动以及审计实践中的盲目性，推动中国环境审计工作的深入开展，走出一条具有中国特色的环境审计之路。

环境审计研究应紧密围绕全球环境问题的协调和国际环境会计最新实践展开。针对全球气候变化等热点环境问题，开展环境审计探索。结合资产弃置债务、土壤污染修复、排污权交易、碳排放、可再生能源、固体废物管理等事项的会计问题研究，探索国内环境审计的可行性。

12.3.4　加强不同部门的协作，拓展环境审计研究视角和审计方法

由于环境审计对应的层次是“自然环境+社会经济”，处于生态学、环境学、资源学、经济学、社会学等众多学科研究的范围；同时，环境审计也是一项涉及多部门的工作，并且技术标准十分复杂。所以，环境审计需要进行跨学科研究，各部门之间、各课题组之间以及国内外需要协调配合。

研究上，要改变当前环境审计研究由纯会计审计界主导的“一股独大”局面，同时改变环境审计研究与实践脱节的情况。在国外，环境审核和评价被纳入环境审计内涵，开展环境审计业务的审计师必须具备深厚的生态、环境、环境经济学等领域的技能，环境审计研究应联合资源、环境、生态、环境经济等领域学界的力量，鼓励林业、农业、矿业、地质、水资源、海洋资源、环境工程等科研院所从事环境审计研究，探索财经院校与资源环境院校联合培养环境审计研究人才的模式。加强民间环境审计的研究，推进环境审计与企业环境管理体系认证、区域生态认证、生态健康认证、绿色产品认证等相结合的研究，拓展环境审计研究思路。在审计方法上，要结合环境审计的特点，研究吸纳环境科学、生态学等方法，逐步将环境经济学、环境资源核算、污染损害评估等方法纳入审计评价方法体系。

参考文献

[1] 王晓杰. 环境审计国际经验的借鉴[J]. 辽宁科技大学学报，2010，33（6）：612-616.

[2] 岳世忠，杨肃昌. 国外环境审计与环境报告的发展[J]. 兰州大学学报（社会科学版），2008，36（6）：113-117.

[3] 沈文辉. 三位一体——美国环境管理体系的构建及启示[J]. 北京理工大学学报（社会科学版），2010，12（4）：78-83.

[4] 王泽邦. 美国清洁空气立法对我国大气污染防治立法的启示分析[D]. 清华大学，2015.

[5] 路广. 荷兰环境审计法律制度的经验与启示[J]. 南京审计学院学报，2011，8（1）：86-91.

[6] 崔献华. 我国环境审计研究[D]. 东北财经大学，2007.

[7] 王恩山. 环境绩效审计研究[D]. 中国海洋大学，2005.

[8] 邱玉红，邱改红，戴红霞. 中美环境审计比较研究[J]. 财政监督，2011（23）：70-71.

[9] 游春晖，王菁. 加拿大环境审计运行和保障制度：实践、特点及启示[J]. 财会月刊，2017（2）：92-95.

[10] 张虹. 论欧盟环境立法政策的发展演变[J]. 环境资源法论丛，2006（6）：146-157.

[11] 邢剑锋. 从温室气体排放审计看荷兰的环境审计[J]. 中国审计，2003（5）：73-74.

[12] 项荣. 英国水资源环境保护审计的特点及启示[J]. 工业审计与会计，2010（5）：46-48.

[13] 杜群，刘晓翔. 试析《关于环境与发展的里约宣言》[J]. 武汉大学学报（社会科学版），1993（4）：66-70.

[14] INTOSAI WGEA. Auditing Government Response To Climate Change：Guidance for Supreme Audit Institutions[M/OL].[2020-08-29]. https://wgea.org/media/2928/2010_wgea_sustainable_energy_a4_web.pdf.

[15] 耿建新，牛红军. 关于制定我国政府环境审计准则的建议和设想[J]. 审计研究，2007（4）：8-14.

[16] 李璐，张龙平.WGEA 的全球性环境审计调查结果：分析与借鉴[J]. 审计研究，2012（1）：33-39.

[17] INTOSAI WGEA. Work Plan 2014-2016 [M/OL]. [2020-08-29]. https://wgea.org/media/3736/2014-2016-workplan-as-of-03-12-2013.pdf.

[18] INTOSAI WGEA. Evolution and Trends in Environmental Auditing [M/OL]. [2020-08-29]. https://wgea.org/media/2908/13937_wgea_evolution-and-trends-in-environmental-auditing-colour-for-web.pdf.

[19] 许松涛，陈霞. 环境绩效审计研究综述与展望[J]. 安徽农业科学，2010，38（35）：20309-20311，20314.

[20] 王倩，李越冬. 我国与加拿大环境审计现状比较及启示[J]. 商业会计，2011（22）：26-27.

[21] INTOSAI WGEA. The Ninth Survey on Environmental Auditing[M/OL]. [2020-08-29]. https://wgea.org/media/113683/23j-wgea_final-report-survey-9th_corbel-fin.pdf.

[22] INTOSAI WGEA. INTOSAI WGEA Virtual Assembly 2021 – AGENDA [M/OL]. [2020-12-30]. https://wgea.org/media/117127/official-agenda-14122020.pdf.

[23] 王帆. 英国低碳审计：回顾·框架·启示[J]. 经济与管理，2010，24（11）：70-74.

[24] 陈钦，叶晓丹. 我国环境审计立法初探[A]//中国法学会环境资源法学研究会、水利部、河海大学. 水资源可持续利用与水生态环境保护的法律问题研究——2008 年全国环境资源法学研讨会（年会）论文集[C]. 中国法学会环境资源法学研究会，2008.

[25] 吴勋，郭娟娟. 国外政府环境审计发展现状与启示——基于 WGEA 全球性环境审计调查[J]. 审计研究，2019（1）：31-40.

[26] 邢剑锋.2012 亚洲审计组织环境审计第四次研讨会综述[J]. 审计研究，2013（3）：11-15.

[27] 关于 2000 年度中央预算执行和其他财政收支的审计工作报告[EB/OL]. [2010-09-03]. http://www. npc.gov.cn/wxzl/gongbao/2001-08/03/content_5140515.htm.

[28] 王凤，王莲. 政府责任与资源环境审计：综述和启示[J]. 商业会计，2017（8）：8-10.

[29] 黄溶冰. 环境审计与国家环境安全[A]//中国会计学会环境会计专业委员会. 中国会计学会环境会计专业委员会 2011 学术年会论文集[C]. 中国会计学会环境会计专业委员会，2011.

[30] 审计署关于印发 2008 至 2012 年审计工作发展规划的通知[EB/OL]. [2020-09-03]. http://www.audit.gov.cn/n11/n536/n537/c45943/content.html.

[31] 审计署关于加强资源环境审计工作的意见[EB/OL]. [2020-09-03]. http://www.audit.gov.cn/

n9/n366/n368/c15876/content.html.

[32] 中办国办印发《党政主要领导干部和国有企事业单位主要领导人员经济责任审计规定》[EB/OL]. [2020-09-03]. http://www.gov.cn/zhengce/2019-07/15/content_5409738.htm.

[33] 审计署关于印发审计署“十二五”审计工作发展规划的通知[EB/OL]. [2020-09-03]. http://www.audit.gov.cn/n11/n536/n537/c46044/content.html.

[34] 坚定不移沿着中国特色社会主义道路前进 为全面建成小康社会而奋斗[EB/OL]. [2020-09-03]. http://www.12371.cn/2012/11/17/ARTI1353154601465336_all.shtml.

[35] 新华社. 中共中央关于全面深化改革若干重大问题的决定[J]. 中国合作经济，2013（11）：7-20.

[36] 新华社. 中共中央 国务院关于加快推进生态文明建设的意见[EB/OL]. [2020-09-03]. http://www. xinhuanet.com//politics/2015-05/05/c_1115187518.htm.

[37] 新华社. 中办国办印发《方案》 开展领导干部自然资源资产离任审计试点[N]. 人民日报，2015-11-10（1）.

[38] 陈吉宁. 以改善环境质量为核心 全力打好补齐环保短板攻坚战——在2016年全国环境保护工作会议上的讲话[EB/OL]. [2020-09-03]. http://www.gov.cn/guowuyuan/vom/2016-01/15/content_5033089.htm.

[39] 中华人民共和国国务院令第571号. 中华人民共和国审计法实施条例[Z]. 2010.

[40] 张幁. 浅析审计定义[J]. 中国审计，1995（11）：13.

[41] 薛岩. 简论审计定义[J]. 中国审计，1995（10）：25.

[42] 哈尔滨市审计局课题组. 关于审计定义的再认识[J]. 中国审计，1995（9）：14.

[43] 朱庆国. 审计定义之浅见[J]. 中国审计，1995（9）：15.

[44] 鲍国明. 审计定义初探[J]. 中国审计，1995（9）：15.

[45] 高贵荣. 也论审计定义[J]. 中国审计，1995（8）：21.

[46] 金审. 对审计定义的探讨[J]. 中国审计，1995（7）：27.

[47] 管少华. 内部审计定义的新理念[J]. 中国审计，2002（2）：64-65.

[48] 王德升. 我对审计定义的浅见[J]. 中国审计，2003（Z1）：41.

[49] 李雪，杨智慧. 对环境审计定义的再认识[J]. 审计研究，2004（2）：26-30.

[50] 杨智慧. 环境绩效审计定义探讨[J]. 财会通讯，2009（28）：25-26.

[51] 马秀萍. 开展环境绩效审计 促进可持续发展[J]. 环境保护，2010（8）：35-36.

[52] 耿建新，房巧玲. 环境审计研究视角的国际比较[J]. 审计研究，2004（2）：19-25.

[53] 严伟. 环境、生态与资源审计的定义和内涵分析[J]. 资源与产业，2013，15（1）：136-140.

[54] 游珍. 中外环境审计比较研究[J]. 绿色财会，2013（1）：20-22.

[55] 艾世伦. 关于环境审计概念的辨析[J]. 重庆行政，2002（4）：92-93.

[56] 李明辉，张艳，张娟. 国外环境审计研究述评[J]. 审计与经济研究，2011，26（4）：29-37.

[57] 李明辉，刘笑霞. 我国环境审计研究回顾与展望[J]. 学海，2012（1）：55-62.

[58] 牛鸿斌，崔胜辉，赵景柱. 政府环境责任审计本质与特征的探讨[J]. 审计研究，2011（2）：29-32.

[59] 彭勇. 我国环境审计与西方环境审计的比较分析[M/OL]. http://www.audit.gov.cn/n6/n41/c20752/content.html.

[60] INTOSAI Working Group on Environmental Auditing. An Audit Guide for Supreme Audit Institutions [M/OL]. [2020-08-29]. https://wgea.org/media/2912/eng07pu_worldsummit.pdf.

[61] INTOSAI Working Group on Environmental Auditing.Auditing Sustainable Energy Guidance for Supreme Audit Institutions[M/OL]. [2020-08-29].https://wgea.org/media/5368/wgea- energy-savings_isbn-ok.pdf.

[62] 审计署审计科研所. 欧盟审计院的职能和作用[J]. 国外审计动态，2007（2）：34-36.

[63] 王欢欢. 欧盟环境法的新近发展与不足及其对中国的启示[J]. 中国地质大学学报（社会科学版），2010，10（2）：43-48.

[64] 张爱民，郭坤. 国外环境审计主体研究[J]. 绿色财会，2009（7）：28-30.

[65] 祝圣训，李晓龙，谢芳，等. 国内外环境审计发展状况比较评述[J]. 中国环保产业，2004（8）：16-18.

[66] 王建刚. 环境审计的比较研究[J]. 世界标准化与质量管理，2004（2）：33-35.

[67] 肖振东. 环境审计新领域——处理、贮存和处置（TSD）设施审计研究[J]. 审计与经济研究，2007（2）：42-46.

[68] 张娟. 国外环境审计法律制度对我国的启示[J]. 法制与社会，2014（4）：47-48.

[69] 孙晗. 美国水环境审计的发展历程及启示[J]. 财会月刊，2015（7）：60-64.

[70] 陈怀玉. 独具特色的荷兰环境审计[J]. 商业会计，2006（14）：37-38.

[71] 贺桂珍，吕永龙，王晓龙，等. 荷兰的政府环境审计及其对中国的启示[J]. 审计研究，2006（1）：29，30-34.

[72] 李玲娟. 荷兰绩效审计的最新发展与启示[J]. 上海商业，2021（1）：74-76.

[73] 徐长辉，吴允. 荷兰的环境审计[J]. 工业审计与会计，2007（2）：48.

[74] 侯婷婷，彭兰香. 环境审计国际比较及借鉴[J]. 财会月刊，2010（20）：71-73.

[75] 孙菊生，刘文国. 环境审计与会计职业界的作用——加拿大和美国环境审计比较研究[J]. 审计研究，1998（2）：1-6.

[76] 文卫. 加拿大环境审计的主要做法和启示[J]. 现代审计与经济，2009（3）：34.

[77] 蔡岚. 加拿大环境领域的合作治理及借鉴[J]. 战略决策研究，2013，4（6）：32-43.

[78] 崔新华，任磊. 国际油气管道运输企业环境管理的先进经验及启示 以加拿大 Enbridge 公司为例（一）[J]. 油气田环境保护，2007，17（4）：1-4.

[79] 雷爱华. 加拿大环境审计的特点和启示[J]. 行政事业资产与财务，2014（6）：67-68.

[80] 王芳，李兆东. 英国地方政府环境审计动机与性质演变[J]. 审计与理财，2010（4）：56-57.

[81] 张芳兰. 德国环境审计培训点滴体会[J]. 现代审计与经济，2006（5）：37.

[82] 盛晓白. 德国环境审计的特点及其借鉴意义[J]. 审计研究，1999（4）：47-49.

[83] 潘良明，裘红洪. 法国环境审计发展的思考与启示[J]. 审计与理财，2014（1）：13-14.

[84] 维拉希尔・拉克霍，埃德温・扎卡伊，郑寰，等. 法国环境政策 40 年：演化、发展及挑战[J]. 国家行政学院学报，2011（5）：123-127.

[85] 潘恒仁，姚国君. 赴澳大利亚环境保护审计培训考察报告[J]. 当代审计，2001（3）：37-38.

[86] 李春华. 我国政府生态审计框架构建研究[D]. 重庆理工大学，2017.

[87] 丽娜. 印度、巴西政府绩效审计制度对我国的启示[J]. 经济师，2009（5）：195-196，198.

[88] 游春晖，王菁. 印度环境审计实践及其启示[J]. 财会通讯，2018（4）：118-121.

[89] 鲁心逸. 谈国家审计推动国家生态治理的路径导向——对印度资源环境审计关键要素的解读[J]. 新会计，2013（9）：45-47.

[90] 胡瑛琳. 日本环境会计发展的启示[J]. 合作经济与科技，2015（21）：144-146.

[91] 张珂. 日本环境审计发展对我国的启示[J]. 财会学习，2015（1）：75-77.

[92] 何心宇，史梅. 内部审计师在环境问题中的作用（上）[J]. 审计研究资料，1997（4）：1-26.

[93] 何心宇，史梅. 内部审计师在环境问题中的作用（下）[J]. 审计研究资料，1997（5）：1-25.

[94] 胡岩. 德国的环境保护法律体系[N]. 人民法院报，2013-08-02（008）.

[95] 汪劲. 荷兰环境法考察报告[J]. 环境资源法论丛，2004（4）：189-227.

[96] 曲阳. 日本的公害刑法与环境刑法[J]. 华东政法学院学报，2005（3）：96-101.

[97] 李浩，奚旦立，唐振华，等. 英国大气污染控制及行动措施[J]. 干旱环境监测，2005（1）：29-32.

[98] 国务院发展研究中心宏观部课题组，国务院发展研究中心宏观部“促进经济增长方式转变的财政政策”课题组，卢中原，等. 法国促进可持续发展的做法及启示[J]. 中国发展观察，2007（10）：59-62.

[99] 刘锡平. 国家审计作为宏观调控重要工具的定义、定位与定向[J]. 审计月刊，2014（8）：9-11.

[100] 徐薇. 中国政府环境审计研究[D]. 云南大学，2018.

[101] 孙贤荣. 中国政府环境审计若干问题研究[D]. 山东大学，2008.

[102] 曲明. 政府绩效审计：沿革、框架与展望[D]. 东北财经大学，2013.

[103] 许婷婷. 领导干部自然资源资产离任审计方法研究[J]. 中国乡镇企业会计，2020（12）：176-177.

[104] 赵红，赵肖瑞. 自然资源资产离任审计方法探析[J]. 农村经济与科技，2020，31（20）：92-94.

[105] 邱梦瑶. 我国环境审计框架体系研究[D]. 青岛大学，2019.

[106] 陈炜. 自然资源资产离任审计框架体系研究[D]. 山东师范大学，2017.

[107] 张惠. 低碳经济目标下环境审计研究[D]. 湖北工业大学，2017.

[108] 李春华. 我国政府生态审计框架构建研究[D]. 重庆理工大学，2017.

[109] 赵红. 自然资源资产责任审计框架研究[D]. 贵州财经大学，2016.

[110] 党政主要领导干部和国有企业领导人员经济责任审计规定[EB/OL].[2020-09-03]. http://www.audit.gov.cn/n7/n34/n58/c109693/content.html.

[111] 党政主要领导干部和国有企业领导人员经济责任审计规定实施细则[EB/OL].[2020-09-03]. http://www.audit.gov.cn/n6/n36/c132978/content.html.

[112] 认真贯彻执行《体现科学发展观要求的地方党政领导班子和领导干部综合考核评价试行办法》[J]. 党建研究，2006（8）：1.

[113] 姜青新，张淼. 树“绿色政绩观” 建美丽中国——解读《关于改进地方党政领导班子和领导干部政绩考核工作的通知》[J].WTO 经济导刊，2014（5）：71-73.

[114] 宋希. 我国地方党政领导干部考核评价研究[D]. 湖南大学，2010.

附录 1　兰州市大气污染防治政府环境审计技术指南

一、编制目的

为贯彻落实环保部印发的《关于开展政府环境审计试点的通知》（环办函〔2015〕240 号）精神，指导兰州市政府环境审计试点工作开展，编制本指南。

二、编制依据

包括：

（1）《中华人民共和国环境保护法》；

（2）《兰州市人民政府关于在兰州市开展环境审计试点工作的请示》（兰政发〔2014〕120 号）；

（3）联合国环境管理体系审计指南（ISO 14000）；

（4）环境管理体系及使用指南（ISO 14001）；

（5）环境审计指南-通用原则（ISO 14010）；

（6）环境审计指南-审核程序-环境管理体系审计（ISO 14011）。

三、审计对象

本次政府环境审计的对象是兰州市人民政府，具体是对兰州市人民政府落实《兰州市大气污染防治行动计划工作方案（2013—2017 年度）》及《兰州市 2013 和 2014 年度大气污染防治实施方案》情况开展审计，审计涉及兰州市政府各政府部门及区县政府，以及依据上述工作方案相关内容所涉及的其他主体。

四、审计内容与审计方法

兰州市政府环境审计试点工作主要针对《行动方案》进行全面的合规性审计、绩效审计和财务审计。其中，对《行动方案》中明确规定的环境质量指标完成情况实施绩效审计；对《行动方案》中明确规定的各政府部门（含市辖县区）责任落实情况实施合规性审计；对《行动方案》中重点工业企业污染深度治理、工业及生活燃煤锅炉改造、空气清新工程、扬尘管控、黄标车淘汰五个方面实施重点项目审计。相关内容界定如下：

（一）环境绩效审计内容和方法

审计内容：主要是针对《行动方案》中规定的环境质量指标完成情况进行审计。其中环境质量指标主要指优良天数目标、质量改善目标（SO_2、NO_x、PM_{10}、$PM_{2.5}$、CO 和 O_3 排放浓度）以及总量减排目标（SO_2 和 NO_x）。

审计方法：优良天数指标和质量改善指标主要以政府公开发布的数据为依据，并对相关数据指标的可靠性进行外部审核；总量控制指标应根据总量减排考核情况、大气污染源解析结果，明确重点排放源清单，并对清单上所有主体环境污染防治绩效进行审计；总量控制指标绩效审计与重点项目审计清单重复的，合并实施审计。

（二）合规性审计内容和方法

审计内容：主要审计《行动方案》中各类主体大气污染防治责任的落实情况，包括是否制定了大气污染控制目标、是否明确了责任主体、是否按照时限要求采取了切实的措施等。

审计方法：合规性审计主要依据《行动方案》对各主体责任的界定，将大气污染防治和监管责任拆解到不同的责任主体，以责任清单的形式明确各主体应当承担的职责（具体见合规性审计表[①]）。各部门应根据职责清单，提供相应的证明材料。审计组根据资料提供和调查情况，对重点事项进行核实取证。各部门无法

① 略。

提供相关证明材料或证明材料不充分的，视为履责不到位或未履责。

（三）重点项目审计内容和方法

审计内容：主要是针对《行动方案》中涉及的重点工业企业污染深度治理、工业及生活燃煤锅炉改造、空气清新工程、扬尘管控、黄标车淘汰等重点项目实施的合法合规性及其绩效进行审计。

审计方法：重点项目审计遵循措施-能力-变化逻辑，由资金和措施入手，对各类重点项目分别建立审计责任清单，逐一落实资金投入的合法合规性及其绩效。重点项目的绩效体现为两个方面：一是责任主体治污能力或监管能力的提升，二是能力或效率提升带来的实际减排量变化。对各类措施所带来的减排量变化主要依据治污措施生效前后污染物排放量的变化（通过统计数据或监测数据的变化）对比进行定量评价，无法获得统计或监测数据的，应参考行业平均水平取值。

五、审计实施程序

本次审计共包括四个阶段，分别是下达审计通知书、进点审计、编制审计报告和结果反馈四个阶段。

（一）下达审计通知书

由兰州市政府环境审计试点办公室统一下发政府环境审计试点审计通知书，审计通知书的内容主要包括被审计单位名称、审计依据、审计范围、审计起始时间、审计组组长及其他成员名单和被审计单位配合审计工作的要求。同时，还应当向被审计单位告知审计组的审计纪律要求。

被审计单位应当按照审计通知书要求，在规定时间内整理并提供相关证明材料，无法提供的应说明理由。

审计组应对各部门提供材料进行逐一核实，并根据所提供材料明确下一步进点审计的重点内容。

（二）进点审计

根据审计计划和审计通知书要求，审计组应按照规定的时间进点审计。针对具体的审计事项，应根据对象特征逐一编制审计底稿，审计底稿应标明如下事项：

（1）审计项目名称；

（2）审计事项名称；

（3）审计过程和结论；

（4）审计人员姓名及审计工作底稿编制日期并签名；

（5）审核人员姓名、审核意见及审核日期并签名；

（6）索引号及页码；

（7）附件数量。

其中，审计工作底稿记录的审计过程和结论主要包括：

（1）实施审计的主要步骤和方法；

（2）取得的审计证据的名称和来源；

（3）审计认定的事实摘要；

（4）得出的审计结论及其相关标准。

审计组组长审核审计工作底稿，应当根据不同情况分别提出下列意见：

（1）予以认可；

（2）予以认可，但需要补充适当、充分的审计证据；

（3）不予认可，纠正或者要求纠正不恰当的审计结论。

审计底稿完成后，对具体事项作出的审计结论或建议，应征求被审计单位意见。

（三）编制审计报告

审计组起草审计报告前，审计组组长应当对审计工作底稿的下列事项进行审核：

（1）具体审计目标是否实现；

（2）审计措施是否有效执行；

（3）事实是否清楚；

（4）审计证据是否适当、充分；

（5）得出的审计结论及其相关标准是否适当；

（6）其他有关重要事项。

进点审计工作完成后，应编制审计报告，审计报告主要包括如下内容：

（1）标题；

（2）被审计单位名称；

（3）审计依据，即实施审计所依据的法律法规规定；

（4）实施审计的基本情况，一般包括审计范围、内容、方式和实施的起止时间；

（5）被审计单位基本情况；

（6）审计评价意见，即根据不同的审计目标，以适当、充分的审计证据为基础发表的评价意见；

（7）针对审计发现的问题，根据需要提出的改进建议。

审计期间被审计单位对审计发现的问题已经整改的，审计报告还应当包括有关整改情况。

审计报告编制完成后，应征求被审计单位意见并记录审计单位的反馈建议。

（四）结果反馈

审计报告编制完成并征求被审计单位建议后，由审计组负责总报告的汇总编制，提交兰州市政府环境审计试点办公室，由试点办公室向兰州市政府环境审计领导小组汇报审计工作开展情况、主要结论和审计建议，根据领导小组建议修改完善审计报告并由领导小组决定审计报告的公示内容和方法。

六、审计工作组织

兰州市政府环境审计领导小组是负责开展本次审计试点工作的领导机构，代表兰州市政府负责试点工作的总体部署。

兰州市政府环境审计试点工作办公室负责具体的审计实施，试点办公室主任兼任兰州市政府环境审计组组长。本次审计坚持第三方审计原则，由试点办公室通过公开公正方式选择本次审计的技术支持机构，由技术支持机构、社会审计组织和独立咨询专家组成审计组开展试点审计工作。

七、资料和取证

审计资料和相关证据获取应注意如下事项：

（1）做出任何审计结论前应收集充足的证据。

（2）应通过面谈、文件审阅和对活动与状况的观察来收集证据；必要时可委托第三方进行现场取证，但应保证第三方的独立性。

（3）应当及时记录审计发现，清晰、明确地形成文件，并以审核证据作为依据。

（4）应与受审核方的有关负责人共同评议审计发现，以确认所有造成不符合的事实基础。

八、被审计单位的责任

被审计方的责任包括：

（1）必要时向相关机构和人员传达审核的目的与范围；

（2）向审计组提供所需的设施以保证审计的有效进行；

（3）选派负责并胜任的人员配合审计组的工作，担任现场向导，并保证审计组了解卫生、安全及其他有关要求；

（4）应审计人员的要求，为他们提供调查了解设施、员工、有关信息和记录的便利；

（5）协助审计人员实现审计目的。

九、附表：审计内容

附表 1～附表 15 为绩效审计表；附表 16～附表 35 为合规性审计表；附表 36 为资金审计表[①]。

附表 1　绩效审计表

类别	污染物指标			基准年	实际水平					考核目标					目标完成情况	审计结论	备注
				2012年	2013年	2014年	2015年	2016年	2017年	2013年	2014年	2015年	2016年	2017年			
污染排放	二氧化硫（SO_2）/t	工业（总）															
		重点行业	火电														
			钢铁														
			水泥														
			其他														
		生活															
		合计															
	氮氧化物（NO_x）/t	工业（总）															
		重点行业	火电														
			钢铁														
			水泥														
			其他														
		生活															
		机动车															
		总量															

① 本书仅收录附表 1。

类别	污染物指标				基准年	实际水平					考核目标					目标完成情况	审计结论	备注
					2012年	2013年	2014年	2015年	2016年	2017年	2013年	2014年	2015年	2016年	2017年			
污染排放	烟粉尘及颗粒物/t	工业烟粉尘	火电															
			钢铁															
			水泥															
			化工															
			石化															
			有色冶金															
		生活烟尘																
		机动车颗粒物																
		总量																
环境质量	基本项目	二氧化硫（SO_2）	年平均/（μg/m^3）															
			日均值超标率/%															
		二氧化氮（NO_2）	年平均/（μg/m^3）															
			日均值超标率/%															
		一氧化碳（CO）	24小时平均/（mg/m^3）															
			日均值超标率/%															

类别	污染物指标			基准年	实际水平					考核目标					目标完成情况	审计结论	备注
				2012年	2013年	2014年	2015年	2016年	2017年	2013年	2014年	2015年	2016年	2017年			
环境质量	基本项目	臭氧（O_3）	日最大8小时平均/（$\mu g/m^3$）														
			1小时平均/（$\mu g/m^3$）														
		可吸入颗粒物（PM_{10}）	年平均/（$\mu g/m^3$）														
			日均值超标率/%														
		细颗粒物（$PM_{2.5}$）	年平均/（$\mu g/m^3$）														
			日均值超标率/%														
空气质量		AQI															
		优天数															
		良天数															
		重污染天数															
		总天数															
		优良天数/天															
		优良天数比例/%															
		重污染天数比例/%															

类别	污染物指标		基准年	实际水平					考核目标					目标完成情况	审计结论	备注
			2012年	2013年	2014年	2015年	2016年	2017年	2013年	2014年	2015年	2016年	2017年			
能源消耗及污染治理	能源消耗	工业增加值														
		能源消耗量														
		万元工业增加值能耗														
	有色行业	有色金属及钢铁循环再生比重/%														
	火电	综合脱硫效率/%														
		综合脱硝效率/%														
		烟尘排放质量浓度/（mg/m^3）														
	钢铁	钢铁行业脱硫效率/%														
		焦炉煤气硫化氢去除效率/%														
	石油炼制	硫黄回收率/%														
		有机废气收集率/%														
	水泥	水泥生产线脱硝效率/%														

十、附件：审计指标解释

（一）二氧化硫排放量

指标解释：工业二氧化硫排放量指报告期内企业在燃料燃烧和生产工艺过程中排入大气的二氧化硫总质量；工业中二氧化硫主要来源于化石（煤、石油等）的燃烧，还包括含硫矿石的冶炼或含硫酸、磷肥等生产的工业废气排放。城镇生活二氧化硫排放量指城镇居民生活过程中排入大气的二氧化硫总质量，包括按照辖区进行汇总的生活燃煤二氧化硫排放量，天然气燃烧产生的二氧化硫排放量忽略不计。集中式污染治理设施二氧化硫排放量指生活垃圾处理厂（场）、危险废物（医疗废物）集中处理（置）厂等污染物集中处置过程中的二氧化硫排放量。

计算方法：

1．工业企业二氧化硫排放量

（1）监测数据法：

二氧化硫排放量=废气流量监测值×二氧化硫排放浓度监测值

（2）物料衡算法：

二氧化硫排放量=投入物料量总和或产出物料量总和–（主副产品和回收及综合利用的物质量总和+排出系统外的其他废物质量）

工业锅炉、钢铁行业优先使用此方法。

（3）产排污系数法：

二氧化硫排放量=产品或能源消耗量×排污系数

2．城镇生活二氧化硫排放量

生活燃煤二氧化硫排放量=生活煤炭消费量×含硫率×0.85×2

3．集中式污染治理设施二氧化硫排放量

核算方法同工业源。

数据来源：环保局、各企业环统数据。

（二）二氧化硫减排量

指标解释：辖区内采取污染治理、关停淘汰等措施实现的二氧化硫削减量，指当期二氧化硫排放量与比较期（基准年或上年）二氧化硫排放量的差值。

计算方法：按照区县、市年度绩效考核计分方法计算。

数据来源：市环保局、区县环保局。

（三）氮氧化物排放量

指标解释：指调查年度企业在燃料燃烧和生产工艺过程中排入大气的氮氧化物总质量。

计算方法：

1．工业企业氮氧化物排放量

（1）符合监测数据有效性认定要求的，通过监测的瞬时排放量（均值）和年生产时间核算排放量。

$$氮氧化物排放量=瞬时排放量（均值）\times 年生产时间$$

（2）不符合前述条件的，用产排污系数法核算。

$$氮氧化物排放量=产品产量\times 排污系数$$

2．城镇生活氮氧化物排放量

生活源氮氧化物排放量采用排放系数法测算。1 吨煤炭氮氧化物产生量为1.6～2.6 千克，平均可取 2 千克；1 万立方米天然气氮氧化物产生量为 8 千克。

3．集中式生活污染治理设施

实际监测法和产排污系数法核算（核算方法使用要求同工业源）。

数据来源：环保局、各企业环统数据。

（四）氮氧化物减排量

指标解释：辖区内采取污染治理、关停淘汰等措施实现的氮氧化物削减量，指当期氮氧化物排放量与比较期（基准年或上年）氮氧化物排放量的差值。

计算方法：按照区县、市年度绩效考核计分方法计算。

数据来源：市环保局、区县环保局。

（五）烟粉尘及颗粒物排放量

指标解释：指调查年度企业在燃料燃烧和生产工艺过程中排入大气的烟尘及工业粉尘的总质量之和。烟尘或工业粉尘排放量可以通过除尘系统的排风量和除尘设备出口烟尘浓度相乘求得。

1. 工业企业烟粉尘排放量

（1）符合监测数据有效性认定要求的，通过监测的瞬时排放量（均值）和年生产时间核算排放量。

烟粉尘排放量=瞬时排放量（均值）×年生产时间

（2）不符合前述条件的，用产排污系数法核算。

烟粉尘排放量=产品产量×排污系数

2. 生活烟尘排放量

（1）供热锅炉房燃煤的烟尘排放量，按照工业锅炉燃煤排放烟尘的计算方法和排放系数计算；

（2）居民生活以及社会生活用煤的烟尘排放量，按照燃用的民用型煤和原煤，分别采用不同的计算系数：

民用型煤的烟尘排放量，以每吨型煤排放 1～2 公斤[①]烟尘量计算，计算公式为

烟尘排放量（吨）=型煤消费量（吨）×（1‰～2‰）

原煤的烟尘排放量，以每吨原煤排放 8～10 公斤烟尘量计算，计算公式为

烟尘排放量（吨）=原煤消费量（吨）×（8‰～10‰）

① 1 公斤=1 kg。

3．机动车颗粒物

机动车废气污染物排放量核算遵照“遵循基数、算清增量、核实减量”的核算原则进行，基本思路如下：

污染物排放量=上年排放量+新增排放量 – 新增削减量

其中，新增排放量指新注册车辆数、转入车辆数导致的新增废气污染物排放量；新增削减量指注销车辆数、转出车辆数、车用油品升级、加强机动车管理导致的新增废气污染物削减量。

4．集中式污染治理设施

集中式污染治理设施二次污染的污染物产生、排放量主要采用实际监测法和产排污系数法核算（核算方法使用要求同工业源）。

数据来源：环保局、各企业环统数据。

（六）四项主要大气污染物（SO_2、NO_2、PM_{10}、$PM_{2.5}$）浓度年均值

指标解释：市、区县四项主要大气污染物（SO_2、NO_2、PM_{10}、$PM_{2.5}$）浓度年均值指一个日历年内各日平均浓度的算术平均值。

计算方法：

$$污染物浓度年均值=\frac{污染物日平均浓度之和}{全年天数}$$

非自动监测的区县，污染物浓度年均值为实际监测天数的均值，但有效天数必须符合国家有关规定。

数据来源：环保局、环境监测站。

（七）两项大气污染物（CO、O_3）浓度 24 小时平均值

指标解释：市、区县两项主要大气污染物（CO、O_3）浓度 24 小时平均值指一个自然日 24 小时平均浓度的算术平均值。

计算方法：

$$污染物浓度24小时平均值=\frac{1小时污染物平均浓度之和}{24小时}$$

非自动监测的区县，污染物浓度24小时平均值为监测小时的1小时污染物平均浓度之和对监测小时的算术平均值，但有效监测时间必须符合国家有关规定（每日至少有20个小时平均浓度值或采样时间）。

数据来源：环保局、环境监测站。

（八）六项主要大气污染物（SO_2、NO_2、CO、O_3、PM_{10}、$PM_{2.5}$）日均值超标率

指标解释：市、区县六项主要大气污染物浓度日均浓度值超过二级标准限值的比例。

计算方法：

$$\text{污染物日均值超标率} = \frac{\text{污染物日均值超过二级标准限值的天数}}{\text{全年天数}} \times 100\%$$

非自动监测的区县，污染物日均值超标率为日均值超过二级标准限值的天数占实际监测天数的比例，其有效天数必须符合国家有关规定。

数据来源：环保局、环境监测站。

（九）空气质量指数（AQI）下降率

指标解释：空气质量指数（AQI）较上年下降的比例。

计算方法：

$$\text{AQI下降率} = \frac{\text{上年AQI} - \text{本年AQI}}{\text{上年AQI指数}} \times 100\%$$

AQI指数计算方法详见《环境空气质量指数（AQI）技术规定（试行）》（HJ 633—2012）。

数据来源：环保局、环境监测站。

（十）优良天数比例

指标解释：全年空气质量优、良的天数占全年总天数的比例。

计算方法：

$$优良天数比例=\frac{空气质量优天数+空气质量良天数}{全年总天数}\times 100\%$$

其中空气质量优天数为0≤AQI指数≤50的天数，空气质量良天数为51≤AQI指数≤100的天数。

数据来源：环保局、环境监测站。

（十一）重污染天数比例

指标解释：全年空气质量重度污染的天数占全年总天数的比例。

计算方法：

$$重污染天数比例=\frac{空气质量重污染天数}{全年总天数}\times 100\%$$

其中空气质量重污染天数为AQI＞300的天数。

数据来源：环保局、环境监测站。

（十二）万元工业增加值能耗下降率

指标解释：指本年万元工业增加值所消耗的能源量（折算成标煤）较上年的下降比例。

计算方法：

$$万元工业增加值能耗下降率=\frac{上年万元工业增加值能耗-本年万元工业增加值能耗}{上年万元工业增加值能耗}\times 100\%$$

其中

$$万元工业增加值能耗=\frac{工业能源消耗量}{工业增加值}$$

数据来源：经信委、统计局。

（十三）有色行业有色金属及钢铁循环再生比重

指标解释：指有色金属及钢铁循环再生量占全部产量的比例。

计算方法：

$$有色行业有色金属及钢铁循环再生比重=\frac{有色金属及钢铁循环再生量}{全部产量}\times 100\%$$

数据来源：经信委。

（十四）火电行业综合脱硫效率

指标解释：指火电行业全年污染物去除量与产生量相比计算得出的二氧化硫综合脱除效率。

计算方法：

$$综合脱硫效率=\frac{二氧化硫产生量-二氧化硫排放量}{二氧化硫产生量}\times 100\%$$

数据来源：环保局。

（十五）火电行业综合脱硝效率

指标解释：指火电行业全年污染物去除量与产生量相比计算得出的氮氧化物综合脱除效率。

计算方法：

$$综合脱硝效率=\frac{氮氧化物产生量-氮氧化物排放量}{氮氧化物产生量}\times 100\%$$

数据来源：环保局。

（十六）火电行业烟尘排放浓度

指标解释：火电行业烟尘排放出口监测浓度。

计算方法：以监测值为准。

数据来源：环保局。

（十七）钢铁行业脱硫效率

指标解释：指钢铁行业全年污染物去除量与产生量相比计算得出的二氧化硫脱除效率。

计算方法：

$$脱硫效率=\frac{二氧化硫产生量-二氧化硫排放量}{二氧化硫产生量}\times 100\%$$

数据来源：环保局。

（十八）钢铁行业焦炉煤气硫化氢去除效率

指标解释：指钢铁行业全年污染物去除量与产生量相比计算得出的硫化氢脱除效率。

计算方法：

$$硫化氢去除效率=\frac{硫化氢产生量-硫化氢排放量}{硫化氢产生量}\times 100\%$$

数据来源：环保局。

（十九）石油炼制行业硫黄回收率

指标解释：指石油炼制行业酸性气回收装置的回收硫黄占产生硫黄的比例。

计算方法：

$$硫黄回收率=\frac{进气口硫浓度-出气口硫浓度}{进气口硫浓度}\times 100\%$$

数据来源：环保局。

（二十）石油炼制行业有机废气收集率

指标解释：指石油炼制行业有机废气收集装置收集的有机废气占产生有机废气的比例。

计算方法：

$$有机废气收集率=\frac{进气口有机废气浓度-出气口有机废气浓度}{进气口有机废气浓度}\times 100\%$$

数据来源：环保局。

（二十一）水泥行业水泥生产线脱硝效率

指标解释：指水泥行业全年生产线污染物去除量与产生量相比计算得出的氮氧化物综合脱除效率。

计算方法：

$$生产线脱硝效率=\frac{氮氧化物产生量-氮氧化物排放量}{氮氧化物产生量}\times100\%$$

数据来源：环保局。

不合格：生产线脱硝效率＜70%。

（二十二）工业企业大气污染物达标排放率

指标解释：企业大气污染排放浓度达标天数占监测总天数的比例。

计算方法：参考《火电厂大气污染物排放标准》（GB 13223—2011）、《轧钢工业大气污染物排放标准》（GB 28665—2012）、《炼钢工业大气污染物排放标准》（GB 28664—2012）、《炼铁工业大气污染物排放标准》（GB 28663—2012）、《钢铁烧结、球团工业大气污染物排放标准》（GB 28661—2012）、《水泥工业大气污染物排放标准》（GB 4915—2013）、《硝酸工业污染物排放标准》（GB 26131—2010）、《合成树脂工业污染物排放标准》（GB 31572—2015）、《无机化学工业污染物排放标准》（GB 31573—2015）、《硝酸工业污染物排放标准》（GB 26131—2010）、《硫酸工业污染物排放标准》（GB 26132—2010）等各排放标准中关于大气污染物的排放限值 $C_{限}$。

企业污染物排放的日均监测结果 $C_{排}$，$C_{排}<C_{限}$为达标排放，统计达标排放总天数，计算该企业大气污染物达标排放率。

$$大气污染物达标排放率=\frac{达标排放天数}{监测总天数}\times100\%$$

数据来源：企业大气污染物监测结果。

附录 2　兰州市大气污染防治政府环境审计试点工作方案

为贯彻落实 2015 年 2 月 15 日环保部印发的《关于开展政府环境审计试点的通知》（环办函〔2015〕240 号）精神，全面部署和开展兰州市政府环境审计试点工作，特制定本方案。

一、工作目标

对《兰州市大气污染防治行动计划工作方案（2013—2017 年度）》及《兰州市 2013—2014 年度大气污染防治实施方案》的落实情况开展政府环境审计，发现兰州市大气污染防治工作中的薄弱环节，提升兰州市大气污染防治工作效率和环境管理水平，探索建立政府环境审计制度的可行路径，为全国建立和完善政府环境审计制度框架提供支持。

二、范围界定

主要对《兰州市 2013—2014 年度大气污染防治实施方案》涉及的行政辖区和责任主体有关责任落实情况实施政府环境审计。

三、审计内容

对《兰州市 2013—2014 年度大气污染防治实施方案》进行全面的合规性审计和绩效审计；针对重点工业企业污染深度治理、工业及生活燃煤锅炉改造、空气清新工程、扬尘管控、黄标车淘汰五个方面的重点项目进行绩效和财务审计。相关内容界定如下：

合规性审计：按照《行动方案》对各类主体大气污染防治责任的界定和考核要求，对大气污染防治责任按照环境立法、工业减排、燃煤减量、机动车尾气达标、扬尘管控、林业生态增容减污、空气清新工程、环境监管能力提升八大工程进行细化分解和审计鉴证。

绩效审计：主要是针对《兰州市2013—2014年度大气污染防治实施方案》中规定的大气污染物排放指标、环境质量指标及环境监管能力建设指标完成情况进行鉴证。其中大气污染物排放指标指SO_2和NO_2；环境质量指标主要指SO_2、NO_x、PM_{10}、$PM_{2.5}$、CO和O_3；环境监管能力建设指标主要指环境监察、监测、预警应急以及城市保洁等方面的能力建设情况。

重点项目审计：按照专项资金投入-重点项目-环境绩效逻辑链条，对各级政府专项资金投入重点工业企业污染深度治理、工业及生活燃煤锅炉改造、空气清新工程、扬尘管控、黄标车淘汰等重点项目的合法合规性及绩效进行审计。对政府专项资金投入的审计按照国家财政专项资金管理办法及相关审计准则进行。

四、重点任务

1. 编制兰州市大气污染防治政府环境审计试点技术指南

根据本方案确定的工作目标、范围、审计内容，编制《兰州市大气污染防治政府环境审计试点技术指南》，为环境审计试点工作提供依据。

2. 组织召开兰州市大气污染防治政府环境审计试点工作启动会

由兰州市环境审计试点工作领导小组组织召开试点工作启动会，明确本次试点工作的主体、内容和工作要求，对试点工作开展进行总体部署，明确各部门分工和实施计划。

3. 编制兰州市大气污染防治政府环境审计试点报告

根据兰州市大气污染防治政府环境审计试点情况和审计结果，由兰州市环境审计试点工作领导小组组织第三方编制《兰州市大气污染防治政府环境审计试点报告》，提交兰州市环境审计试点工作领导小组并向甘肃省环保厅和环境保护部备案。

4. 向环境保护部反馈兰州市政府环境审计试点工作情况

由兰州市环境审计试点工作领导小组代表兰州市人民政府向环境保护部反馈

兰州市政府环境审计试点工作情况，并对政府环境审计制度的建立和实施提出建议。

五、工作进度

兰州市政府环境审计试点工作于 2015 年 1 月开始至 2015 年 12 月结束，分四个阶段进行。

1．准备阶段（2015 年 1 月至 5 月）

根据环境保护部《关于开展政府环境审计试点的通知》（环办函〔2015〕240 号），组织成立兰州市环境审计试点工作领导小组，编制《兰州市政府大气污染防治政府环境审计试点工作方案》，召开试点工作启动会，明确试点工作目标、任务和各部门分工。

2．实施阶段（2015 年 6 月至 9 月）

按照兰州市大气污染防治政府环境审计试点工作方案要求，由兰州市政府选聘第三方机构编制《兰州市大气污染防治政府环境审计试点实施方案》，协调相关政府部门和重点企业提供相关资料及现场取证工作。第三方机构负责具体审计工作，编制审计底稿，提出审计建议。

3．报告阶段（2015 年 9 月至 11 月）

兰州市政府组织第三方编制《兰州市大气污染防治政府环境审计试点报告初稿》，征求被审计主体意见后提交兰州市环境审计试点工作领导小组审定。兰州市环境审计试点工作领导小组应统一向社会适时公开试点工作相关信息。

4．反馈阶段（2015 年 12 月）

试点工作完成后，由兰州市人民政府向环境保护部反馈兰州市大气污染防治政府环境审计试点工作开展情况。

六、组织实施

1．加强组织领导

为确保试点工作顺利进行，市政府成立由市委副书记、市长袁占亭任组长，副市长严志坚任副组长，市政府各相关部门、单位主要负责人为成员的试点工作领导小组。领导小组主要负责审定政府环境审计试点相关方案和审计报告，并向社会发布相关信息。领导小组办公室设在市环保局，市环保局局长闫子江兼任办公室主任，具体负责领导小组日常工作。

2. 强化实施保障

领导小组办公室根据试点工作技术要求，通过公开公正的方式选定第三方机构并上报领导小组审定。由第三方机构根据本方案编制具体的实施方案，由领导小组组织专家进行论证通过后实施。对审计过程中发现的重大问题，第三方机构应及时反馈。

3. 提供经费保障

市财政局根据审计工作任务，安排专项工作经费，保障审计试点工作顺利完成。

附录 3　兰州市大气污染防治政府环境审计试点实施方案

党的十八大以来，环境审计在督促落实各级政府和各类主体环保责任中的作用得到了党中央、国务院前所未有的重视。党的十八届三中全会提出要建立系统完整的生态文明制度体系，对领导干部实行自然资源资产离任审计，建立生态环境损害责任终身追究制。最近，习近平总书记、李克强总理等中央领导同志就“尽快建立自然资产离任审计制度”做出批示，要求加快推动领导干部自然资源资产离任审计制度建设工作，并将审计结果纳入领导干部政绩考核，作为对其提拔任用的重要依据之一，促进领导干部按照生态文明建设要求形成新的政绩观。2015年5月5日，党中央、国务院印发的《关于加快推进生态文明建设的意见》再一次明确提出，要健全政绩考核制度。探索编制自然资源资产负债表，对领导干部实行自然资源资产和环境责任离任审计。

环境是自然资源资产的重要组成部分，政府环境审计是自然资源资产审计的一种重要类型。建立健全政府环境审计制度，是实施领导干部自然资源资产离任审计制度的客观要求，也是贯彻《环境保护法》要求，督促地方政府环境质量保护责任落实的重要举措。环境保护部高度重视政府环境审计制度建设，2014年，将建立环境审计制度作为重点改革任务之一，并在2014年和2015年的全国环境保护工作会议上分别提出了“研究推行环境审计制度，尤其是溯源审计，落实排污者责任”和“推动环境审计”的要求。2015年2月15日，环保部印发了《关于开展政府环境审计试点的通知》（环办函〔2015〕240 号），标志着政府环境审计工作的正式启动。

兰州市政府积极推动政府环境审计试点工作开展。2015年5月，兰州市政府印发了《兰州市人民政府办公厅关于成立兰州市环境审计试点工作领导小组的通知》，由市长任组长，市发改、工信、财政、国土、环保、住建、审计等职能部门和各县区主要负责同志为成员。6 月 5 日又印发了《兰州市大气污染防治政府环境审计试点工作方案》，明确了试点工作的目标、任务和重点内容，为进一步推动兰州市政府环境审计工作开展，由环境保护部直属机构牵头组织甘肃省环科院等研究机构，配合兰州市政府和兰州市环保局编制《兰州市大气污染防治政府环境审计试点实施方案》（以下简称实施方案）。

本方案主要包括审计目标、审计范围、审计内容和方法、审计程序、审计工作组织、时间安排、附表和附件共 8 部分内容，其中附表主要对重点审计内容进行说明，附件主要对重点行业（火电、钢铁和水泥）大气污染物排放核算和现场核查的方法进行了介绍，供各审计组在具体审计中参考。由于政府环境审计是一项全新的工作，本方案属于首次编制，尚待试点验证和补充完善，错漏之处敬请批评指正。

兰州市政府环境审计试点
实施方案

为贯彻落实 2015 年 2 月 15 日环保部印发的《关于开展政府环境审计试点的通知》（环办函〔2015〕240 号）精神，指导开展兰州市政府环境审计试点工作，根据兰州市政府 2015 年 6 月 5 日印发的《兰州市政府环境审计试点工作方案》，编制本实施方案。

一、审计目标

本项工作的主要目标是对《兰州市大气污染防治行动计划工作方案（2013—2017 年度）》及《兰州市 2014 年度大气污染防治实施方案》（以下简称《行动方案》）的落实情况开展政府环境审计，发现兰州市大气污染防治工作中的薄弱环节，提升兰州市大气污染防治工作效率和环境管理水平，探索建立政府环境审计制度的可行路径，为全国建立和完善政府环境审计制度框架提供支持。

二、审计范围

本次试点工作主要对兰州市政府 2013—2014 年度《行动方案》责任落实情况实施政府环境审计，审计范围包括《行动方案》涉及的行政辖区和责任主体，以及依据该《行动方案》应承担相应义务或责任的延伸主体。

三、审计内容和方法

兰州市政府环境审计试点工作主要针对《行动方案》进行全面的合规性审计、绩效审计和财务审计。其中，对《行动方案》中明确规定的各政府部门（含市辖县区）责任落实情况实施合规性审计；对《行动方案》中明确规定的污染物排放量、环境治理、污染治理效率等量化指标实施绩效审计；对《行动方案》中重点工业企业污染深度治理、工业及生活燃煤锅炉改造、空气清新工程、扬尘管控、黄标车淘汰五个方面的重点项目进行综合性审计，包括合规性审计、绩效审计和财务审计。相关内容界定如下：

（一）合规性审计内容和方法

审计内容：主要审计《行动方案》中各类主体大气污染防治责任的落实情况，包括是否制定了大气污染控制目标、是否明确了责任主体、是否按照时限要求采取了切实的措施等。

审计方法：合规性审计主要依据《行动方案》对各主体责任的界定，将大气污染治理和环境保护责任进行细分，拆解到不同的责任主体，以责任清单的形式明确各主体应当承担的职责（表 1）。合规性审计的责任主体主要指《行动方案》涉及的政府部门，根据具体责任内容可延伸到承担具体事项的企事业单位等主体。

表 1　×××部门合规性审计表

责任界定	考核目标	关键指标	考核时间	实际完成情况
任务 1：				
任务 2：				
……				

附表1-附表20[①]依据《行动方案》对各部门责任进行了分解。审计实施中，主要依据各部门责任划分和考核要求，对照相关措施的落实情况。

对于《行动方案》中没有明确规定考核时限的，应调查了解清楚目前任务的进展状况，根据进展状况和考核目标判断进度是否合理，给出是否能够按期完成考核目标的结论。如果不能按期完成，需要在备注栏说明原因。

（二）绩效审计内容和方法

审计内容：主要是针对《行动方案》中规定的大气污染物排放指标、环境质量指标及环境治理效率指标完成情况进行审计。其中大气污染物排放指标指 SO_2 和 NO_2 两种污染物的排放量；环境质量指标主要指 SO_2、NO_x、PM_{10}、$PM_{2.5}$、CO和 O_3 排放浓度；污染治理效率指标主要指单位工业增加值能耗、综合脱硫、脱硝效率等指标。

审计方法：针对大气污染物排放指标，应根据源解析结果，明确工业、生活、扬尘和机动车等重点排放部门的大气污染物排放清单，对清单上的所有主体排放情况进行审计，以确定其是否达到《行动方案》考核目标要求。其中对于工业部门，应针对火电、钢铁和水泥重点行业实施重点审核，具体审核办法见附件1[②]大气污染物排放量审计技术指南（建议稿）。

绩效审计的重点指标和具体审核内容见附表1[③]。

（三）重点项目审计内容和方法

审计内容：主要是针对《行动方案》中涉及的重点工业企业污染深度治理、工业及生活燃煤锅炉改造、空气清新工程、扬尘管控、黄标车淘汰等重点项目实施的合法合规性及其绩效进行审计。

审计方法：重点项目审计遵循措施（资金投入）-能力变化（污染防治能力）-污染物排放量变化的逻辑，由资金和措施入手，对各类重点项目分别建立审计责任清单，逐一落实资金投入的合法合规性及其绩效。重点项目的绩效体现为两个方面：一是责任主体治污能力或监管能力的提升，二是能力或效率提升带来的实

①②③ 略。

际减排量变化。对各类措施所带来减排量的变化主要依据治污措施生效前后污染物排放量的变化（通过统计数据或监测数据的变化）对比进行定量评价，无法获得统计或监测数据的，应依据类似情况或平均工况取值。

对环境质量累指标的取值主要根据年度实际监测数据或政府公开发布的统计公报、年报、网络上实施发布的信息等进行判断。

重点项目审计清单和内容见附表 23-附表 36[①]。

四、审计实施程序

本次审计共包括四个阶段，分别是准备阶段、实施阶段、审计报告阶段和结果反馈阶段（图 1）。

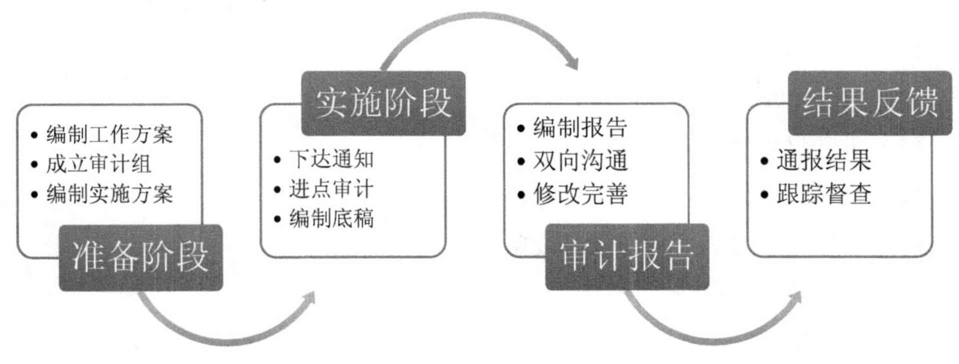

图 1　政府环境审计实施程序

（一）准备阶段

主要包括编制审计工作方案、成立审计小组、编制审计实施方案三项内容。其中审计工作方案是根据试点工作开展的目标和主要内容，结合兰州市实际情况，对政府环境审计的主要目标、内容以及实施的计划进行总体性安排。审计组主要根据审计工作方案的工作目标和内容以及实施计划进行确定，审计组应具有高度的权威性和独立性，以避免在审计过程中受到干扰。同时，审计组建立也应考虑

① 略。

审计对象特征，针对大气污染治理这一特殊领域，聘请具有专业知识背景的机构或专家参与。

（二）实施阶段

主要包括下达审计通知书、进点审计和编制审计底稿三项工作。

审计通知书的内容主要包括被审计单位名称、审计依据、审计范围、审计起始时间、审计组组长及其他成员名单和被审计单位配合审计工作的要求。同时，还应当向被审计单位告知审计组的审计纪律要求。

各小组进点审计前，均应向审计对象下达审计通知书。

审计通知书下达后，审计（小）组应按照规定的时间进点审计。针对具体的审计事项，应根据对象特征逐一编制审计底稿，审计底稿应标明如下事项：

（1）审计项目名称；

（2）审计事项名称；

（3）审计过程和结论；

（4）审计人员姓名及审计工作底稿编制日期并签名；

（5）审核人员姓名、审核意见及审核日期并签名；

（6）索引号及页码；

（7）附件数量。

其中，审计工作底稿记录的审计过程和结论主要包括：

（1）实施审计的主要步骤和方法；

（2）取得的审计证据的名称和来源；

（3）审计认定的事实摘要；

（4）得出的审计结论及其相关标准。

审计组组长审核审计工作底稿，应当根据不同情况分别提出下列意见：

（1）予以认可；

（2）予以认可，但需要补充适当、充分的审计证据；

（3）不予认可，纠正或者要求纠正不恰当的审计结论。

审计底稿完成后，对具体事项作出的审计结论或建议，应征求被审计单位意见。

（三）审计报告

审计组起草审计报告前，审计组组长应当对审计工作底稿的下列事项进行审核：

（1）具体审计目标是否实现；

（2）审计措施是否有效执行；

（3）事实是否清楚；

（4）审计证据是否适当、充分；

（5）得出的审计结论及其相关标准是否适当；

（6）其他有关重要事项。

进点审计工作完成后，应编制审计报告，审计报告主要包括如下内容：

（1）标题；

（2）被审计单位名称；

（3）审计依据，即实施审计所依据的法律法规规定；

（4）实施审计的基本情况，一般包括审计范围、内容、方式和实施的起止时间；

（5）被审计单位基本情况；

（6）审计评价意见，即根据不同的审计目标，以适当、充分的审计证据为基础发表的评价意见；

（7）针对审计发现的问题，根据需要提出的改进建议。

审计期间被审计单位对审计发现的问题已经整改的，审计报告还应当包括有关整改情况。

审计报告编制完成后，应征求被审计单位意见并记录审计单位的反馈建议。

（四）结果反馈

审计报告编制完成并征求被审计单位建议后，各审计小组应及时提交审计报告，由试点办公室负责审计总报告的汇总编制，提交兰州市政府环境审计领导小组，根据领导小组建议修改完善。审计报告由领导小组决定是否公示，以及需要公示的内容和方式。

五、审计工作组织

兰州市政府环境审计领导小组是负责开展本次审计试点工作的领导机构，代表兰州市政府负责试点工作的总体部署。

兰州市政府环境审计试点工作办公室负责具体的审计实施，根据审计内容，审计组下设合规性审计小组、绩效审计小组和重点项目审计小组三个小组，分别负责合规性审计、绩效审计和重点项目审计。

各审计小组根据各自承担内容完成审计报告，并由试点工作办公室汇总形成试点审计总报告提交审计工作领导小组。

根据工作需要，审计（小）组机关可以聘请外部人员参加审计业务或者提供技术支持、专业咨询和专业鉴定。

六、时间安排

试点工作总体上划分为准备阶段、实施阶段、审计报告阶段和结果反馈阶段（图 1），根据试点工作总体安排，准备工作到 2015 年 6 月，实施阶段为 2015 年 7—10 月，审计报告阶段为 2015 年 11 月，结果反馈阶段为 2015 年 12 月。

各审计小组应根据时间进度要求，按时完成审计任务，提交审计成果。